物资运输固定防护技术

李天鹏 ◎ 主编

FIXED PROTECTION TECHNOLOGY FOR MATERIAL TRANSPORTATION

北京理工大学出版社
BEIJING INSTITUTE OF TECHNOLOGY PRESS

内 容 简 介

本书围绕物资运输安全问题，针对物资运输固定防护技术进行较为全面、系统的介绍，主要内容包括：物资运输力学环境分析、物资运输装载加固、物资集装器具及使用、物资捆扎器材及使用、物资防护器材及使用、运输固定防护器材试验以及集装箱内物资固定防护。

本书既可作为高等院校物流管理、物流工程专业应用型教材，也可供从事物流管理、物流技术的人员参考。

版权专有　侵权必究

图书在版编目（CIP）数据

物资运输固定防护技术 / 李天鹏主编． －－ 北京：北京理工大学出版社，2024.1

ISBN 978－7－5763－3552－1

Ⅰ．①物… Ⅱ．①李… Ⅲ．①物资运输－安全运输 Ⅳ．①U492.8

中国国家版本馆 CIP 数据核字（2024）第 046188 号

责任编辑／王梦春	**文案编辑**／杜　枝
责任校对／刘亚男	**责任印制**／李志强

出版发行　／　北京理工大学出版社有限责任公司
社　　址　／　北京市丰台区四合庄路 6 号
邮　　编　／　100070
电　　话　／　(010) 68944439（学术售后服务热线）
网　　址　／　http://www.bitpress.com.cn

版 印 次　／　2024 年 1 月第 1 版第 1 次印刷
印　　刷　／　保定市中画美凯印刷有限公司
开　　本　／　710 mm×1000 mm　1/16
印　　张　／　16.5
字　　数　／　252 千字
定　　价　／　86.00 元

图书出现印装质量问题，请拨打售后服务热线，负责调换

前　言

现代物流作为现代经济的重要组成部分,在国民经济和社会发展中发挥着重要作用。运输作为物流的关键环节,是物资实现自身价值的重要途径。运输过程中的物资安全问题不仅关系到物资自身的安全,而且关系到运输过程中相关领域的安全,影响着运输过程的方方面面。如何确保物资运输安全,是运输行业从业人员普遍关心的问题,并针对该问题进行了深入的研究和探索,在运输安全理论、方法及技术方面取得了长足的进步。基于物流管理人员的培养、运输行业安全的需求以及物流技术专业的发展,我们编写了本书。

本书共八章。第一章为概述,包括物资运输基本知识、物资运输安全要求和物资运输固定防护现状;第二章为物资运输力学环境分析,包括物资流通过程与环节、物资流通过程的冲击和物资运输环境的振动等;第三章为物资运输装载加固,包括物资运输装载、物资运输加固和常见物资装载加固;第四章为物资集装器具及使用,包括托盘、集装箱、集装笼和集装袋;第五章为物资捆扎器材及使用,包括捆扎带、热收缩捆扎膜、拉伸捆扎膜、集装夹具和捆绑器;第六章为物资防护器材及使用,包括瓦楞纸板、瓦楞-蜂窝组合纸板、缓冲气垫、护角和衬垫;第七章为运输固定防护器材试验,包括钢性捆扎带试验、柔性捆扎带试验、缓冲气袋试验、瓦楞纸板试验和运输固定防护试验;第八章为集装箱内物资固定防护,包括集装箱内物资固定防护技术要求、集装箱内物资固定防护常用方法、集装箱内物资固定防护典型案例。

本书由李天鹏担任主编,高欣宝、杨清熙担任副主编。主要分工为:第一、三、八章由李天鹏编写;第二章由高欣宝编写;第七章由杨清熙编写;第四章由魏华男、宣兆龙编写；第五章由白玉、姚恺编写；第六章由何益艳、安振涛编写。

  本书在编写过程中，借鉴了国内外一些专家学者的学术观点和研究成果，参阅了许多媒体网站的内容和资料，在此向这些专家学者及媒体网站内容和资料的作者表示深深的谢意！由于编者水平有限，以及所做工作的局限性，书中难免有不妥之处，恳请广大读者批评指正。

编　者

目　　录

第一章　概述 ··· 1
　第一节　物资运输基本知识 ·· 1
　　一、物资运输功能原理 ··· 1
　　二、常见运输方式特点 ··· 3
　　三、运输与物流的关系 ··· 5
　第二节　物资运输安全要求 ·· 7
　　一、振动冲击与物资损伤 ·· 7
　　二、物资运输装箱安全 ··· 9
　第三节　物资运输固定防护现状 ·· 11
　　一、国内研究现状 ·· 11
　　二、国外研究现状 ·· 12

第二章　物资运输力学环境分析 ·· 14
　第一节　物资流通过程与环节 ··· 14
　　一、物资流通过程 ·· 14
　　二、物资流通环节 ·· 15
　第二节　物资流通过程的冲击 ··· 19
　　一、装卸过程的冲击 ··· 19
　　二、运输过程的冲击 ··· 22
　　三、储存过程的冲击 ··· 25
　第三节　物资运输环境的振动 ··· 25

一、公路运输振动 ··· 26

二、铁路运输振动 ··· 29

三、航空运输振动 ··· 31

四、水域运输振动 ··· 32

第四节 典型物资运输环境仿真 ································· 33

一、车辆动力学模型构建 ····································· 34

二、车身动力学响应及规律分析 ······························· 38

三、固体火箭发动机响应算例分析 ····························· 41

第三章 物资运输装载加固 44

第一节 物资运输装载 ··· 44

一、物资装载布局简介 ······································· 44

二、装载方案制定影响 ······································· 45

三、物资装载布局方法 ······································· 46

第二节 物资运输加固 ··· 54

一、加固的目的和原则 ······································· 54

二、常见物资加固方法 ······································· 55

三、物资加固分析与评估 ····································· 60

第三节 常见物资装载加固 ····································· 64

一、纸箱物资装载加固 ······································· 64

二、木箱物资装载加固 ······································· 65

三、袋装物资装载加固 ······································· 65

四、托盘物资装载加固 ······································· 66

五、大件物资装载加固 ······································· 66

第四章 物资集装器具及使用 68

第一节 托盘 ··· 68

一、托盘概述 ··· 68

二、托盘分类 ··· 70

三、托盘集装 ··· 81

第二节 集装箱 ··· 84

一、集装箱概述 ………………………………………… 84
　　二、集装箱分类 ………………………………………… 86
　　三、集装箱集装 ………………………………………… 89
第三节　集装笼 …………………………………………… 93
　　一、集装笼概述 ………………………………………… 93
　　二、集装笼分类 ………………………………………… 94
　　三、集装笼集装 ………………………………………… 95
第四节　集装袋 …………………………………………… 95
　　一、集装袋概述 ………………………………………… 95
　　二、集装袋分类 ………………………………………… 96
　　三、集装袋集装 ………………………………………… 99

第五章　物资捆扎器材及使用 …………………………… 100
　第一节　捆扎带 ………………………………………… 100
　　一、捆扎带概述 ………………………………………… 100
　　二、捆扎带分类 ………………………………………… 102
　　三、常用捆扎方法 ……………………………………… 105
　第二节　热收缩捆扎膜 ………………………………… 110
　　一、热收缩捆扎膜概述 ………………………………… 110
　　二、热收缩捆扎膜分类 ………………………………… 113
　　三、热收缩捆扎方法 …………………………………… 117
　第三节　拉伸捆扎膜 …………………………………… 122
　　一、拉伸捆扎膜概述 …………………………………… 122
　　二、拉伸捆扎膜分类 …………………………………… 125
　　三、拉伸捆扎方法 ……………………………………… 126
　第四节　集装夹具 ……………………………………… 132
　　一、集装夹具概述 ……………………………………… 132
　　二、集装夹具分类 ……………………………………… 133
　　三、集装夹具捆扎方法 ………………………………… 133
　第五节　捆绑器 ………………………………………… 136

一、麻绳类捆绑器 …………………………………………………… 136
　　二、钢丝绳类捆绑器 ………………………………………………… 137
　　三、专用捆绑器 ……………………………………………………… 141

第六章　物资防护器材及使用 …………………………………………… 146
第一节　瓦楞纸板 ……………………………………………………… 146
　　一、瓦楞纸板概述 …………………………………………………… 146
　　二、瓦楞纸板缓冲结构特点 ………………………………………… 151
　　三、斜撑结构件力学性能分析 ……………………………………… 153
第二节　瓦楞–蜂窝组合纸板 ………………………………………… 159
　　一、瓦楞–蜂窝组合纸板概述 ……………………………………… 160
　　二、瓦楞–蜂窝组合纸板结构特点 ………………………………… 160
　　三、瓦楞–蜂窝组合纸板力学性能分析 …………………………… 163
第三节　缓冲气垫 ……………………………………………………… 167
　　一、空气柱衬垫 ……………………………………………………… 167
　　二、集装箱充气袋 …………………………………………………… 171
第四节　护角 …………………………………………………………… 174
　　一、塑料护角 ………………………………………………………… 174
　　二、纸护角 …………………………………………………………… 176
第五节　衬垫 …………………………………………………………… 177
　　一、传统衬垫材料 …………………………………………………… 177
　　二、新型衬垫材料 …………………………………………………… 177

第七章　运输固定防护器材试验 ………………………………………… 182
第一节　钢性捆扎带试验 ……………………………………………… 182
　　一、试验内容 ………………………………………………………… 182
　　二、试验样品量 ……………………………………………………… 183
　　三、具体试验方法 …………………………………………………… 184
第二节　柔性捆扎带试验 ……………………………………………… 190
　　一、试验内容 ………………………………………………………… 190
　　二、试验样品量 ……………………………………………………… 191

三、具体试验方法 ………………………………………………… 191

第三节　缓冲气袋试验 ……………………………………………… 195

　　一、试验内容 ……………………………………………………… 196

　　二、试验样品量 …………………………………………………… 197

　　三、具体试验方法 ………………………………………………… 197

第四节　瓦楞纸板试验 ……………………………………………… 207

　　一、瓦楞纸板厚度试验 …………………………………………… 207

　　二、瓦楞纸板耐破强度试验 ……………………………………… 208

　　三、瓦楞纸板边压强度试验 ……………………………………… 209

　　四、瓦楞纸板黏合强度试验 ……………………………………… 210

第五节　运输固定防护试验 ………………………………………… 213

　　一、斜面冲击试验 ………………………………………………… 213

　　二、可控水平冲击试验 …………………………………………… 215

　　三、吊摆冲击试验 ………………………………………………… 217

　　四、正弦定频振动试验 …………………………………………… 219

　　五、正弦变频振动试验 …………………………………………… 220

　　六、随机振动试验 ………………………………………………… 221

第八章　集装箱内物资固定防护 …………………………………… 225

　第一节　集装箱内物资固定防护技术要求 ………………………… 225

　　一、装载物资的重量分布 ………………………………………… 225

　　二、装载物资重心容许范围 ……………………………………… 226

　　三、装载物资重量合理分配 ……………………………………… 227

　第二节　集装箱内物资固定防护常用方法 ………………………… 227

　　一、塞紧加固 ……………………………………………………… 228

　　二、阻挡加固 ……………………………………………………… 230

　　三、捆绑加固 ……………………………………………………… 232

　　四、摩擦力加固 …………………………………………………… 234

　　五、钉子加固 ……………………………………………………… 235

　　六、防止物资倾覆的加固 ………………………………………… 237

第三节　集装箱内物资固定防护典型案例 ………………………………… **238**
　一、基本型固定防护案例 ……………………………………………… **238**
　二、轻量型固定防护案例 ……………………………………………… **245**
　三、重量型固定防护案例 ……………………………………………… **247**

参考文献 ……………………………………………………………………… **252**

第一章 概 述

随着全球经济的不断发展，物资流通量迅速增加，物资必须经历流通过程才能实现经济价值和社会价值，因此物资的流通是现代社会经济活动的重要组成部分。物资运输作为物资流通的关键环节，由于受各种气候、力学等环境因素的影响，物资出现破损、毁坏甚至事故的可能性很大，因此必须采用适当的固定防护技术来确保物资在运输过程中的安全。

第一节 物资运输基本知识

运输是指物资借助运力在空间内发生的位置移动。具体地说，运输实现了物资空间位置的物理转移，实现了物流的空间效用。运输是整个物流系统中极为重要的一个环节，在物流活动中处于中心地位，是物流的支柱之一。

一、物资运输功能原理

运输是物流作业中最直观的要素之一。运输通过运输手段使物资在物流据点流动。

（一）物资运输功能

运输为物资主要提供两大功能：物资转移和物资存放。

1. 物资转移

无论物资处于什么形式，是材料、零部件、装配件、在制品还是制成品，不管是在制造过程中将被移到下一阶段，还是实际上更接近最终的使用，运输都是必不可少的。运输的主要功能就是物资在价值链中的来回移动。运输利用的是时间资源、财务资源和环境资源，只有当运输确实提高物资价值时，该物资的移动才是有价值的。

运输涉及利用时间资源，是因为物资在运输过程中难以存取。这种物资通常是指转移过程中的存货，是供应链战略和快速响应等业务所要考虑的一个因素，以减少制造和配送中心的存货。运输要使用财务资源，是因为运输队所必需的内部开支。这些费用产生于运输过程中的劳动报酬、运输工具的运行费用，以及一般杂费和行政管理费用等。

运输的主要目的就是要以最低的时间、财务和环境资源成本，将物资从原产地转移到规定地点。物资损坏的费用也必须是最小的。物资转移的方式必须能够满足使用方有关交付履行和装运信息可得性的要求。

2. 物资存放

对物资进行临时存放是一种特殊的运输功能，这个功能在以往并没有被人们关注。将运输工具临时作为相当昂贵的储存设施，是因为转移过程中的物资需要临时存放，但通常在较短时间内又重新进行转移，那么该物资在仓库卸下来和再装上去的成本可能高于临时存放在运输工具中支付的费用。

在仓库有限的情况下，利用运输工具进行临时存放也许是一种可行的方式。可以采取的一种方法是，将物资装到运输工具上，然后采用迂回或间接线路运往其目的地。对于迂回线路来说，转移时间将大于直接路线，当起始地或目的地仓库的储存能力受到限制时，这种做法是合情合理的。在本质上，运输工具被用作一种临时储存设施，它是移动的，而不是处于闲置状态。

（二）物资运输原理

物资运输原理包括规模经济和距离经济。

1. 规模经济

规模经济的特点是随装运规模的增长，使单位重量的运输成本降低，如整车的每单位成本低于零担运输。也就是说，铁路和水路等运输能力较大的运输工具，每单位的费用要低于汽车和飞机等运输能力较小的运输工具。运输规模经济的存在是因为与转移一批物资有关的固定费用可以按整批物资的重量分摊，所以一批物资越重就越能分摊费用。

2. 距离经济

距离经济是指每单位距离的运输成本随距离的增加而减少。例如，1 000 km 的一次装运成本要低于 500 km 的两次装运成本。运输的距离经济也指递减原理，因为费率或费用随距离的增加而减少。运输工具装卸所发生的固定费用必须分摊到每单位距离的变动费用，距离越长每单位支付的费用越低。

二、常见运输方式特点

不同的物资，根据使用的运输工具不同，可以分为以下几种运输方式：公路运输、铁路运输、航空运输、水域运输和管道运输。上述不同运输方式分别有不同的特点，下面简单进行归类分析，由于管道运输的主要缺点是需要修建管道、加油站和储油器，要耗费巨额投资，此外，管道线路一旦铺设，运量无调节余地，运输弹性小、灵活性差，所以一般运用于输送液（气）等能源物资，在这里不做赘述，主要分析其他四种运输方式。

（一）公路运输

公路运输是在公路上运送旅客和物资的运输方式，是交通运输系统的组成部分之一，主要承担短途客货运输。现代所用运输工具主要是汽车。因此，公路运输一般是指汽车运输。在地势崎岖、人烟稀少、铁路和水运不发达的偏远和经济落后地区，公路为主要运输方式，起着运输干线的作用。

公路运输是 19 世纪末随着现代汽车的诞生而产生的，初期主要承担短途运输业务。第一次世界大战结束后，基于汽车工业的发展和公路里程的增加，公路运输进入发展阶段，不仅成为短途运输的主力，而且进入长途运输领域。第二次世界大战结束后，公路运输发展迅速。欧洲许多国家和美国、日本等国已建成比较发达的公路网，汽车工业又提供了雄厚的物质基础，促使公路运输在运输业中跃至主导地位。发达国家公路运输完成的客货周转量占各种运输方式总周转量的 90% 左右。

公路运输主要具有以下特点：机动灵活、简捷方便、应急性强，能深入其他运输工具到达不了的地方；适应点多、面广、零星、季节性强的物资运输；运距短，单程货多；投资小，收效快；集散可争分夺秒，突击抢运任务多；是空运班机、船舶、铁路衔接运输不可缺少的运输形式；随着公路现代化、车辆大型化，公路运输是实现集装箱在一定距离内"门到门"运输的最好方式；汽车的载重量小，车辆运输时振动较大，易造成货损事故，费用和成本也比海上运输和铁路运输高。

（二）铁路运输

在许多国家的物资运输中，铁路是物资运输的主要承担者，特别是大宗的、单一的、长距离发运的物资，如木材、煤炭、粮食、棉花等，主要由铁路运输。在各种运输方式中，铁路运输最准时、最安全，可以全年、全天候不间断运输，而且速度快、成本低，又便于统一调度和编排。

铁路运输主要具有以下优点：准确性和连续性强；速度较海运快；运输量远高于航空和汽车运输；成本较低；安全系数高。主要缺点是灵活性差，只能在固定线路上实现运输，需要有其他运输手段配合衔接。

（三）航空运输

航空运输是使用飞机或其他航空器进行运输的一种形式。航空运输占地少，投资小，速度快，时间效益好，但运输量小，飞机造价昂贵，运费高，安全性差，且受自然条件影响大，因而航空运输多用于急需物资、易损物资和贵重物资等的转运。

航空运输主要具有以下特点：运送速度快，航空线路不受地面条件限制，一般可在两点间直线飞行，行程比在地面短得多，而且运程越远，快速的特点就越显著；安全准确，航空运输管理制度比较完善，物资的破损率低，可保证运输质量，如使用空运集装箱，则更为安全；手续简便，航空运输为了体现快捷便利的特点，为托运人提供了简便的托运手续，也可以由货运代理人上门取货并为其办理一切运输手续；节省包装、保险、利息和储存等费用，由于航空运输速度快，商品在途时间短、周期快，存货可相对减少，资金可迅速收回；运量小、运价较高，由于这种运输方式的优点突出，可弥补运费高的缺陷，加之保管制度完善、运量小，货损货差较少。

（四）水域运输

水域运输是使用船舶运送物资的一种运输方式。水域运输是历史较为悠久的运输方式，有海上运输和内河运输之分。水域运输的特点是运载能力强、投资省，成本低、运费便宜，但速度慢，环节多，且受自然条件影响大，机动灵活性差。所以，水域运输多用于时间要求不太急的、大宗笨重物资的长途运输。水域运输包括四种形式：①沿海运输，是使用船舶通过大陆附近沿海通道运送物资的一种方式，一般使用中、小型船舶。②近海运输，是使用船舶通过大陆邻近国家海上通道运送物资的一种运输形式，一般使用重型船舶。③远洋运输，是使用船舶跨大洋的长途运输形式，主要依靠运量大的大型船舶。④内河运输，是使用船舶在陆地内的江、河、湖等水道进行运输的一种方式，主要使用中、小型船舶。

水域运输主要具有以下特点：运输量大；通过能力大，不受铁轨、道路限制；运费最低；对物资的适应性强；运输速度慢；受自然条件影响较大。

三、运输与物流的关系

随着运输工具的进步，经济空间不断扩大。在很多情况下，地理位置随物改变，运输工具有效地缩短了供应者与使用者之间的经济距离，使经济活动的范围越来越大，运输支持了社会分工和社会交换的不断扩大。物流系统要实现物资空间效用和时间效用的功能，必须依靠运输、包装、装卸、储存和信息等要素，其中运输是最重要的物流构成要素之一。运输是把物流系统连接在一起的纽带，它为物资在空间进行移动，从而实现或增加其价值和使用价值提供了基础。要使物流快速而有效地完成，必须具备良好的运输条件。运输业通过本身经营组织方式的不断完善，已成为高效物流体系的有机组成部分。

（一）运输与物流的区别

1. 概念不同

运输是指运用适当的工具使人和物资产生位置移动。而物流是指满足用户需要而进行的原材料、中间库存、最终产品及相关信息从起点到终点间的有效流动，以及实现这一流动而进行的计划、管理、控制过程。物流包括7个方面的内容：包装、装卸、运输、储存、流通加工、回收复用和信息系统。从概念中可以看出，运输只是物流中的一个组成部分。

2. 时间上的约束不同

物流管理与运输的另一区别在于全过程是否用精确的时间进行控制和组织。物流在时间上是刚性约束，物流的仓储、运输、配送是以生产企业的生产、销售计划为前提的，生产的精益化组织要求物流服务时间上的精确化，因此物资的实物流动快和慢、接取送到的早和晚都是合理的，而运输只实现物资转移过程，不需要实现服务时间上的精确化。

3. 服务的范围不同

运输一般是指流通领域内的物资位移，而物流过程中物资在工厂内不同场所之间的移动通常称为厂内运输，是与一般运输可能形式相似，也可能发生衔接，但不包括在运输以内的一个范畴。因此，一般运输实际上对应着物的流通，即流通领域的供应物流和销售物流，并不包括生产领域中物的流动，只负责在社会的流通过程中实现物资的空间位移。物流是远远超出运输范畴的系统化管理，这种管理系统的建立和运转，是以服务于生产过程的全过程为出发点的。另外，运输包括实现人的位移，而物流的对象一般不包括人。

4. 地位不同

物流的出发点是以被服务单位的利益为中心，而运输只是物流管理控制的必要环节，永远处于从属地位。从这一意义上说，有物流必然有运输，而再完善的运输也远不是物流。

（二）运输与物流的联系

1. 运输是物流的重要构成要素

交通运输业是物流的基本载体。不论是制造业、冶金业还是加工业等生产型企业，都离不开交通运输。运输费用在物流费用中所占比例很大。组织合理的运输，以最少的费用、较快的时间，及时、准确、安全地将物资从其生产地运到销售地，是降低物流费用和提高经济效益的途径之一。

2. 运输影响着物流的其他构成因素

运输方式的选择决定着装运物资的包装要求；使用不同类型的运输工具决定着其配套使用的装卸搬运设备以及接收和发运站台的设计；库存储备量的大小直接受运输状况的影响，发达的运输系统能比较适量、快速和可靠地补充库存，以降低必要的储备水平。

3. 物流的发展促进运输的增长

物流业的发展促进了企业和工厂"内部生产"程度的降低。外协购买部件、组件的任务及整个供应链的形成，导致了物资操作次数的增长，从而使运输量也相应地增长。物流理论研究如何把原材料或物资按时、按质、按量地运到目的地,并且运输过程最短、运输费用最省,所以,物流理论的发展极大地推动了运输业采用先进技术和现代化管理办法,不断优化运输方式之间的衔接和协作,提高运输效率,降低运输费用。

第二节 物资运输安全要求

在运输过程中,造成物资损坏的原因有三个方面:气象、力学和污染。其中,力学环境中的冲击和振动是造成物资损坏的最主要原因。

一、振动冲击与物资损伤

随着以"轻、薄、短、小"为特征的加工工业产品和较高附加值产品的运输需求逐年增长,运输安全越来越受到货主的重视,使市场对运输产品质量要求越来越高,竞争也越来越强。为了增强运输过程的竞争力,必须提高物资运输的舒适度,保证物资的安全性和完整性。

有些物资对环境因素很敏感,比如食物和杂货对温度等气候因素很敏感,有些物资(如精密仪器、陶瓷制品等)则对冲击振动很敏感。因此,运输过程必须能够满足物资的不同防护需求。研究表明,冲击和振动是导致物资损坏的最重要原因。因此,要把冲击振动同货损联系起来进行研究。

(一)振动损伤机理

与振动有关的货损机理的主要类型有直接损伤、累积损伤和摩擦损伤。

1. 直接损伤

由于过大的应力或位移而造成的损伤称为直接损伤。一种情况是物资在装载过程中跌落,当物资接触地面减速时发生冲击,当阻力足够大超过最大应力时,下落产生的惯性力就会导致物资受损。另一种情况就是在紧急制动或调车时,由于操作不当引起车辆突然碰撞导致货损。

2. 累积损伤

由于重复的、循环的应力导致磨损或材料疲劳会引起累积损伤,车辆尤其是火车运行过程中会产生周期振动。除了导致材料疲劳外,循环应力还会导致螺丝等零件变松。因此,累积损伤通常会先于直接损伤发生。当物资装载不合理且物资与其他表面发生摩擦时,振动可能导致物资表面受损。

3. 摩擦损伤

载体与物资之间或者物资之间发生相对运动或滑动会造成物资刮伤或擦伤。物资在接触面处可能会由于摩擦力等接触应力而受损。在运输过程中,这种损伤通常由紧急制动或调车时产生的冲击而引起,而且如果滑动的物资突然停止就可能造成直接损伤。

人们通常认为物资的滑动是造成货损最频繁的原因。当物资受到水平冲击时,如果惯性力足够大,物资就会相对于支撑面滑动,这种滑动可能直接造成物资受损,或者由于突然遇到障碍而产生间接受损。垂直振动会减小物资与其支撑面之间的摩擦力,当物资发生共振时,这种情况更加严重。因此,可以通过使用摩擦系数较大的接触面,采用捆绑、支撑等加固方法固定物资,以及避免共振等方法来减少物资滑动的危险。

(二) 冲击损伤机理

不同物资承受冲击的水平是不同的。根据物资抵抗冲击损伤能力的不同,一定程度上可将物资进行分类,如表1-1所示。

表1-1 常见物资的脆值

加速度/g	描述	具体案例
0~20	极度敏感	精密仪器(悬挂装置)
20~40	很敏感	仪器和电子设备、导航设备
40~60	敏感	机电设备、继电器、冷却设备
60~85	中度敏感	无线电设备、光学设备、电子设备、测量设备
85~110	相对不敏感	陶瓷、蓄电池、热交换机
110~200	不敏感	电机、变压器

这种冲击加速度对物体质量的影响程度,取决于物资本身的特性。有的物体很容易受损,有少数的物体即使从高处坠落下来也不会受损。这说明各种物体本身都具有其固有的易碎性,这种易碎性就表现在物体受到一定程度的冲击后会引起破损,这种破损的限界值就称为脆值。

为保证物资运输过程中的安全完整，就必须对其所受的外力进行分析，采取必要的缓冲技术措施，使传递到物资本身的力值小于脆值。

(三) 减少损坏的方法

减少冲击振动对物资造成的损坏，常用三种方法：优化的装载设计、适当的包装设计和恰当的物资加固方法。

1. 优化的装载设计

当物资的包装不能够承受冲击振动的影响时，需要在物资之间衬垫恰当的缓冲材料，并将物资之间的空隙塞紧；或者使用专用的支座，使物资与振源发生区域隔离。

2. 适当的包装设计

为了减轻物资在装卸和运输中所受的冲击振动，在包装设计时必须采用缓冲包装。在运输中对包装既不能使缓冲作用过高，又不能太低，过高会造成包装浪费，过低会造成物资损坏。因此，要确定恰当的包装缓冲程度，必须掌握作用于物资上的外力和物资本身的易损性，以确保物资在整个运输过程中完好无损为标准。

3. 恰当的物资加固方法

很多物资的损坏是物资的滑动造成的，因此需要采用恰当的装载加固方法防止物资相对于支座滑动或移动，物资的加固强度必须能够抵抗各个方向的加速度，同时不能对物资造成损坏。从物理角度讲，物资与支撑面之间的摩擦力可以减少物资滑动的危险。这可以通过使用有较大摩擦系数的支架或将物资捆在支架上来实现，还可以使用方木支撑或绳索拉牵来防止物资的移动。

二、物资运输装箱安全

物资安全装载是安全运输的前提和基础，应重点关注。

在物资运输及装箱过程中，需要在包装容器内对物资采取各种物理防护措施，这就必然提出物资装箱的重量限制、缓冲、固定、支撑和防水等基本要求。重量限制是凡需要规定包装件的重量极限时，应在物资规范或订货合同中明确规定。装箱性能是必须在按物资规范或订货合同中的规定进行运输包装件试验后，缓冲、固定、填塞与支撑、防水等措施不能失效；内装物不得发生倒塌或位移，不能有物理损伤或功能失效。在拆装方面，必须是在满足装箱性能的前提下，考虑便于物资的装入和取出。在表面防护方面，对于易受腐蚀或易变质损坏的无保护的物资表面，与其接触的材料应无腐蚀性。对于高光洁度的物资表面，与其接触的材料应无磨损性。在装箱经济性上，必须在满足装箱性能的前提下，考虑其经济性。

（一）重量的合理分配

根据物资的体积、重量、外包装的强度，以及物资的性质进行分类，把外包装坚固和较重的物资装在下面，外包装较为脆弱、较轻的物资装在上面，装载时要使物资的重量在箱底上形成均匀分布。如箱子某一部位装载的负荷过重，则有可能使箱子底部结构发生弯曲或脱开。在吊机和其他机械作业时，由于箱内物资重量分布不均，作业时箱子会发生倾斜，致使作业不能进行。

（二）物资的必要衬垫

为减缓物资在包装容器内受到的冲击和振动，应采取合适的缓冲措施。装载物资时，要根据包装的强度来决定对其进行必要的衬垫。目前，常用的垫料有胶合板、草席、缓冲器材和隔垫板等。对于外包装脆弱的物资、易碎物资应夹衬缓冲材料，防止物资相互碰撞挤压。为填补物资之间和物资与集装箱侧壁之间的空隙，有必要在物资之间插入垫板、覆盖物等隔货材料。要注意对物资下端进行必要的衬垫，使重量均匀分布。

（三）物资的合理固定

物资在装箱后，一般会产生空隙。由于空隙的存在，必须对箱内物资进行固定处理，以防止在运输途中，尤其是海上运输中由于船体摇摆而造成的物资坍塌与破损。物资的固定方法主要有以下几种：

（1）支撑，用方形木条等支柱使物资固定。

（2）塞紧，物资之间或物资与集装箱侧壁之间用方木等支柱在水平方向加以固定，或者插入填塞物、缓冲垫、楔子等防止物资移动。

（3）捆绑，用绳索、袋子等索具或用网具等捆绑物资。

（4）网罩，用铁丝网或者其他材料制成的具有一定强度的网状物来固定物资。

（5）加框，可以用衬垫材料、扁平木料制成栅栏来固定物资。

衬垫和固定往往是要同时完成的。如钢管类物资，应用钢丝绳或者钢带把物资扎紧，以免运输途中晃动或者散捆造成意外。侧壁内要用方形木条竖上几根立柱，再把这几根立柱用纵向木条连接起来，以保护侧壁。对于捆包物，一般要用木板对物资进行衬垫。同时，在箱门处用方木条做成栅栏保护箱门。

第三节　物资运输固定防护现状

物资运输固定防护是保证物资运输安全的前提条件，是物资运输的重要基础。目前，国内外关于物资运输中的固定防护形式多种多样。在实际操作中，操作人员多会根据已有的经验和物资的类型来判断如何进行固定防护，但往往由于安全意识不强，特别是专业知识缺乏，使物资未按安全要求进行固定防护，以致埋下安全隐患。

一、国内研究现状

目前，我国运输中使用的物资固定防护装置仍然较为原始（见图 1-1），而未采用高效、安全和使用便利的物资固定装置。在对物资进行固定时，车上有什么固定装置就使用什么，不按物资的种类来选择固定装置，往往根据经验来确定固定装置的数量以及拴紧力。物资的固定方式单一，普遍采用拴紧固定的方式。其实物资的固定方式有许多种，较为常用的有拉牵加固、挡木或钢挡加固、围挡加固、掩挡加固、腰箍下压式加固、整体捆绑等。为了保证物资安全，在条件允许的情况下宜采用组合式固定，例如拉牵加固与阻挡加固相结合，可有效增加物资的安全性。

图 1-1　用麻绳或尼龙绳简单捆绑固定

我国对公路物资运输固定防护形式及要求还没有法律法规及标准,操作人员在具体的操作过程中主要参考《铁路货物装载加固规则》,该规则规定了货物的固定要求与拴紧力的计算。例如,第三十六条规定:装载木杆(包括坑木、小径木)时,使用 $\phi 6.5$ mm 盘条 2 股对每垛起脊部分(上层腰线以上的货物)做整体捆绑;材长大于 4 m 的,每垛整体捆绑 4 道;4 m 及以下每垛捆绑 2 道;盘条拴结后的余尾部对折向车内,并用 U 形钉钉固。虽然该规则的采用一定程度上保证了公路物资运输的安全,但是由于不是专门针对公路物资运输的标准,而且没有经过针对性的试验验证,因此难以确保该规则的内容以及技术要求满足我国公路物资运输的实际需要。

相对于一些发达国家来讲,我国从事物资运输人员的平均知识水平较低,没有经过专业培训的人员所占比例较大,法律与物资知识相对匮乏,甚至认为大而重的物资不会从车上滑落。受经验主义的影响较为严重,在进行物资固定防护时常常抱有侥幸心理,物资固定比较随意。在行驶过程中安全意识不强,认为经过固定的物资不会松动,在停车休息时忽略了对物资固定程度的检查,可能留下安全隐患。

物资运输固定防护安全不仅与运输人员对物资的正确装载及固定有关,而且与运输车辆上固定物资的安全装置有直接关系。一般来讲,运输物资的车辆都自带一系列挂钩类绳索固定器,但目前未见到明确的规格尺寸、材料、强度、安装位置与数量等系统要求与规定,这样即使对物资进行了正确的装载与固定也无法保证物资的运输安全。因此,确保物资运输固定安全必须将物资、运输人员以及车辆等视为一个有机整体,来解决存在的问题。

二、国外研究现状

国外在物资运输固定防护上制定了较为完善的法律法规、标准和相关的管理办法,取得了较为显著的成效,有两点管理经验值得我们思考与借鉴。

一是国外建立了这个专业的标准化技术委员会,较早地开展了物资运输装载与固定安全标准的研究和制定工作。例如,欧洲设有安全运载工具及起重吊索具标准化委员会,美国设有吊装带和运输用捆绑带标准带委员会,这些标准化委员会制定了保障物资运输装载与固定安全的标准,形成了较为完善的标准体系。欧洲标准 EN12195 "道路车辆物资约束装置——安全性"系列标准，提供了一种对在欧洲市场上使用的捆绑带（拴紧器）安全符合性的要求，从而促进了自由贸易。该标准主要内容包括：规定了用来对物资的表面进行安全捆绑（诸如在公路上使用的火车或在槽罐拖车上或固定在列车货运车厢上和/或及其组合的道路车辆上使用的由人工合成纤维扁平织带所制成的运输用捆绑带）的安全要求；最大手拉力仅为 500 N 的手动操作的拴紧装置；规定了用来拴紧货物的捆绑带的测试方法；捆绑带在预期使用过程中和按照厂商提供的使用方法使用过程中可能发生的重大危害的处置；在以上相同的使用目的所使用的混合物资捆绑装置。美国装载安全与途中检查法规中对运输圆形物资在装载形式与拴紧固定方面进行了规定，要求驾驶员在驾驶车辆前应检查车辆尾板、轮胎、防水布以及保证物资安全的安全装置，在驾驶途中从物资装载地开始行驶 80 km 后首次检查物资安全系统，当更换驾驶员、车辆行驶达到 3 h 或者车辆行驶 240 km 时，应检查物资安全系统的状态并做出适当的调整。此外，美国还在运输车辆上做好装载参考标记，供相关作业人员在进行物资装载时作为参考，如车厢前部限制装载标记、车厢后部限制装载标记和车厢前后装载质量分界线等。这些标准的制定与执行，有效地减少了因物资装载与固定不符合要求引发交通事故的数量，保障了物资运输装载与固定安全。

二是物资运输装载与固定安全培训项目的开展。为了从根本上杜绝从业人员不按规定对物资进行装载与固定，提高其安全意识，欧洲和北美道路物资装载安全标准体系中均有专门针对驾驶员及物资装载与固定人员的培训内容。在北美有专门的手册来帮助操作人员掌握物资安全固定的方法，例如美国吊装带和运输用捆绑带标准委员会制定的标准 WSTDAT2 详细介绍了如何选择使用纤维捆绑带固定物资，欧洲标准化委员会制定的标准 EN12195 – 1 详细介绍了针对不同拴紧方式计算拴紧力的方法示例。另外，通过分析物资运输中因装载与固定引发的真实案例来宣传物资运输安全的重要性，使培训能够获得较好的效果。通过这些培训项目可以提高操作人员的实际操作技能，增强其安全意识。

第二章
物资运输力学环境分析

现代物资运输流通作为一种先进的组织方式和管理技术,包含了物资从"生"到"死"的整个物理性流通过程,在国民经济和社会发展中发挥着重要作用。在物资流通过程中,不仅存在运输过程的冲击,还存在装卸、储存等过程的冲击,这些都会对物资产生影响。由于运输过程持续时间较长,公路、铁路、水路、航空等运输环境的振动作用应引起从业人员足够的重视。

第一节 物资流通过程与环节

在流通过程中,物资会受到物流环节条件的影响。物流环境条件是指物资包装件在运输、储存等过程中可能遇到的机械、气候、化学活性物质、机械活性物质以及生物等环境条件。

一、物资流通过程

物资的流通是现代社会经济活动的重要组成部分,物资必须经历流通过程才能实现经济价值和社会价值。所谓流通过程,是指物资从制造出厂到用户消费终止的全过程,它包括了物资及包装的运输、中转、装卸、仓储、陈列、销售、消费等环节。在环境友好型社会中,还包括了包装废弃物的回收处理和循环再利用等环节,图2-1为一个典型流通过程。

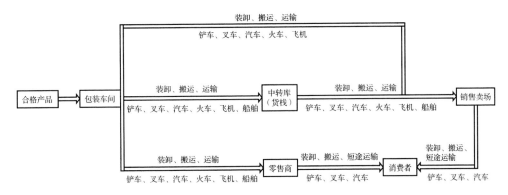

图 2－1　典型流通过程

二、物资流通环节

物资流通过程可以归纳为三个基本环节：装卸搬运环节、运输环节、储存环节。

（一）装卸搬运环节

包装件在流通过程中要经历多次装卸、短距离搬运作业。在作业过程中，由于操作不慎会造成包装件发生跌落、碰撞从而产生破损，而包装件的重量、体积会影响装卸作业方式。装卸作业分为人工和机械两种方式。

1. 人工装卸

人工装卸操作方法取决于两个因素：一个因素是操作方便，能较好适应人体活动规律；另一个因素是提高工作效率，能用较少的时间完成较多的工作量。重量过轻、体积过小的物资，工人装卸方便、省力、效率高，操作随意可能导致抛扔等野蛮作业方式产生。因此，一般包装件规格在 80～152 cm 及 40～90 kg 时，工人不会感觉太过劳累，不会随机抛扔包装件，有利于正常装卸操作。

2. 机械装卸

随着包装件重量和体积的增加，人工装卸无法满足工作要求和效率，则采用机械装卸方式，装卸机械的突然启动、紧急刹车、过急的升降都会对包装件造成跌落冲击损害。与人工装卸相比，机械装卸时包装件的运行状态相对平稳，发生跌落的高度要矮一些，因此跌落造成的破损率小，破损程度也更轻微。可见，合理设计包装件的重量和体积有利于正常装卸操作。此外，包装件外表面整洁干净，合理配置手孔或提手，配置必要的捆扎带，拥有醒目的搬运标志，可有效降低跌落破损的概率。

（二）运输环节

运输是包装件流通过程的必要环节。借助运输工具将物资从生产地运送至消费地。长途运输工具有汽车、火车、船舶和飞机。短途运输工具有铲车、叉车、电瓶车和手推车等。

运输过程中对包装件造成损害的因素有以下几方面：

1. 冲击

运输工具的启动、急刹车、变速、转向以及道路障碍会导致物资速度突然改变。当包装件堆垛松散无固定时，易与车厢厢底、厢壁以及其他物资包装件发生碰撞，导致物资包装件或容器因冲击而损坏。

2. 振动

运输工具运行时受路面状况、铁轨接缝、发动机振动、车辆减振性能、水域风浪、空中气流等因素的影响，产生随机性的上下颠簸和左右摇晃。

3. 气象条件

长途运输物资会经历不同气候区域，受到寒冷、炎热、干燥、潮湿、风雨等气象因素的影响。若物资包装件材料薄弱、结构不当、封闭不严，则会导致内装物发生变质或损坏。

4. 其他因素

流通过程中的各种生物、化学、机械活性物质也会对物资包装件产生损害。例如氧气、一氧化碳、二氧化碳、硫化氢等气体，以及盐雾、沙尘、酸雨、热源、放射源、气味源、太阳辐射等都会导致物资外包装及内装物受损害或污染；静电场、磁场等会导致电子类物资功能失灵；有害微生物、昆虫、啮齿类动物侵入，会啃食物资外包装及内装物，贵重物品还应考虑预防人为窃取的问题。

（三）储存环节

储存是物资及包装件流通过程中的一个重要环节。储存方法、堆码重量、堆码高度、堆码方式、储存周期、储存环境等会直接影响物资及包装件的流通安全性。另外仓库的建筑结构形式对储存环境中温度、湿度、气压等因素影响甚大。

在静压负荷下，外包装容器会因压缩而产生蠕变，堆码压力过大，会导致物资变形或损坏。因此堆码高度应受到限制，设计运输包装时，还需校核堆码强度，以确保物资在运输和储存时安全可靠。

物资储存环境条件是指物资及其包装件在储存过程中所经历的各类环境条件。物资储存环境一般应满足防潮、防热、防冻、防雷、防洪、防火、防雨、防虫、防毒、防腐、防辐射、防电磁、防盐雾等基本环境要求，物资一般应满足相应储存级别和储存条件的要求。

物资储存需具备以下基本条件：

1. 静止储存

对已包装的物资可在经过去湿处理的场所或建筑物内用密封盖等方法加以防护。

2. 活动储存

对已包装的物资的防护措施与静止储存相同，在具体的防护要求中，对包装物资或被包装设备，应定期用外接电源或外接动力源进行运转。

3. 露天储存

应防止物资不受各种气候因素及真菌、昆虫、灰尘、电磁辐射、盐雾等环境条件的影响。在露天储存物资应最大限度地使用已有的防护方法和防护材料，内装物应按规定检查和维修。

4. 遮蔽储存

应进行定期检查和维修。

5. 有建筑物的除湿储存

储存的物资除另有规定外，建筑物内应能使空气相对湿度保持在70%以内。

6. 无建筑物的除湿储存

对包装物资（单件或成组）用机械方法或去湿剂进行除湿，并对包装物进行全部或部分密封，使密封部分的空气相对湿度不超过40%。

物资储存条件的选择要求如下：

（1）各类物资应根据需要选择适当的储存条件进行存放。

（2）各类物资的储存，应根据环境条件确定包装等级。

(四) 流通环境条件

物资及包装件在储存、运输和使用过程中所经历的一切物理、化学、生物等外部因素统称为流通环境条件。对于物资或包装件来说，以上三个基本环节中导致外包装以及内装物损害的外界因素称为大环境条件。例如，气候、生物化学、机械等环境条件，对于内装物来说外包装及辅助物所构成的空间是一种微环境条件。例如，包装件的容器结构材料、衬垫材料、防护材料、内涂料、黏合剂、密封填料、印刷油墨等具有化学特性的物质，一旦处理不当，侵入物资，会污染内装物，导致物资变味变质。

对于危险品，例如农药、化工物资、有毒物品、易燃易爆物品、放射性物品，它们的包装不仅要防止流通环境条件对内装物的损害，而且要防止因内装物对包装的侵害而导致对人体、物品、环境造成意外伤害或污染。由此可以看出，大环境条件与物资及包装件之间的相互性，微环境条件与物资之间的相容性都应该为包装设计人员及制造人员所重视。

综上所述，各种流通环境条件是客观存在的，物资及包装件由此产生损害也是不可避免的，为了使物资缓冲包装设计最合理，使物资及包装件的损坏率降到最低，研究流通环境条件的恶劣程度就显得十分必要和重要了。但由于物资种类繁多，流通环境条件千变万化，危险因素较难精确预测，可借助现代测试技术和统计方法，定量分析和评估环境条件特性，掌握流通环境的一般规律，最终反映到包装设计中。物资在流通过程中会受到各种环境因素的影响而发生损害，如表2-1所示。

表2-1 流通过程中损害物资的外界因素及原因

环境因素	具体形式	损害包装的原因
机械因素	冲击	装卸时的跌落、翻滚，搬运输送时的跌落、翻滚，车辆遇到路面突起时产生颠簸冲击，车辆起动、刹车时物资滑动而产生水平碰撞，吊钩、叉子等尖锐物的扎、戳
	振动	路面高低不平，铁轨接缝，车辆结构振动，车轮不平衡
	静压力	包装捆扎带及起吊时的拉紧力、约束力，仓储堆码
	动压力	车辆振动引起的堆垛共振以及上下物资之间产生碰撞

续表

环境因素	具体形式	损害包装的原因
气候、生化因素	温度变化	太阳辐射强烈，天气寒冷，邻近设备的加热、冷却
	湿度变化	水汽通过材料扩散
	气压变化	海拔高、环境温度骤降
	光照	光化学降解作用
	水	装卸、储运过程中雨淋，水运时溅淋，湿气、水蒸气环境，温度骤降导致冷凝
	盐雾	海水因风浪作用形成的微小盐核的化学腐蚀作用
	沙尘	沙漠及多尘地带，强气流或湍流作用下产生的微小物质粒子的入侵和磨损作用
	生物	微生物、霉菌、昆虫、害鸟、害鼠
	放射性	材料放射性污染
人为因素	野蛮装卸	工人抛、扔、掷，机械操作不规范
	偷盗	撬、砸等强行破坏包装

第二节 物资流通过程的冲击

冲击是一种瞬时的、猛烈的机械运动，即物体在极短的时间内发生很大的速度变化或完成突然的能量转化。冲击使物体承受很大的外力或产生很大的加速度。包装件的冲击主要发生于装卸作业和搬运过程中。发生冲击时，内装物及其外包装在外力作用下变形、破损，突然起动或制动、火车转轨、飞机着陆、船舶靠岸时产生破裂或失效。垂直冲击主要由搬运、装卸、起吊时跌落引起，而水平冲击主要发生于运输车辆突然起动或制动、火车转轨、飞机着陆、船舶靠岸时。

一、装卸过程的冲击

无论是人工装卸还是机械装卸，都可能因人为因素或偶发事件使包装件与地面（或基面）之间产生跌落冲击。例如，人工装卸时对包装件的抛扔、翻滚以及机械装卸时车辆的突然起动、急停等都会使包装件受到很大冲击,冲击力或加速度的大小不仅取决于跌落高度,而且与包装件重量、内衬垫缓冲性能以及地面的刚性有着密切关系。据测定,跌落冲击加速度一般在 $10g$ 左右,最高可达 $100g$。对于 15 kg 以上的包装件,人工装卸的跌落高度可用以下经验公式计算:

$$H = \frac{300}{\sqrt{W}} \qquad (2-1)$$

式中,W 为包装件的重量(kg);H 为跌落高度(cm)。

机械装卸最常见的设备是叉车和起重机。表 2-2 和表 2-3 分别列出了叉车作业和起重机作业时产生的冲击加速度统计值。

叉车作业时的冲击加速度主要发生在上下垂直方向,上升开始前后倾斜作业时冲击加速度相对比较大,从 30 cm 高度落下时冲击加速度可达 $(3.0 \sim 4.0)g$。起重机吊装快速着地时冲击比较大,可达 $(1.0 \sim 7.5)g$。

表 2-2 叉车作业冲击加速度统计值

作业		冲击加速度/g		
		上下	左右	前后
行驶 6~7 km/h	铺修路	0.2~0.3	0.2~0.3	0.1~0.2
	非铺修路	0.6~1.6	0.3~0.4	—
叉货	上升开始	1.7	—	—
	下降开始	0.2	—	0.3
	下降停止	0.4~1.0	0.1~0.2	0.4~0.8
	30 cm 高度落下	3.0~4.0	—	0.6~1.1
前、后倾斜动作		1.2~1.9	—	—

表 2-3 起重机作业冲击加速度统计值

作业	吊钩速度/$(\text{m} \cdot \text{min}^{-1})$	冲击加速度/g	作业	吊钩速度/$(\text{m} \cdot \text{min}^{-1})$	冲击加速度/g
起吊	10~13	0.1~0.15	正常着地	9~13	0.5~1.4
下降时紧急制动	—	0.9~1.2	快速着地	40~60	1.0~7.5

包装件最大跌落高度与装卸方式有关，人工装卸时与其重量和体积（尺寸）有很大关系。

常用的物资装卸方法有以下几种：

（1）由人用手搬（抱）、背驮、肩挑（抗）、二人抬等方式直接装卸。

（2）由人用简单的非机动机械，如平板车、手推车等装卸。

（3）由人操纵叉车、吊车等机械装卸。

表 2-4 所示为最大跌落高度与物资包装件规格、装卸方式的关系，图 2-2 所示为最大跌落高度与包装件重量和体积的关系。

表 2-4 最大跌落高度与物资包装件规格、装卸方式的关系

物资参数		装卸方式	跌落参数	
质量/kg	尺寸/cm		跌落姿态	高度/cm
<9	122	抛掷	端面或角跌落	107
9~23	91	一人携运	端面或角跌落	91
23~45	122	二人携运	端面或角跌落	61
45~68	152	二人搬运	端面或角跌落	53
68~90	152	二人搬运	端面或角跌落	46
90~272	183	机械搬运	底面跌落	61
272~1 360	—	机械搬运	底面跌落	46
>1 360	—	机械搬运	底面跌落	30

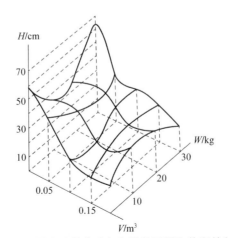

图 2-2　最大跌落高度与包装件重量和体积的关系

二、运输过程的冲击

对运输过程的冲击从公路运输、铁路运输、航空运输和水域运输四个方面进行讨论,四种运输方式和运输工具不同,经历的路面、水面和空中环境不同,包装件受到的冲击也有较大不同。

(一) 公路运输

公路运输产生的冲击主要取决于路面状况、车辆避振缓冲性能、车辆的起动和制动、车速等,也与载重量及装货固定方式有关,主要表现为水平冲击。遇到路面障碍时冲击较大,表现为垂直和水平冲击,一般可达几个 g,甚至可达十几个 g 的水平。

(二) 铁路运输

铁路运输产生的冲击有三种:第一种是车轮滚过钢轨接缝时的垂直冲击 $(0.2\sim0.6)g$;第二种是货车挂钩撞合时的水平冲击,货车地板加速度为 $(1.5\sim2.0)g$,物资上层可达 $7.0g$;第三种是紧急刹车时的水平冲击,可达 $4.0g$。表 2-5 所示为公路和铁路运输时产生的冲击加速度。

表 2-5 公路和铁路运输时产生的冲击加速度

运输类型	运行状态		最大冲击加速度/g		
			上下	左右	前后
公路运输	30~40 km/h	铺修路	0.2~0.9	0.1~0.2	0.1~0.2
		非铺修路	1~3	0.4~1.0	0.5~1.5
	越过 2 cm 高障碍		1.6~2.5	1.0~2.4	1.1~2.3
	50~60 km/h 车速刹车		0.2	0.3	0.7~0.8
铁路运输	30~60 km/h	轨道上	0.1~0.4	0.1~0.2	0.1~0.2
		轨道接缝	0.2~0.6		
	一般起动和停车		—	—	0.1~0.5
	急刹车		0.6~0.9	0.1~0.2	1.5~1.6
	紧急刹车		2	1	3~4
	货车编组挂接		0.5~0.8	0.1~0.2	1.0~2.6

铁路运输产生的冲击主要取决于车辆行驶速度、车辆牵引装置的缓冲性能、载重量、装货高度、物资固定方式等。表2-6列出了铁路货车连挂时对各部位物资的冲击值。

表2-6 铁路货车连挂时对各部位物资的冲击值

货车编号		A	B	C	D	E	平均
连挂速度/(km·h^{-1})		5.5	5.7	5.7	5.6	6.9	5.88
货车底板面/g	左右	0.4	0.6	0.7	0.4	0.5	0.4
	前后	1.6	1.5	1.7	1.5	2.1	1.7
	上下	0.8	0.6	0.7	0.6	0.9	0.7
托盘上面/g	左右	0.8	0.4	0.3	0.4	0.6	0.5
	前后	1.7	1.4	1.7	1.4	2.0	1.6
	上下	0.8	0.7	1.1	0.8	1.5	1.0
物资最上层/g	左右	—	—	—	—	—	—
	前后	4.5	6.0	2.4	4.3	4.5	4.3
	上下	5.9	5.3	7.0	2.9	4.4	6.0

表征铁路运输过程冲击力的参数和主要影响因素有以下几方面：

（1）车辆行驶及连挂速度。速度越大，冲击力越大。

（2）车辆牵引装置的缓冲性能。缓冲性能越好，即等效的弹性系数越小，牵引装置吸收的冲击能量越多，撞击产生的冲击力就越小。

（3）车辆载重量。物资越重，与车厢地面的摩擦就越大，越不易滑动，物资包装与车厢壁面发生碰撞的概率就越小。

（4）堆码高度及满载度。物资堆码混乱，间歇过大，增加了倒塌、反复碰撞的可能性。堆码越高，最上层物资发生水平碰撞和翻滚跌落的可能性就越大。

垂直跌落高度在一定程度上可以反映出装卸作业中的垂直冲击强度，在公路铁路运输过程中的水平冲击强度亦可用水平方向的跌落高度，即等效跌落高度来表征。如果车厢内的物资包装件与车厢前壁发生碰撞，则水平冲击的等效跌落高度与汽车刹车时的加速度、火车碰钩挂接前的行驶速度、物资与车厢底板面的摩擦系数有关,而且刹车加速度、行驶速度越大,摩擦系数越小,等效跌落高度越大,水平冲击力就越大,对物资包装件的损坏就越大。

表2-7所示的数据是在1 000 km以上距离进行试验测得的铁路货车行驶时各部位物资的冲击加速度。由于1 000 km长距离运行中存在偶然因素,导致表中出现前后冲击值$9g$,上下冲击值达$9.5g$的非正常状态数据。

表2-7 货车行驶时各部位物资的冲击加速度

方向	冲击加速度/g		
	货车底板面	托盘上面	物资最上层
左右	0.9	1.5	—
前后	1.5	1.5	9.0
上下	1.3	9.5	6.0

（三）航空运输

航空运输过程中的冲击主要发生在飞机起降过程中,尤其是降落时,机轮与地面相撞而产生显著的冲击。其冲击加速度大小与机种、驾驶技术、风力、载重、跑道状况有关,飞机着陆时的冲击加速度一般在$12g$,一般飞行时为$(0.05\sim0.60)g$。在恶劣气流条件下飞行时,冲击加速度最大可达$14g$。

（四）水域运输

水域运输主要有内陆河流运输、近海运输以及远洋运输,水域运输过程中的冲击与水域类型及情况、船舶类型、装载重量、气候条件密切相关,其冲击加速度相对较小。

运输过程中的冲击用冲击响应谱来描述。冲击响应谱近似于后峰锯齿形脉冲的响应谱,分为Ⅰ、Ⅱ、Ⅲ三类。各种运输方式的冲击响应谱如表2-8所示。

表2-8 各种运输方式的冲击响应谱

运输方式	冲击响应谱类型	峰值加速度/g	交越频率/Hz	后峰锯齿波的脉冲持续时间/ms
水域运输	Ⅰ	100	40	10~11
航空运输	Ⅰ	100	40	10~11

续表

运输方式	冲击响应谱类型	峰值加速度/g	交越频率/Hz	后峰锯齿波的脉冲持续时间/ms
Ⅰ类汽车运输	Ⅰ	100	40	10~11
铁路运输	Ⅱ	300	50	6~9
Ⅱ类汽车运输	Ⅱ	300	50	6~9
Ⅲ类汽车运输	Ⅲ	1 000	100	3~5

三、储存过程的冲击

物资在储存过程中通常处于静止状态，一般不会发生垂直跌落和水平碰撞。但堆码方式不合理、空气湿度过大、上层物资重量过大等都会造成货垛底层的包装箱产生变形、塌陷，使最上层的物资松散、歪斜，最终导致上层物资发生跌落、翻滚。此过程产生的冲击与装卸过程的跌落冲击基本相同，与堆码高度、堆码方式、物资重量、气候条件有关，可用跌落高度表征其冲击大小。

第三节 物资运输环境的振动

振动是物体在其平衡位置附近所做的往复运动，是物资流通过程中常见的一种危害因素，也是造成包装件破损的主要因素之一，在运输过程中存在着周期振动和随机振动两种形式，后者具有不确定性、不可预知性和不可重复性，统称为随机性。如大气湍流对飞机的作用、凹凸不平的路面对车辆的作用、海浪对船舶的作用以及内燃机燃烧室内因燃烧不均匀造成压力变化对机体的作用等，都属于不规则的激振，这些激振产生的振动必须通过概率统计的方法才能得出振动规律。运输环境中除了存在随机振动，还包括正弦振动，即周期振动。在实际运输过程中，车辆的发动机、变速箱及传动轴等旋转部件的质量偏心或者其他机件的摆动都会造成各种周期振动。当车辆在搓板路上行驶时，也会产生周期振动或准周期振动。其中有的近似于单纯的正弦振动，有的复杂的周期或准周期振动可由多个正弦振动合成。描述振动的最基本参数是频率、加速度和振幅。运输环境的随机振动和周期振动使包装件产生振动，包装件的振动与运输环境状况、装载量以及包装件自身结构形式有关，由于环境激振的随机性和多样性，物资包装件的振动呈现了复合随机性。

一、公路运输振动

公路运输振动主要与路况、车型（车辆性能）、车速和载重量有关。不平路面的激励是车辆行驶时最主要的激励，其他激励，如发动机、传动系统、轮胎、风载荷等，可作为次要因素考虑。

在我国，按使用任务、功能及流量将道路划分为高速公路、一级公路、二级公路、三级公路、四级公路等技术等级，按行政等级可分为国道、省道、县道、乡道、专用公路等。路面等级按面层类型划分为高级、次高级、中级、低级等。

公路路面的起伏具有一定的随机性，这种特性可以采用统计特性来描述。通常用功率谱密度来描述：

$$G_q(n) = G_q(n_0)\left(\frac{n}{n_0}\right)^{-W} \qquad (2-2)$$

式中，n 为空间频率（m^{-1}）；n_0 为参考空间频率，$n_0 = 0.1 \, m^{-1}$；$G_q(n_0)$ 为 n_0 下路面功率谱密度值（m^3）；W 为频率指数。

路面不平引起的汽车振动通过车厢底板传递给物资，再通过外包装箱和缓冲结构传递给内装物，如果包装结构不当，会加剧内装物的振动。路况越恶劣，车速越快，车辆垂直方向产生的加速度就越大。表2-9列出了解放牌双轴卡车振动测试记录（空载）。表2-10中为某物资包装件在汽车运输时的振动加速度。

表2-9　解放牌双轴卡车振动测试记录（空载）

路面状况	车速/(km·h^{-1})	峰值/g	频率/Hz
柏油路	35	0.7~1.1	2~100
	40	1.5	2~100
土路	20	0.8~1.4	2.5~100
	35	1.0~1.5（一般路面）	2~100
		1.5~2.5（恶劣路面）	2~100

续表

路面状况	车速/(km·h^{-1})	峰值/g	频率/Hz
公路	35	0.7~1.4	3~100
	40	1.5~2.0	3~100

表 2-10　某物资包装件在汽车运输时的振动加速度

路面条件	振动加速度/g		
	车厢底板	包装箱内	包装箱顶
柏油马路	3.3421	6.6143	0.5625
红土碎路	3.9817	6.0714	0.5103
碎石路面	6.0513	13.386	0.6149

按照振动冲击条件的不同，汽车运输可分为如下三类：

(1) Ⅰ类汽车运输：汽车在二级及二级以上公路上行驶。

(2) Ⅱ类汽车运输：汽车在三级及三级以下公路上行驶。

(3) Ⅲ类汽车运输：汽车在无路地区行驶。

(一) Ⅰ类汽车运输

频率范围：2~500 Hz。

Ⅰ类汽车运输随机振动量值如表 2-11 所示。

表 2-11　Ⅰ类汽车运输随机振动量值

振动方向	总均方根加速度/(m·s^{-2})	加速度谱密度极值/(m^2·s^{-4}·Hz^{-1})	对应频率值/Hz
垂向	13.37	8.00	2
		8.00	10
		0.10	28
		0.10	90
		0.35	115
		0.35	300
		0.01	500

续表

振动方向	总均方根加速度/ (m·s^{-2})	加速度谱密度极值/ (m^2·s^{-4}·Hz^{-1})	对应频率值/ Hz
横向	5.73	0.150	2
		0.150	40
		0.004	60
		0.004	110
		0.150	250
		0.150	310
		0.016	500
纵向	3.64	0.080	2
		0.080	40
		0.001	60
		0.001	100
		0.055	150
		0.055	200
		0.008	500

(二) Ⅱ类汽车运输和Ⅲ类汽车运输

Ⅱ类汽车运输和Ⅲ类汽车运输的振动条件相同，而冲击条件不同。

频率范围：2~500 Hz。

Ⅱ类汽车运输和Ⅲ类汽车运输随机振动量值如表2-12所示。

表2-12 Ⅱ类汽车运输和Ⅲ类汽车运输随机振动量值

振动方向	总均方根加速度/ (m·s^{-2})	加速度谱密度极值/ (m^2·s^{-4}·Hz^{-1})	对应频率值/ Hz
垂向	24.89	40.00	2
		40.00	10
		0.10	50
		0.10	90
		1.00	150
		1.00	200
		0.10	500

续表

振动方向	总均方根加速度/(m·s^{-2})	加速度谱密度极值/(m^2·s^{-4}·Hz^{-1})	对应频率值/Hz
横向	10.12	0.60	2
		0.60	10
		0.06	50
		0.01	61
		0.01	120
		0.40	300
		0.40	415
		0.10	500
纵向	6.29	1.80	2
		1.80	10
		0.01	60
		0.01	105
		0.10	150
		0.10	200
		0.01	500

二、铁路运输振动

铁路运输过程中,火车在正常运行、进出站、过岔道、车体摇晃、车体颤动、过铁轨接缝、过桥梁等运行状态中,都会产生振动,尤其是火车驶过铁轨接缝时车轮受到冲击,这对车辆是一种周期性激振,由它引起车辆的周期性强迫振动。表2-13列出了50 t棚车运行时的振动测量值,火车过铁轨接缝时产生的振动最为强烈。

表2-13 50 t棚车运行时的振动测量值

运行状态	垂直方向		横向		纵向	
	加速度峰值/g	基频/Hz	加速度峰值/g	基频/Hz	加速度峰值/g	基频/Hz
正常运行/(70 km·h^{-1})	2~4	4~5	0.5~1.5	5	0.5~2.0	4.0~8.5

续表

运行状态	垂直方向		横向		纵向	
	加速度峰值/g	基频/Hz	加速度峰值/g	基频/Hz	加速度峰值/g	基频/Hz
出站	0.5~2.0	—	—	—	—	—
进站	0.5~3.0	—	1.0	—	1.0	—
过岔道	3~7	—	—	—	—	—
车体摇晃	2.3~1.7	4.0~5.5	—	—	—	—
车体颤动	3.0~4.5	6	—	—	—	—
过铁轨接缝	5~8	—	—	—	—	—
过桥梁	1~3	—	—	—	—	—

铁路车辆运输振动加速度大小与车辆类型、铁轨平整度、车辆运行速度以及车辆运行状态有关。

铁路运输振动的频率范围：2~500 Hz。

铁路运输随机振动量值如表 2-14 所示。

表 2-14 铁路运输随机振动量值

振动方向	总均方根加速度/$(m \cdot s^{-2})$	加速度谱密度极值/$(m^2 \cdot s^{-4} \cdot Hz^{-1})$	对应频率值/Hz
垂向	16.08	0.2	2
		0.2	80
		1.5	100
		1.5	110
		0.3	120
		0.3	200
		1.5	300
		1.5	310
		0.1	500

续表

振动方向	总均方根加速度/ (m·s^{-2})	加速度谱密度极值/ (m^2·s^{-4}·Hz^{-1})	对应频率值/ Hz
横向	8.50	0.20	2
		0.20	12
		0.05	18
		0.05	25
		0.50	40
		0.13	90
		0.13	120
		0.01	300
纵向	3.02	0.040	2
		0.040	8
		0.012	11
		0.012	20
		0.050	30
		0.050	40
		0.003	65
		0.003	80
		0.025	100
		0.025	300
		0.004	500

三、航空运输振动

航空运输时飞机的振动主要来自外界的大气层气流和飞机自身发动机振动。飞行中，飞机处在平流层内时，不会产生较大或长时间的振动，而处在对流层时，机身产生的晃动属于持续时间较短的瞬态振动，而发动机产生的持续振动对货舱内包装件的影响较大，表现为单振动、高频率的特点，且振动加速度较小、较稳定。

（一）喷气式运输机

振动频率范围：10～2 000 Hz。

喷气式运输机的宽带随机振动量值如表2-15所示。

表2-15 喷气式运输机的宽带随机振动量值

总均方根加速度/ (m·s^{-2})	加速度谱密度极值/ (m^2·s^{-4}·Hz^{-1})	对应频率值/ Hz
18.56	0.10	10
	0.10	170
	0.40	250
	0.40	530
	0.05	2 000

(二) 螺旋桨运输机

螺旋桨运输机的振动为宽带随机加窄带随机振动。

振动频率范围：10~2 000 Hz。

螺旋桨运输机振动量值如表2-16所示。

表2-16 螺旋桨运输机振动量值

总均方根加速度/ (m·s^{-2})	加速度谱密度极值/ (m^2·s^{-4}·Hz^{-1})	对应频率值/ Hz
32.5	0.04	10~67
	20.00	67~74
	0.50	74~135
	5.00	135~149
	0.50	149~202
	5.00	202~223
	0.50	223~270
	20.00	270~298
	0.04	298~2 000

四、水域运输振动

航行中的船舶可以看作一个自由弹性体，当受到外界干扰时，会产生一个或若干个调谐共振，其外部激振主要来自柴油机振动，主要由运动部件频率较低的不平衡力矩以及气缸内气体爆炸形成的高频压力和力矩、螺旋桨与主传动轴系的转动不平衡力、其他辅助机的不平衡力及振动、波浪的周期性冲击、舵力引起。

水域运输通常表现为两个级别的振动：一是在较平静的水域稳定航行时的低强度振动，二是在大风浪或紧急操作时的高强度振动。波浪引起的低频振动为 0.03~0.20 Hz，对物资的共振影响不大。货船不同部位测得的振动值，以货船航行时船尾甲板前舱和后舱的左右振动时的加速度最大。

（一）一般运输船舶和军辅船

一般运输船舶和军辅船的振动主要是正弦振动，其参数如表 2-17 所示。

表 2-17 船舶运输正弦振动参数

振动参数	船舶类别	
	一般运输船舶	军辅船
位移幅值/mm	1.5	1.5
加速度幅值/(m·s^{-2})	7	10
频率范围/Hz	2.0~10.7　10.72~100	2~13　13~100

（二）高速舰船运输

在气垫船和喷水推进船舶等高速舰船中，随机振动相当明显。其频率范围为 5~500 Hz。在 20~250 Hz 范围内，气垫船的加速度谱密度为 0.7 m^2/(s^4·Hz)，其他高速舰船为 0.15 m^2/(s^4·Hz)；在 5 Hz 和 500 Hz 处，气垫船的加速度谱密度为 0.1 m^2/(s^4·Hz)，其他高速舰船为 0.1 m^2/(s^4·Hz)。气垫船的总均方根加速度为 16.1 m/s^2，其他高速舰船为 7.46 m/s^2。

第四节　典型物资运输环境仿真

本节以公路运输环境下固体火箭发动机为对象，构建了典型弹药运输车的 13 自由度动力学模型，采用谐波叠加法模拟路面不平度激励后，基于达朗贝尔原理计算得到车身质心处的时域响应，分析不同运输工况下的响应规律，并仿真计算固体火箭发动机在加速度载荷及与温度载荷联合作用下的动力学响应。

一、车辆动力学模型构建

由路面不平度所造成的振动载荷具有平稳随机的特性,仅通过正弦交变载荷模拟或采用其他车辆参数不能完全表征发动机承载的振动载荷,必须进行专用运输车载荷谱分析。但直接测定运输载荷谱耗费巨大,且存在安全风险。因此,有必要构建能反映车辆振动性能的简化动力学模型,且整车模型计算精度一般优于1/2车或其他简化模型。

(一) 整车模型构建及参数定义

结合实测参数,构建了某型弹药专用运输车 13 自由度整车动力学模型,如图 2-3 所示,其相关简化假设如下:①车身、车架及各车轴均假定为刚性体,且垂直于铅垂面。②模型左右对称,悬架质量与轮胎的刚度、阻尼均为定常数,且左右完全相等。③车辆做匀速直线运动,不考虑转弯、刹车等复杂情况,且整车模型在平衡位置附近做小幅振动。④行驶过程中,轮胎始终与地面保持点接触,无跳起。⑤运载弹药质量较大,忽略箱体间的缓冲作用,即假定储运箱与弹药和车厢均为刚性连接。

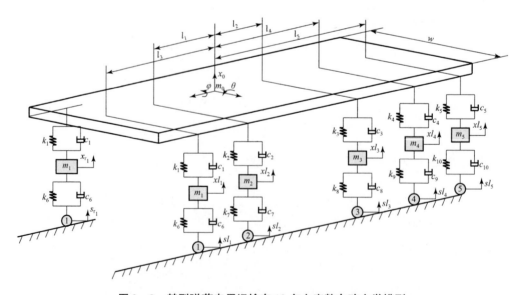

图 2-3 某型弹药专用运输车 13 自由度整车动力学模型

图 2-3 中，x_0 为垂向运动位移，θ 为俯仰运动角，φ 为 θ 侧倾运动角，其为车身的 3 个自由度；$x_{ij}(i=1,r;j=1,2,\cdots,5)$ 为车身 i 侧第 j 个悬架的垂向运动位移；$s_{ij}(i=1,r;j=1,2,\cdots,5)$ 为车身 i 侧第 j 个悬架所在车轮所承载的路面不平度激励；m_0 为车身与运载弹药质量之和；m_j 为第 j 轴轮上悬挂质量，车身左右完全一致；c_j、k_j 分别为第 j 轴悬挂等效阻尼和刚度系数；c_p、$k_p(p=j+5)$ 分别为第 p 轮轮胎等效阻尼和刚度系数；w 为车身宽度；l_1、l_2、l_3、l_4、l_5 分别为各轴至车身质心处距离。

若忽略行驶过程中各轮承载激励的差异，则会降低响应计算精度，进而可能对发动机公路运输安全性产生错误评估。因此，笔者认为所采用的整车模型中同轴轮胎间激励存在相位差，不同轴轮胎间激励存在时间差。为不失一般性，激励相位差取 $\pi/2$，前、后各轮时滞关系为

$$s_{ij}(t) = s_{i(j+1)}\left(t + \frac{\Delta l}{v}\right) \tag{2-3}$$

式中，Δl 为轴间距；t 为运输车行驶时间（s）；v 为运输车行驶速度（m/s）。

（二）路面不平度模拟

采用谐波叠加法模拟生成路面不平度，该方法通过一定离散数量的正弦波叠加模拟不平度，应用范围广，算法严密。其位移激励的时域模型输入：

$$s(t) = \sum_{d=1}^{N} \sqrt{2G_s(f_{\text{mid}-d})\Delta f_d} \sin(2\pi f_{\text{mid}-d} t + \beta_d) \tag{2-4}$$

式中，N 为将时间频率划分的区间个数，取 $N=5\,000$；$f_{\text{mid}-d}$ 为第 d 个区间的中心时间频率；Δf_d 为时间频率区间长度；β_d 为介于 $[0,2\pi]$ 间的随机数。

$$G_s(f_{\text{mid}-d}) = G_s(n_0)\frac{n_0^2}{f_{\text{mid}-d}}v^2 \tag{2-5}$$

式（2-5）为 $f_{\text{mid}-d}$ 的功率谱密度值。式中，n_0 为参考空间频率（一般取 0.1 m^{-1}），$G_s(n_0)$ 为路面不平度系数（mm^2/m）。

采用 Pwelch 法对生成的三种路面随机不平度进行功率谱密度估计，并与标准规定的路面随机不平度功率谱密度进行比较，取双对数坐标，如图 2-4 所示。可以看出，采用谐波叠加法模拟生成的路面随机不平度与标准规定吻合良好，满足工程应用需求。

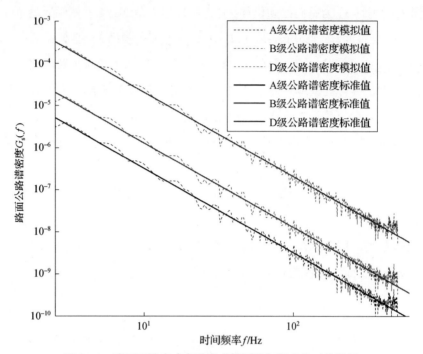

图 2-4　路面不平度功率谱密度模拟值与标准值对比结果

（三）动力学方程构建

依据图 2-3 所构建的整车动力学模型，并基于达朗贝尔原理构建该专用运输车的拉格朗日方程组。

车身垂向动力学方程为

$$\begin{aligned}
m_0\ddot{x}_0 &+ k_1(2x_0 - x_{11} - x_{r1} - 2l_3\theta) + c_1(2\dot{x}_0 - \dot{x}_{11} - \dot{x}_{r1} - 2l_3\dot{\theta}) + \\
&k_2(2x_0 - x_{12} - x_{r2} - 2l_1\theta) + c_2(2\dot{x}_0 - \dot{x}_{12} - \dot{x}_{r2} - 2l_1\dot{\theta}) + \\
&k_3(2x_0 - x_{13} - x_{r3} + 2l_2\theta) + c_3(2\dot{x}_0 - \dot{x}_{13} - \dot{x}_{r3} + 2l_2\dot{\theta}) + \\
&k_4(2x_0 - x_{14} - x_{r4} + 2l_4\theta) + c_4(2\dot{x}_0 - \dot{x}_{14} - \dot{x}_{r4} + 2l_4\dot{\theta}) + \\
&k_5(2x_0 - x_{15} - x_{r5} + 2l_5\theta) + c_5(2\dot{x}_0 - \dot{x}_{15} - \dot{x}_{r5} + 2l_5\dot{\theta}) = 0
\end{aligned} \quad (2-6)$$

车身俯仰动力学方程为

$$\begin{aligned}
J_1\ddot{\theta} &- k_1l_3(2x_0 - x_{11} - x_{r1} - 2l_3\theta) - c_1l_3(2\dot{x}_0 - \dot{x}_{11} - \dot{x}_{r1} - 2l_3\dot{\theta}) - \\
&k_2l_1(2x_0 - x_{12} - x_{r2} - 2l_1\theta) - c_2l_1(2\dot{x}_0 - \dot{x}_{12} - \dot{x}_{r2} - 2l_1\dot{\theta}) + \\
&k_3l_2(2x_0 - x_{13} - x_{r3} + 2l_2\theta) + c_3l_2(2\dot{x}_0 - \dot{x}_{13} - \dot{x}_{r3} + 2l_2\dot{\theta}) +
\end{aligned} \quad (2-7)$$

$$k_4 l_4 (2x_0 - x_{14} - x_{r4} + 2l_4 \theta) + c_4 l_4 (2\dot{x}_0 - \dot{x}_{14} - \dot{x}_{r4} + 2l_4 \dot{\theta}) +$$
$$k_5 l_5 (2x_0 - x_{15} - x_{r5} + 2l_5 \theta) + c_5 l_5 (2\dot{x}_0 - \dot{x}_{15} - \dot{x}_{r5} + 2l_5 \dot{\theta}) = 0 \quad (2-7\text{续})$$

车身侧倾动力学方程为

$$J_2 \ddot{\varphi} + k_1 w(w\varphi - x_{11} + x_{r1})/2 + c_1 w(w\dot{\varphi} - \dot{x}_{11} + \dot{x}_{r1})/2 +$$
$$k_2 w(w\varphi - x_{12} + x_{r2})/2 + c_2 w(w\dot{\varphi} - \dot{x}_{12} + \dot{x}_{r2})/2 +$$
$$k_3 w(w\varphi - x_{13} + x_{r3})/2 + c_3 w(w\dot{\varphi} - \dot{x}_{13} + \dot{x}_{r3})/2 + \quad (2-8)$$
$$k_4 w(w\varphi - x_{14} + x_{r4})/2 + c_4 w(w\dot{\varphi} - \dot{x}_{14} + \dot{x}_{r4})/2 +$$
$$k_5 w(w\varphi - x_{15} + x_{r5})/2 + c_5 w(w\dot{\varphi} - \dot{x}_{15} + \dot{x}_{r5})/2 = 0$$

轮 1 垂向动力学方程为

$$m_1 \ddot{x}_{i1} + k_6 (x_{i1} - s_{i1}) + c_6 (\dot{x}_{i1} - \dot{s}_{i1}) -$$
$$k_1 (x_0 - x_{i1} - l_3 \theta + w\varphi/2) - \quad (2-9)$$
$$c_1 (\dot{x}_0 - \dot{x}_{i1} - l_3 \dot{\theta} + w\dot{\varphi}/2) = 0$$

轮 2 垂向动力学方程为

$$m_2 \ddot{x}_{i2} + k_7 (x_{i2} - s_{i2}) + c_7 (\dot{x}_{i2} - \dot{s}_{i2}) -$$
$$k_2 (x_0 - x_{i2} - l_1 \theta + w\varphi/2) - \quad (2-10)$$
$$c_2 (\dot{x}_0 - \dot{x}_{i2} - l_1 \dot{\theta} + w\dot{\varphi}/2) = 0$$

轮 3 垂向动力学方程为

$$m_3 \ddot{x}_{i3} + k_8 (x_{i3} - s_{i3}) + c_8 (\dot{x}_{i3} - \dot{s}_{i3}) -$$
$$k_3 (x_0 - x_{i3} + l_2 \theta + w\varphi/2) - \quad (2-11)$$
$$c_3 (\dot{x}_0 - \dot{x}_{i3} + l_2 \dot{\theta} + w\dot{\varphi}/2) = 0$$

轮 4 垂向动力学方程为

$$m_4 \ddot{x}_{i4} + k_9 (x_{i4} - s_{i4}) + c_9 (\dot{x}_{i4} - \dot{s}_{i4}) -$$
$$k_4 (x_0 - x_{i4} + l_4 \theta + w\varphi/2) - \quad (2-12)$$
$$c_4 (\dot{x}_0 - \dot{x}_{i4} + l_4 \dot{\theta} + w\dot{\varphi}/2) = 0$$

轮 5 垂向动力学方程为

$$m_5 \ddot{x}_{i5} + k_{10} (x_{i5} - s_{i5}) + c_{10} (\dot{x}_{i5} - \dot{s}_{i5}) -$$
$$k_5 (x_0 - x_{i5} + l_5 \theta + w\varphi/2) - \quad (2-13)$$
$$c_5 (\dot{x}_0 - \dot{x}_{i5} + l_5 \dot{\theta} + w\dot{\varphi}/2) = 0$$

式中，J_1、J_2 分别为车身俯仰和侧倾转动惯量。

将式（2-7）~式（2-11）整理后，采用矩阵形式可表达为

$$M\ddot{X} + C\dot{X} + KX = F(t) \quad (2-14)$$

式中，$X = (x_0, \theta, \varphi, x_{l1}, x_{l2}, x_{l3}, x_{l4}, x_{l5}, x_{r1}, x_{r2}, x_{r3}, x_{r4}, x_{r5})^T$，为车身及运载弹药和各悬挂质量的位移响应向量，即 $\dot{X}$ 和 $\ddot{X}$ 分别为各质量的速度与加速度响应向量；$F(t) = (F_1(t), F_2(t), F_3(t))^T$，为各质量的激励向量，其中 $F_1(t) = (0, 0, 0)$，$F_2(t) = (c_6\dot{s}_{l1} + k_6 s_{l1}, c_7\dot{s}_{l2} + k_7 s_{l2}, c_8\dot{s}_{l3} + k_8 s_{l3}, c_9\dot{s}_{l4} + k_9 s_{l4}, c_{10}\dot{s}_{l5} + k_{10} s_{l5})$，$F_3(t) = (c_6\dot{s}_{r1} + k_6 s_{r1}, c_7\dot{s}_{r2} + k_7 s_{r2}, c_8\dot{s}_{r3} + k_8 s_{r3}, c_9\dot{s}_{r4} + k_9 s_{r4}, c_{10}\dot{s}_{r5} + k_{10} s_{r5})$；$M = \mathrm{diag}(m_0\ J_1\ J_2\ m_1\ m_2\ m_3\ m_4\ m_5\ m_1\ m_2\ m_3\ m_4\ m_5)$，为动力学模型的惯性矩阵。限于篇幅，不再详细列出动力学模型的刚度矩阵与阻尼矩阵。

模型的动力学响应需采用一种改进的 4 阶龙格库塔法进行求解。将动力学方程组转化为状态空间方程：

$$\dot{u} = Hu + P(t) \quad (2-15)$$

式中，$u = (X, \dot{X})^T$；$P(t) = (0, M^{-1}F(t))^T$；$H = \begin{bmatrix} O & I \\ -M^{-1}K & -M^{-1}C \end{bmatrix}$。

二、车身动力学响应及规律分析

结合《固体火箭发动机公路运输试验方法》规定，并综合考虑运输车的行驶速度及运输路况设置仿真计算的运输工况，如表 2-18 所示。

表 2-18 仿真计算的运输车运输工况

公路等级	运输速度/(km·h^{-1})	公路等级	运输速度/(km·h^{-1})	公路等级	运输速度/(km·h^{-1})
A	50	B	30	D	15
	60		40		20
	72		50		30
	80		60		40
	90		72		50

某次运输过程中,加速度功率谱密度值对比结果如图2-5所示。可以看出:在主频段峰,仿真计算值与试验值基本一致,说明构建的车辆动力学模型可以满足工程计算需求。但由于受其他次要因素的影响,与试验值仍存在一定误差,表明车辆动力学模型仍需进一步改进。

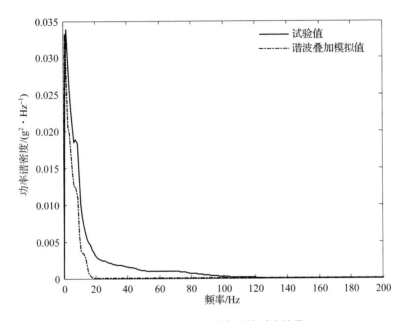

图2-5 加速度功率谱密度值对比结果

加速度响应均方根值(Root Mean Square,RMS)是反映一段时间内作用于结构上随机振动总能量的大小,其值越大,表明单位运输里程内对运载弹药造成的损伤越严重。图2-6为不同运输工况下车厢质心处RMS随运输速度的变化曲线。可以看出:公路等级相同时,RMS随运输速度的增大先迅速上升后趋于平缓;随着公路的等级下降,RMS前期上升趋势更为明显。上述结果表明:公路等级相同时,由于路面随机不平度变化较小,运输速度的提升对车身质心处加速度激励影响作用有限;而随着公路等级的下降,路面随机不平度激励也迅速增大,这就造成了RMS前期上升速度的攀升,更进一步说明了公路等级和运输速度的相互促进作用。

车厢质心处加速度响应分布近似服从一种高斯分布,其拟合方程为

$$y = y_0 + A\exp(-0.5((x-x_c)/\mu)^2) \quad (2-16)$$

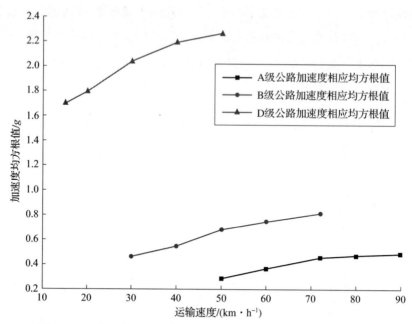

图 2-6 不同运输工况下车厢质心处 RMS 随运输速度的变化曲线

拟合参数如表 2-19 所示。

表 2-19 加速度响应分布曲线方程拟合参数

拟合参数	路况等级		
	A	B	D
y_0	0	0	0
A	0.020 9	0.010 3	0.013 1
x_c	-0.011 2	-0.022 8	-0.016 6
μ	0.380 9	0.785 6	3.054 9
R^2	0.995 2	0.990 7	0.993 5

运输车以 50 km/h 的运输速度分别行驶在 A、B、D 三种等级路面时,其车身质心处加速度响应分布拟合曲线如图 2-7 所示。可以看出：D 级公路加速度响应的 1σ 区间,基本完全覆盖了 A、B 两种等级路况下加速度响应的全区间,更直观说明公路等级变化对随机振动载荷产生的影响。上述结果表明：研究公路运输过程中随机振动载荷对发动机结构完整性的影响很有必要性。

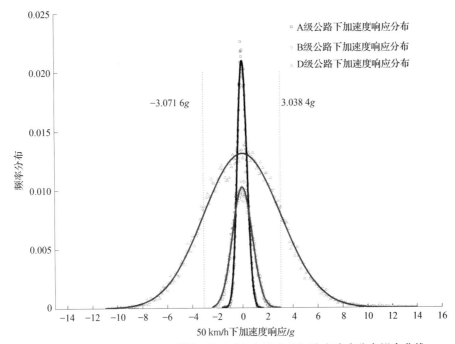

图 2-7　运输车行驶在三种等级路面时车身质心处加速度响应分布拟合曲线

三、固体火箭发动机响应算例分析

研究对象为某固体火箭发动机的后半段,其装药为圆柱形通道,其燃烧室主要包括壳体、绝热层、包覆层与药柱。其中,发动机壳体与绝热层视为弹性材料,而包覆层与药柱则处理为同种黏弹性材料。为简化计算,材料泊松比均假定为定常数。同时在有限元分析过程中,采用四参数 Burgers 模型描述药柱与包覆层黏弹性,相关性能参数如表 2-20 所示。

表 2-20　发动机各结构材料性能参数

材料	热膨胀系数/($℃^{-1}$)	密度/($kg \cdot m^{-3}$)	泊松比	弹性模量/MPa
壳体	1.1×10^{-5}	7 800	0.3	2.06×10^{5}
绝热层	2.9×10^{-4}	1 200	0.495	25
包覆层	1.1×10^{-4}	1 200	0.495	12
药柱	8.8×10^{-5}	1 700	0.495	12

构建发动机有限元模型时忽略长度影响,将动力学响应处理为平面应变问题,并采用 Quad4 单元进行网格划分,其模型共有 9 300 个单元,9 610 个节点。运输时,因发动机由弹卡固定,则壳体上部受固定约束,下半部承载随机加速度载荷 a,整体载荷分布特征如图 2-8 所示。另外,根据整车动力学模型构建时所做的假设,可认为车身质心处响应即发动机壳体承载的激励。该型弹药在运输作业前,通常储存在常温库房内,而温度应力应变与环境温度差成正比。因此,考虑实际运输过程中最严峻的工况,即低温(-40 ℃)条件下,以 50 km/h 运输速度在 D 级公路行驶。

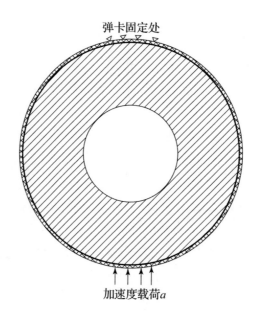

图 2-8 发动机整体载荷分布特征

工程上常用强度理论评估弹性材料的结构完整性;而对于推进剂药柱这种黏弹性材料,一般采用 von Mises 应变作为其破坏判据。其中,发动机壳体屈服强度约为 1 500 MPa,推进剂低温时的许用应变约为 40%。通过发动机分别在加速度载荷及与温度载荷联合作用下的 von Mises 应力响应仿真分析,可以得出:应力集中现象均发生在载荷作用边界;当加速度载荷单独作用时,发动机壳体最大应力为 357 MPa,联合作用时则为 550 MPa,安全系数则由 4.2 降至 2.7,说明公路等级较低时,两种作用载荷的影响程度相似。

除去发动机壳体、绝热层与包覆层后，通过药柱的 von Mises 应变响应仿真分析，可以得出：药柱的应变集中均发生在载荷作用中轴线上，这表明现有弹药储运箱固定方式需要做进一步优化设计；两种载荷作用条件下，药柱的最大应变分别为 2.78% 和 7.56%，均远小于许用应变值 40%，也说明温度载荷对药柱结构完整性的影响作用可能要高于加速度载荷。

第三章
物资运输装载加固

物资装载的目的除了最大化利用容器装载能力或获得某种最佳效益，还需要满足各种约束条件，以满足装运实践的要求。集装箱物资的布置或堆叠的装载方式不能导致物资及其包装变形，而且在装载或卸载过程中，要通过物资静摩擦和物资内在稳定性，保持物资不动或不倾斜。为此，应加强集装物资装载布局和加固技术研究，保证集装箱物资运输和装卸过程中的安全。

第一节 物资运输装载

一、物资装载布局简介

物资按形态可分为成件物资和不成件物资。我们采用铁路零担托运成件物资标准，即单件体积大于或等于 $0.02\ m^3$。我们把成件物资再分为大件物资和小件物资两类。不成件物资包括液态物资和干散物资等，这类物资由于其自流性一般可自适应容器的形状，装载简单，一般不需要优化。

装载布局是一个具有复杂约束条件的组合优化问题。所谓组合优化，是指在离散的、有限的数学结构上，寻找一个满足给定条件，并使其目标函数值达到最值的解。一般来说，组合优化问题通常带有大量的局部极值点，往往是不连续的、多维的、有约束条件的。

物资装载布局问题归属于经典三维装箱问题的范畴，将具有相同或不同形状和尺寸的物资放入有定规格与载重量限定的容器中，以实现最大化利用容器装载能力或获得某种最佳效益的目的。现实中的物资装载布局通常还需要满足各种约束条件，以满足装运实践的要求。"方向约束"：在装载布局过程中，物资的摆放方向是受到约束的。例如，某些物资不能够倒置等。一般情况下，物资的方向约束有三种：任意旋转、水平旋转、不能旋转。"物资承载能力约束"：物资的承载能力是由物资本身的性质和包装盒的结构决定的。例如，某些物资上方不可以摆放其他物资，所以要考虑装载层数的限制，以及装载次序的限制。"稳定性约束"：承载工具的稳定性在实际装载过程中是非常重要的，这关系着运输过程中的安全。一般来说，物资的重心应在承载工具的几何中心附近。由于物资相互叠放和不同放置的组合，所以只考虑承载工具整体的稳定性是不够的，还需要考虑个别叠放的物资的承重情况。同时将同类物资相邻放置可以减少物资之间的间隙从而提高稳定性。另外，对于物资之间的空隙可以用泡沫塑料填充或是捆绑到一起固定物资。"重量分布约束"：针对大密度物资的装载，要求物资的重量在装载空间或平面内均衡分布，以保持装载重心平衡及防止负荷应力集中，从而保证物资及运载工具的安全。"装载顺序约束"：考虑不同的送货目的地、物资保鲜和相互间影响等情况，物资的装载有先后次序要求或在空间内的布局保持一定区隔，从而形成相应带装载顺序约束的特定装载问题。

二、装载方案制定影响

装载时需考虑不同包装件的兼容性，特别是内装物的性质。如考虑气味或飞尘相互沾染的可能性，以及物理或化学兼容性，需避免不兼容的包装件混装在同一运输工具内，或将其有效分隔开，装有液体的包装件不宜放在其他包装件之上等。

包装件的载荷宜尽可能均匀地分布在运输工具的地板上，避免对地板的集中载荷超过其限度。同时，还需考虑所有包装件的总质心处于运输工具所允许的偏心限度之内。包装件多层装载时，需将重的或强度大的包装件放在下面，轻的或强度小的包装件放在上面。上下包装件的长宽尺寸不同时，需在其间插入垫舱物以避免对下层包装件的集中载荷。码放在下层的包装件的强度需足以支撑其上码放的包装件。

在集装箱等封闭运输工具内装载易潮湿受损的包装件时，需避免同时装入湿度大的包装件、木托盘或使用湿度大的木材固定包装件以免储运过程中因昼夜温差大造成封闭运输工具内的凝露。需要时可采用防范顶部滴水的麻布纸板和防范侧壁流下凝结水或包装件底部积水的木板，以及加入足够的干燥剂等措施。

根据内装物的形态，是固体（刚体、柔体、粉粒体）、液体还是气体，选择相应的包装容器或包装方式。

根据质量和尺寸可将内装物分为轻物、重物、小型、大型、长物、扁平物或超高物等。宜根据内装物的质量、尺寸、质心的位置以及装卸和储运的安全与方便确定包装方式。

内装物的易损性包括内装物的耐压、耐振动和耐冲击的能力，以及耐温、耐水、耐潮、耐腐蚀性、耐霉性、耐磨性，对静电磁场的耐受性等是选择包装容器或包装方式至关重要的因素。需根据内装物的易损性和不同的流通环境对内装物实施恰当的防护。有危险性的内装物的运输包装需符合相关的规定、标准和要求。根据内装物的种类（如单台设备、成套设备、零部件、建筑材料或原材料等）和用途，选择适当的包装方式。

三、物资装载布局方法

由于不同类别物资的尺寸和质量存在差异，且所涉及约束多种多样，问题的组合空间庞大，相关解决方法大多是针对特定装载技术条件及目标约束而设计的。目前该领域研究成果更多是根据装载使用容器的数量来划分的，即分为单容器装载问题和多容器装载问题。其中，研究数量更多的是单容器问题，一方面是因为单容器装载组合空间相对较小，算法设计相对简单一些；另一方面单容器装载的算法可作为多容器装载问题算法的基础。但多容器问题有其自身特点，下面将结合目前的主流研究，分别对单容器和多容器装载布局问题的求解方法进行介绍。

（一）单容器装载布局方法

单容器装载布局问题的情形为：给定宽度为 W、长度为 L、高度为 H 的矩形容器和 n 种矩形物资，第 i 种物资的属性包括三维尺寸 l、w、h，质量 d 和其他属性。要求制定物资在容器内的布局方案，在满足一定约束的情况下，实现放入物资的总价值最大。总价值包括总体积、总重量或运费等指标，一般多以容器的空间利用率最大为目标。布局约束除了不超出容器边界、互不重叠等基本要求外，还包括载重量、稳定性、重心平衡及承载力等现实约束条件。

人类在长期从事各种特殊活动中积累了大量有用的实践经验，可将其转化为经验规则并融入优化搜索机制，从而形成针对特定问题的启发式算法。从国内外的相关研究中可看出，物资装载布局中常用的包括定序定位规则、空划分与合并、装载单元构造等。

确定物资装载的先后顺序及其在空间内布局的位置，否则将影响求解的效率和最终装填方案的质量。装箱时，各待装物资在操作中的重要程度是不同的，认为比较重要的可以优先装入，认为不甚重要的可后装入，由此组成物资装载布局的序列。在长期装载实践中总结出一些简单的定序规则，典型的包括以下几种：

（1）按布局物体体积递减定序。

（2）按布局物体最长边递减定序。

（3）按布局物体最短边递减定序。

（4）按布局物体同种类型数目递减定序。

（5）按布局物体可行域递减的顺序定序。

按照一定的先后顺序，将待装物资逐个放入当前物资在容器可用空间中的位置的规则叫作定位规则。已有关于物体布局的定位规则，主要包括以下几种：

（1）占角策略，即物资首先摆放在承载工具空间的某一角。

（2）顺放策略，即从一个角开始，沿着承载工具空间的某一边顺序摆放。

（3）在装箱问题中，先沿着边放，再填中心。

应用领域不同，选择的定位规则也不同。分析发现，大部分定位规则都是先占角，在不能占角的情况下占边，最后填中心，即"金角银边草肚皮"。在采用占角优先策略作为物资装箱时的定位规则时，一般可将物资定于当前空间的后部左下角。此外，装载过程中也可制定可用空间填充的顺序，依次为正上方、前方、右方。这种装填次序首先保证沿容器高度方向进行填充，避免高度方向的空间浪费，并且与人工装箱的实际过程相符，最主要的是有助于确保物资装载的稳定性。

当一个物资在摆放入一个容器后，该容器被分割成前部、右部和上部三个子空间。同理,每个子空间在充填过程中,被摆放入物资后,同样被继续分割为三个空间,而原空间消失,直至没有待布局物体满足要求或无可利用空间为止。在集装箱装载研究领域,何大勇和姜义东较早引入了三分空间法,利用三叉树这种数据结构存储划分的空间,并用深度优先方法处理三叉树,通过将布局空间依次分割,每次放入相对于当前布局空间来说是满足特定条件的最优布局块,以此确定不同大小的三维矩形物体布局方案。

在装载过程中,任一时刻容器内部对应可行放置区域,即可用空间,一般来说,可以被表示为一个由长方体构成的列表。例如当没有物资被装载时,容器本身是一个长方体的可用空间。当一个物资被放置于空间的一个角落,未被占用的空间构成一个多面体形状的空间,称为剩余空间。剩余空间可以通过不同的方法表示为几个长方体空间的并集,称为剩余空间划分方法。

另一种将剩余空间表示成长方体的方法是最大覆盖划分法,它使用三个极大长方体形成多面体的一个覆盖。极大长方体是指在空间内部的一个与所放置的块不相交且自身不可再增大的长方体。剩余空间中不同的极大长方体最多只有三个,它们相互之间存在重叠区域。

很多构造算法使用这种空间划分方法,通过将布局空间依次分割,每次放入相对于当前布局空间满足特定条件的布局单元来确定整体布局方案。而在某些情况下,要求装载方案满足"一刀切约束",即存在一个正交于坐标轴的平面能够把装载方案 P 分为两个分离的子装载方案 $P1$ 和 $P2$,满足 $P1$ 和 $P2$ 包含的物资分别位于平面的两侧,并且 $P1$(同理 $P2$)或者只包含一个小容器,或者也满足一刀切约束。一般而言,长方体划分法对可用空间的表示可满足一刀切约束,而使用长方体覆盖法并不满足。使用长方体划分法表示空间可能排除掉搜索空间中产生最优解的部分,使用长方体覆盖法则不存在类似问题。

空间合并,空隙是指不能装入物资的剩余空间,空隙是造成装载率低的重要原因。空间合并是指将装载过程中对剩余空间与空隙进行结合形成尺寸更大的完整可用空间,以便放置未装物资。通过空间合并,减少空间的浪费,实现容器空间利用率的提高,从而有效改善算法的性能。空间合并一般结合装载的稳定性等约束并考虑相邻子空间尺寸关系来进行。如优先合并高度相同的两个空间以满足稳定性要求,其他情况则根据合并产生空间的长度决定从哪个方向进行合并,以避免狭长空隙产生。另外，可利用数组将所有的空隙储存起来，进行多次空隙的搜索，最大限度地将可融合空间合并在一起，实现对空隙的充分填补和再利用。

装载单元启发式构造法的基本思想是，在分析物资品种及数量分布状况的基础上，将若干相同或不同规格的物资组合在一起形成对应形式的物资单元，再结合上述定序定位规则确定每一步的摆放策略，进而得到最优的装载方案。以单元组合的形式进行布局，结合有效的邻域搜索策略，可逐渐缩小搜索的空间、加速物资装载进程，单元内部紧凑结构则有助于整体方案装载率的提高。下面概述已有研究中常见的几种装载单元的构造形式及其应用方法。

一种在算法设计中应用得较多的构造单元是垂直"层"或"墙"。使用"层"来生成摆放模式的基本思路是：生成垂直的互不相关的包含多种物资的层，由这些层来组成完整的布局模式，层内单个物资的摆放方式还可做进一步规定。George 和 Robinson（1980）首先提出了"层"构造法，Bischoff 和 Marriott 比较了 14 种基于"层"的方法。由于层与层之间互不关联，独立存在，层的顺序可以任意调整，在一个完整的布局模式中，能够更容易满足重心平衡的约束。

David Pisinger 针对背包型装载问题，设计了一种算法。其基本思想是：将整个容器空间分成若干垂直的层，再将层分成若干水平或垂直的带，相应地以容器的宽或者高为背包能力、所有未装入的物资为对象，按背包问题填充这些带，并最终获得全局最优解。其中，合适的层的深度和条带宽度通过分支定界法获得，在这个过程中包括了多种排序和选择的规则。这种方法容器的利用率较高，但物资稳定性很差，上层物资常得不到下面物资的完全支撑。

Bischoff 等针对考虑稳定性约束单托盘装载布局问题，从托盘缺少可用于支撑的垂直壁的特点和由底向上的摆放方式出发，提出了基于"平面"的算法。由底向上每次只放入一层，最多由两种物资组成的水平层，迭代填充和生成平面、水平层，获得有效且具有高稳定性的布局模式。算法通过设定的规则选择合适的物资、平面、位置等布局参数，采用平面合并等方法提高平面利用率，进而生成一个较好的完整布局模式。虽然在摆放稳定性方面表现不错，但所得解的空间最优平均利用率不高。

Gehring 和 Bortfeldt 引入了"塔"的概念。该算法的基本思路是先用待装物资生成许多塔，构成一个由互不关联的塔组成的集合。然后将这些"塔"按设定的一系列规则放入目标容器，生成完整的布局模式，在具体设计规则时根据需要考虑不同的约束。最后使用遗传算法（GA）求出最优解。该算法在物资摆放稳定性方面表现不错，无论物资种类多少均适用。

与"塔"和"层"的概念不同，Eley 设计了基于同类"块"的算法，完整的布局模式是由这些同类"块"组成的，而"块"则是由完全相同的物资（物资属性和摆放方向均相同）组成的多层结构。算法用贪婪算法生成初始解，然后用分支定界法改善，在搜索树的结点时采用最佳搜索策略，即只选择具有最佳评价值的结点作为下一步的拓展结点。该算法在容器空间利用率和物资稳定性方面表现较好。另外，由于块与块之间不关联的特点，可以很好地满足重心约束。通过修改，该算法也可用于多容器装载布局问题。

Bortfeldt 进一步拓展了"块"的概念，使其可以包含 1~2 种物资并且容许空隙出现在"块"中。为防止"组合爆炸"，"块"只能按照某种特定的方式生成。分阶段进行装载，在每个装载阶段，首先生成所有可能的"块"，并按照体积从大到小排序，每个阶段选取的"块"由输入的放置序列决定。

Fanslau 和 Bortfeldt 基于"块"的概念，提出了"复合块"，允许"复合块"包含多种类型的物资，并且通过一些约束保证块中的物资保持较高的填充率。该算法结合了"复合块"和"剩余空间"，可选择通过限制剩余空间的切割方式保证物资装载的稳定性，并在装载过程中采用基于整数拆分的树状搜索，寻找局部最优解作为算法选取的"块"。"复合块"的引入大大增加了可用的块数量，而有效的启发式树状搜索也使得对解的评估更为精确，整个算法结果有了较大提升。

黄文奇提出了最大穴度算法来求解长方体装载问题。通过对穴度、角区、占角动作等概念定义及算法步骤执行，以启发式构造方式实现长方体布局。何琨也基于穴度法和捆绑块策略，将适合强差异型物品布局问题的穴度法与适合弱差异型物品布局的块构造法相结合，设计了一种适用于三维欧式空间中长方体布局的拟人启发式算法。两者的研究都通过穴度这一概念，建立了布局过程中装载单元选择评价的标准。

随着研究的深入，装载布局过程中不但要求提高空间利用率，一些现实约束（如载重量、稳定性、物资摆放方向及承重能力等限制要求）也考虑到布局模式设计中。Bischoff 针对考虑物资承重能力约束的装载问题，设计了一种新的启发式算法，该算法用矩阵跟踪平面的承重能力，通过五条规则来评价选择最佳的物资——空间组合。Davies 和 Bischoff 针对重心约束，设计了一种既可获得重量均匀分布，又具有较高空间利用率的布局模式算法。这种算法主要基于垂直"层"的概念，通过调节"层"的位置可以实现整体重心的调整。同时还设计了将若干层合并成"块"的过程，以充分利用"层"之间的空隙，在获得"层"可分离的优点的同时，又能获得较高的空间利用率。

（二）多容器装载布局方法

多种物资多容器三维装载布局问题是指：给定若干个尺寸、限重等属性可能相同，也可能不同的容器和 n 种矩形物资，第 i 种物资三维尺寸分别为 m，h，以及质量 d 和其他属性，同种物资有 i 个（$i=1,2,\cdots,n$），某种物资所包括的所有物资属性相同，求这些物资在各个容器内的布局方案，使在装完所有物资的情况下，使用的容器数量最少。若布局模式中的每个物资均在容器空间内，且无重叠，同时满足其他约束条件，则这个布局模式为可行解。当可使用的容器完全一样时，则该问题的目标就是最小化所用容器的数量。如果可使用的容器不一样，即有多个种类的容器，而且不同种类的容器有不同的成本时，更加合适的目标应是最优化地选择容器，使总成本最小，同时尽量使物资在所有容器中分布均匀。

多容器物资装载布局问题的求解涉及两个方面的问题，即确定各容器所装的物资组合及物资在容器内的布局。一些学者按照一定的启发式规则制定了不同的物资分配策略，再结合单容器装载算法来实现问题的最终求解。下面将介绍这些策略，并对其在多容器装载问题算法中的应用进行概述。

1. 连续策略

使用求解单箱问题的方法逐个布局容器，如果当前已使用容器不能放入更多的物资，则使用下一个新的容器进行装载。这种策略类似于装箱问题在线算法中的下次适应算法（NF），其主要缺点是大的或不易摆放的物资常被留在最后装，从而导致最后使用的容器利用率低，进而影响了整体装载效果。当使用容器的尺寸不同时，得到的结果与容器选择的顺序有关。

2. 同时策略

为产生更有效的布局模式，避免最后填充的容器过低的空间利用率，可采取同时装载多个容器的方式来处理多箱装载问题。这种策略类似于装箱问题在线算法中的最佳适应算法（BF），即在进行下一个物资的装载前，检查所有容器的剩余可用空间，从中选择最合适的一个容器作为目标空间。使用同时策略和连续策略的实验表明，连续策略的两种方法装载效果均优于同时策略。

3. 预分配策略

预分配策略是在估算出需使用容器的数量及规模后，将待装载物资分配至不同容器，然后对每个容器对应的物资组合使用单箱问题算法完成布局。若物资还有剩余，则考虑增加容器，再按上述过程进行装载，直至物资全部装入为止。相关文献提出使用基于首次适应（FF）的类划分方法处理多车装载问题，可结合体积和重量方面的情况实现物资在箱内的均衡分配。一般而言，若希望大小（或轻重）不同的物资能均匀分配至相关容器，预分配策略相对比较合适。

多容器装载布局方法：Bortfeldt 针对多规格容器装载问题，采用了连续装载的策略进行处理，确定了几种物品与容器较好组合的方法，并分别对组合的效果进行了讨论。Terno 基于分支限界原理，提出了一种求解三维多托盘装载问题的方法。问题涉及将不同种类的小箱子装入多个同种规格的托盘，目标为最小化所需托盘的数量，约束条件则包括载重量、物品摆放方向及相互区隔要求、装载稳定性等方面。基于分支限界的方法，包含一个层次化结构主程序用于产生最优解；其他程序用于分离和装载物品。该方法是首先找到一个可行解，然后对解持续改进直至运行时间终止为止。

Morabito 等构建模型用于求解包含三个子问题的卡车装载问题：物品装入托盘、托盘装入卡车以及物资包装、托盘及卡车的型号选择。该模型使用巴西的两个不同工厂的配送中心的实际应用例子来获得验证，其托盘的利用率用来衡量装载方案。通过对比分析，为巴西托盘标准化提出了相应的建议。

Eley 提出同时策略的求解方法，即将求解单箱问题的算法同时应用于多个箱子的布局。针对求解过程中选定箱子不能完全装入物品的情况，建立了增加箱子数量的规则。在针对强异构型物品在同规格箱子中装载问题进行求解时，该算法可取得较高的装载率，在稳定性及重量分布方面也有较好的效果。

Jin 构造了三维装箱问题（3D-BPP）的混合整数规划模型。该模型中包含可用于描述物品数量、尺寸和装载位置的参数，约束条件则为物品互不干涉及不超出箱子边界。在不考虑物品具体布局位置的情况下，使用结合五种邻域交换方法的禁忌搜索算法将物品分配至有关箱子；从二维装箱方法拓展来的方法用于子空间的划分，并与三个启发式规则相结合完成物品在单个箱子中的布局。基于标准测试算例实验及与对应问题的下界值相对比，证明了设计方法的有效性，Eley 从另一种角度设计了基于整数规划的多容器集装箱装载算法，可对多种规格且具有不同使用成本的多容器装载问题进行求解。算法首先针对每种不同规格的容器，使用单箱装载问题求解算法生成多个可供选择的布局模式，进而得到每种物品属于各布局模式的数量矩阵；然后以整数规划方法得出每种布局模式的使用次数，从而计算出使用容器的数量。生成的布局模式越多，得到的解越逼近于最优解。

基于 Boschetti 研究提供的下界，Crainic 和 Dowsland 提出了一种双层禁忌搜索算法，用于求解容器规格单一的多箱装载问题。该方法是将问题的求解过程分为可行解产生与方案优化两个阶段，并分别设计了启发式算法进行处理。首先，基于极点的首次适应算法（EPFD）将适应值最低的箱子选出和抛弃，并将物品装入适应值最佳的箱子。若最终产生的装载方案不可行，则使用基于禁忌搜索的启发式方法，在满足物品装载空间要求和互不干涉的前提下，将物品分配并装入有关箱子。

Raid 开发了基于权重编码的遗传算法。在该算法中，首先对原始问题解进行修改、编码，形成与物资相关联的权重为基因的基因型。使用遗传算法计算后，分别用基于连续策略和同时策略的启发式算法进行解码。经过验证，发现基于同时策略的方法更优一些。

Chan 针对空运物资装载布局问题开发了一种两阶段算法，目标是使空运装载的成本最低。空运中使用的托盘种类较多，形状（不一定是矩形的）和大小均不相同，且使用成本各不相同。该算法的第一步使用线性规划的方法，根据物资的重量和体积决定总成本的下界（最小值）；第二步根据第一步的计算结果，用启发式方法获得距离最近、成本最小的可行物资布局模式，所使用的启发式方法基于平面的概念。在产生布局模式的过程中，先使用第一步计算所得最低成本选择托盘，如果选择的托盘能够装完所有物资，则获得最低成本；如果装不完，则用第一步的方法选择一个新的托盘，再重新进行第二步的装载计算。为保证物资均匀分布在所选择的托盘上，选择某个托盘上已放入的物资重量与该托盘最经济的承重之比最小的一个托盘作为下一个操作对象。

另外，箱内物资重量的分布长度若小于集装箱全长，或箱内装载物资等重心位置难以确定时，很容易引起装载过程中重心的偏移，这需要确定各种重心位置。从集装箱搬运及其本身强度等安全角度考虑，集装箱满载的重心不超过离集装箱长度中心 $10\%L$ 的范围以外。但如果装入物资的质量在最大载货量容许范围内，其偏心值可略大于此数值。一般偏心以偏心率 α' 来表示其大小。

$$\alpha' = \delta_1/L \tag{3-1}$$

式中，δ_1 为重心偏心长度；L 为集装箱的长度。

表 3-1 展示了偏心率与容许装货质量关系。

表 3-1 偏心率与容许装货质量关系

α'	0.1	0.115	0.134	0.181	0.310	0.405
W/W_0	1.000	0.909	0.833	0.714	0.588	0.555

装车后集装箱车底架的工作弯曲力矩超过其最大容许弯曲力矩时称为集重装载。在装载方案确定过程中，要验证负重面的集中状况，以保证行车安全、物资的完整性和车辆的性能。此外，装载过程中应考虑物资的体积、重量、外包装的强度以及物资的性质，将外包装坚固和重量较重的物资装在下面，将外包装较为脆弱、重量较轻的物资装在上面，装载时要使物资的重量在箱底上形成均匀分布，否则有可能造成箱底脱落或底梁弯曲。假使整个集装箱的重心发生偏移，当用扩伸抓具起吊时，有可能使集装箱产生倾斜。此外，还将造成运输车辆前后轮重量分布不均。避免集重装载的方案有两种，一种为均布载荷，另一种为多点集中载荷。两者都是从集装箱内物资的弯矩符合车辆最大许用弯曲力矩的强度来判断装载方案的可行性。

第二节 物资运输加固

一、加固的目的和原则

运输期间，物资会经受垂向、纵向和横向加速度，这使物资按照其质量大小而受力不同。这些力容易超出静摩擦能力和内在稳定性，导致物资滑动或倾倒。

另外,集装箱物资可能会同时承受暂时的垂向加速度,造成失重,导致摩擦和内在倾斜稳定性降低,从而致使物资滑动和倾倒。为了减少或避免以上这些不利于物资运输的行为,物资在加固时,尤其是弹药物资,应确保集装箱物资在预计运输线路过程中保持原位而不滑动或倾覆。

经过集装箱物资运输分析,对物资的加固应遵循以下两条原则:

(1)直接加固应通过使用阻塞、绑扎、支撑或闭锁装置,将力从物资上转移至托盘或集装箱上来实现,加固能力与加固装置的最大加固载荷成比例。

(2)摩擦加固采用系住或过顶绑扎的方法,通过其预应力,增加物资的视重量及其对集装箱或托盘的摩擦以及倾斜稳定性来实现,加固效果与绑扎的预应力成比例。

二、常见物资加固方法

(一)拉牵加固

拉牵加固(其示意图见图3-1)指的是用拉牵绳(如钢丝绳、拉杆、链条等)把货物拴固在车辆上,利用拉牵绳拉力的横向和纵向水平分力使物资的横向、纵向惯性力能够平衡,防止物资移动或倾倒。拉牵绳承受的力是多方向的,下面以被普遍应用的对称拉牵为例,当采用对称拉牵时,同一个方向的每根拉牵绳承受的拉力都是相同的,设同一个方向上有 n 根拉牵绳,按照要求的不同,得到不同的平衡方程,分别是:

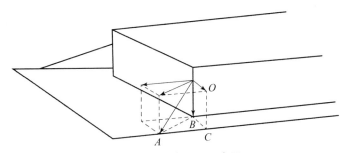

图 3-1 拉牵加固示意图

1. 防止物资纵向移动

设防止物资纵向移动的每根拉牵绳需要承受的拉力为 $S_{纵}^{移}$,同方向 n 根拉牵绳拉力的纵向水平力之和应等于防止物资纵向移动需要拉牵绳承受的纵向水平力

ΔT，即

$$\Delta T = nS_{纵}^{移} \cos\alpha\cos\beta_{纵} \qquad (3-2)$$

式中，α 为拉牵绳与水平面的夹角；$\beta_{纵}$ 为拉牵绳的水平分力与纵向垂直平面的夹角。

2. 防止物资横向移动

设防止物资横向移动每根拉牵绳需要承受的拉力为 $S_{横}^{移}$，同理得到

$$\Delta N = nS_{横}^{移} \cos\alpha\cos\beta_{横} \qquad (3-3)$$

式中，$\beta_{横}$ 为拉牵绳的水平分力与横向垂直平面的夹角。

3. 防止物资纵向倾覆

设为防止物资纵向倾覆每根拉牵绳需要承受的拉力为 $S_{纵}^{倾}$，同一个方向 n 根拉牵绳拉力形成的纵向稳定力矩应该与需要拉牵绳形成的纵向稳定力 $M_{防倾}^{纵}$ 相等，即

$$M_{防倾}^{纵} = 2S_{纵}^{倾}\sin\alpha\sum l_{纵} + nS_{纵}^{倾}\cos\alpha\sin\beta_{纵}B_0 \qquad (3-4)$$

式中，$M_{防倾}^{纵}$ 为拉牵绳形成的防止物资纵向倾覆的稳定力矩（kN·mm）；$\sum l_{纵}$ 为同一个方向各对拉牵绳在物资上栓结点所在横向垂直平面至物资纵向倾覆点之间的距离之和（mm）。

4. 防止物资横向倾覆的要求

设为防止物资横向倾覆每根拉牵绳需要承受的拉力为 $S_{横}^{倾}$，同一个方向 n 根拉牵绳拉力形成的横向稳定力矩应该与需要拉牵绳形成的横向稳定力矩 $M_{防倾}^{纵}$ 相等，即

$$M_{防倾}^{横} = 2S_{横}^{倾}\sin\alpha\sum l_{横} + nS_{横}^{倾}\cos\alpha\sin\beta_{横}B_0 \qquad (3-5)$$

式中，$l_{横}$ 为横向同一个方向拉牵绳在物资上栓结点所在纵向垂直平面至物资横向倾覆点之间的距离（mm）。

要使拉牵绳既能防止物资纵向和横向移动，又能防止纵向和横向倾覆，每根拉牵绳能够承受的拉力应该为

$$S \geq \max\{S_{纵}^{移}, S_{横}^{移}, S_{纵}^{倾}, S_{横}^{倾}\} \qquad (3-6)$$

选用钢丝绳拉牵，所以钢丝绳的拉力不能超过 $2S$。

选用多股镀锌铁线或盘条拉牵时，每根拉牵绳需要的股数为

$$n = \frac{S}{0.9P_{许}}(股) \tag{3-7}$$

式中，$P_{许}$ 为一股镀锌铁线或盘条的许用拉力。

选用圆钢或管钢作为拉杆时，钢材的截面积可按下式计算：

$$F = \frac{10S}{[\sigma]}(cm^2) \tag{3-8}$$

式中，$[\sigma]$ 为钢材的许用应力（MPa）。

（二）挡木或钢挡加固

对于平支撑面物资，可以采用在其周围加挡木或钢挡的方法，防止其发生移动，平支撑面物资用木地板平车装载时，可以在其两端和两侧加挡木或钢材防止物资移动，挡木或钢材用钉子或扒锔固定在车地板上，其加固轻度取决于车地板对钉子或扒锔的握裹力和每个挡木或钢挡上所钉的钉子数量，设需要的钉子数量为 K，可按以下公式计算：

防止物资纵向移动时：

$$K = \frac{\Delta T}{nS_{钉}}(个) \tag{3-9}$$

防止物资横向移动时：

$$K = \frac{\Delta N}{nS_{钉}}(个) \tag{3-10}$$

式中，n 为物资同一端（侧）挡木或钢挡的数量（个）；$S_{钉}$ 为车地板对每个钉子或扒锔的握裹力（kN）。

用挡木或钢挡加固时，挡木或钢挡的高度不应过高，否则受力后容易翻倒；钉子的长度应保证能将车地板接近钉透，直径不宜过小，以争取有较大的握裹力；如果车地板损坏严重或朽蚀，则不应采用阻挡加固；由于挡木或钢挡与车地板的连接强度不大，重量较大的物资（ΔT、ΔN 较大）不宜选择阻挡加固。

用铁地板平车运输物资时，可以采用在物资周围加焊钢挡的方法防止物资移动，在物资同一端或同一侧加焊钢挡的数量，取决于需要钢挡承受的力 ΔT 或 ΔN，在同一端（或同一侧）可以加焊 1~4 个钢挡，钢挡的数量取决于钢挡与车地板间的焊缝长度。

同一端（或一侧）加焊 n 个钢挡时，每个钢挡需要的焊缝长度可按下面的公式确定：

$$纵向\ l_纵 = \frac{10\Delta T}{0.7nK[\tau]}(\text{cm}) \quad (3-11)$$

$$横向\ l_横 = \frac{10\Delta N}{0.7nK[\tau]}(\text{cm}) \quad (3-12)$$

式中，K 为焊脚高度（cm）；$[\tau]$ 为焊缝的许用剪切应力（MPa），一般取 60～70 MPa。

（三）掩挡加固

圆柱形物资、球形物资与轮式物资，可以采取加掩挡的办法防止其滚动。掩挡包括三角挡（木制、铁制、铁塑制）、木掩、钢掩或轮挡（木制或铁制）等，既可以单独使用，也可以配合其他加固方法使用。掩挡加固示意图如图 3-2 所示。

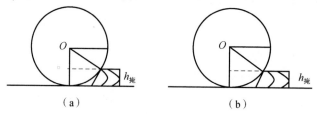

图 3-2　掩挡加固示意图

（a）示意一；（b）示意二

单独使用掩挡防止圆柱形物资、球形物资或轮式物资滚动的加固方法，加固的效果主要取决于掩挡的高度 $h_掩$。

单独利用掩挡来阻止圆柱形、球形、轮式等物资发生横向滚动时，掩挡高度为

$$h_掩^横 \geqslant (0.3744 - 0.0018 Q_总) D(\text{mm}) \quad (3-13)$$

式中，$Q_总$ 为重车总重（t）；D 为物资的直径或者轮径（mm）。

单独使用掩挡防止圆柱形、球形或是轮式物资纵向滚动，掩挡高度为

$$h_掩^纵 \geqslant 0.08 D(\text{mm}) \quad (3-14)$$

掩挡常配合腰箍使用。在实际工作中，如果掩挡的高度低于防止物资滚动要求的高度，可以同时使用腰箍加固以防止物资发生横向滚动。

轮式物资，如汽车、拖拉机及其他带轮机械，多采用三角挡或轮挡加固。

（四）腰箍加固

使用钢丝绳、钢带等加固材料从物资上部把物资下压捆绑在车辆上加固，称

为腰箍加固或横腰箍加固。这种加固方式的基本原理是通过腰箍的拉力使物资对车地板（或支座）的压力增大，从而加大物资与车地板或支座间的摩擦力，防止物资移动。腰箍多用于加固顺装的圆柱形物资，如果圆柱形物资的掩挡高度小于要求，不足以防止物资滚动，则必须要求腰箍拉力达到一定数值方可防止物资发生横向滚动。同时，腰箍拉力达到一定数值时也可以防止物资发生纵向移动。

当使用 n 道腰箍时，每道应承受的拉力 P 可以按照下式确定：

防止物资移动时：

$$P_{移} = \frac{\max\{\Delta T, \Delta N\}}{2n\mu\cos\gamma} (\text{kN}) \qquad (3-15)$$

防止物资滚动时：

$$P_{滚} = \frac{1.25(N+W)(R-h_{掩}-h_{凹})-9.8Qb}{2nb\cos\gamma} \qquad (3-16)$$

既防止物资移动，又防止物资滚动，每道腰箍应承受的拉力为

$$P \geqslant \max\{P_{移}, P_{滚}\} (\text{kN}) \qquad (3-17)$$

式中，μ 为物资与垫木、垫木与车地板或物资与车地板间的摩擦系数，取其最小值；n 为腰箍的道数；$h_{掩}$ 为掩木或三角挡与物资接触点的高度（mm）；R 为物资的半径（mm）；$h_{凹}$ 为横垫木或鞍座凹部深度（mm）；Q 为物资重量（t）；b 为物资重心所在纵向垂直平面至物资与掩木或三角挡接触点之间的距离（mm）；γ 为腰箍两端拉直部分与车辆纵向垂直平面间的夹角。

用钢带作为腰箍时，扁钢带的截面积 F 应满足下式要求：

$$F \geqslant \frac{10P}{[\sigma]} \qquad (3-18)$$

式中，$[\sigma]$ 为钢带的许用应力（MPa）。

用钢丝绳作为腰箍时，其破断抗拉力不得小于 $2P$。

方形物资也可以采用腰箍加固，用以防止物资移动或倾覆。

每道腰箍应承受的力可按下式确定：

防止物资移动：

$$P_1 = \frac{\max\{\max\{\Delta T, \Delta N\}\}}{2n\mu\cos\gamma} \qquad (3-19)$$

防止物资纵向倾覆：

$$P_2 = \frac{M_{\text{防倾}}^{\text{纵}}}{2(l_1 + l_2 + \cdots + l_n)\cos\gamma} \quad (3-20)$$

防止物资横向倾覆：

$$P_3 = \frac{M_{\text{防倾}}^{\text{横}}}{nB\cos\gamma} \quad (3-21)$$

既防止物资移动，又防止其倾覆，每道腰箍应承受的拉力为

$$P \geqslant \max\{P_1, P_2, P_3\} \quad (3-22)$$

式中，n 为腰箍的道数；$l_1 + l_2 + \cdots + l_n$ 为各道腰箍所在横向垂直平面至物资纵向倾覆点间的距离（mm）；B 为腰箍拉力的垂直分力所在纵向垂直平面至物资横向倾覆点间的距离（mm）。

三、物资加固分析与评估

（一）常见物资加固分析

物资紧密装载布置的一项关键先决条件是其对相互物理接触的不敏感性。纸箱、盒子、匣子、板条箱、大桶、圆桶、捆、袋、瓶、卷的形式的物资，或含有上述物品的托盘，通常以紧密的布置装载于货运单元内，以充分利用物资处所、防止货品滚动，并使防止运输期间横向和纵向移动的一般加固措施能有效果。统一或多种物资的紧密加固应按照良好装载做法进行规划和布置。如果物资之间的凝聚性或倾斜稳性不佳，可能需要额外的压实措施，如用钢条或塑料条捆扎物资。物资之间或物资与托盘、集装箱之间的空隙应按需填充保护性材料。

1. 集装件本身可加固

（1）集装件坚固时，其本身可满足横向和纵向加固要求，这有赖于集装件的种类、预计运输路途和货架之间和物资与积载地面之间的摩擦。集装件坚固时，加固平衡公式为

$$c_{x,y} mg \leqslant r_{x,y} Pg + \mu c_z m \quad (3-23)$$

式中，$c_{x,y}$ 为在相关运输模式中的水平加速度系数；m 为所装载物资的质量；g 为重力加速度；$r_{x,y}$ 为货运单元壁阻抗系数；P 为货运单元最大有效载荷；μ 为物资和积载地面之间的适用摩擦系数；c_z 为相关运输模式中的垂直加速度系数。

集装箱物资满载时，纵向加固应能够承受 $0.8g$ 的加速度。纵向壁阻抗系数 0.4 可以满足加固平衡。如果平衡不能得到满足，物资的质量应减少或纵向力应转移至集装箱的主结构（见图 3 – 3），通过中间横向木条栏杆或其他手段来实现。

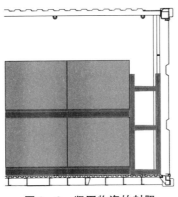

图 3 – 3 坚固物资的封阻

（2）集装件较弱时，经常需要额外加固措施，以防止紧密积载的物资滑动或倾覆。这些措施还应有助于压紧货堆。最常用的方法是通过过顶绑扎的摩擦加固。为获得合理的摩擦绑扎的加固效果，物资和积载地面之间的摩擦因数应充足，绑扎的内在弹性应能够在整个运输途中保持预应力。集装件较弱时，加固平衡公式为

$$c_{x,y}mg \leqslant r_{x,y}Pg + \mu c_z mg + F_{\text{sec}} \tag{3-24}$$

式中，F_{sec} 为附加加固力。

若集装件的壁阻抗系数没有明确，则应定为零。

2. 集装件本身不可加固

集装箱内物资可通过过顶加固、增加摩擦材料等措施来实现。如果货运单元是平架，可通过端壁的纵向阻塞来实现。集装件本身不可加固时，加固平衡公式为

$$c_{x,y}mg \leqslant \mu c_z mg + F_{\text{sec}} \tag{3-25}$$

即便在摩擦系数大于外部加速度系数的情况下，集装件本身不可加固时，为减少或避免运输途中集装箱物资由于冲击或振动而移动，过顶加固是必不可少的。

(二) 特殊物资加固分析

1. 有加固点的物资

针对大尺寸、大质量物资，应单独加固。加固布置应防止在纵向和横向上的滑动或倾覆，并满足下列条件：

$$C_{x,y}d \geqslant C_z b \qquad (3-26)$$

式中，$C_{x,y}$ 为相关运输模式中的水平加速度系数；d 为物资重心至其倾覆轴的垂直距离；C_z 为相关运输模式中的垂直加速度系数；b 为重心至倾覆轴的水平距离。

单独加固的物资最好使用直接加固法加固。通过绑扎、支撑或阻塞等手段，直接将加固力从物资上转移至托盘或集装箱上。直接绑扎将为物资和托盘或集装箱上的固定加固点之间的直接绑扎，以及此等绑扎的有效力受限于装置中的最弱元素。为了防止物资滑动，垂向绑扎角最好在 30°~60°的范围之内。为防止倾覆，绑扎的位置应提供相对于适用倾覆轴的有效杠杆，如图 3-4、图 3-5 所示。

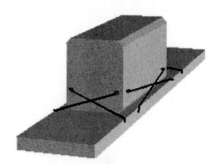

图 3-4 防滑动直接加固

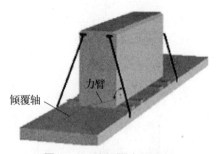

图 3-5 防倾覆直接加固

2. 没有加固点的物资

没有加固点的物资应用依据货运单元牢固结构的支柱或阻塞物加固或用过顶、半环或弹性绑扎加固，其两端在各侧固定环绕绑扎，如图 3-6 所示。

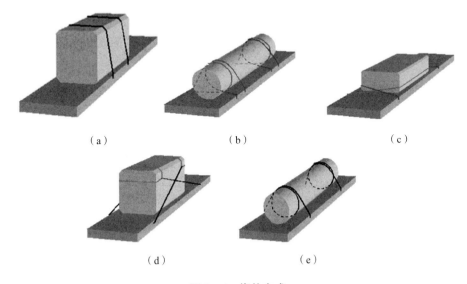

图 3-6　绑扎方式

(a) 过顶绑扎；(b) 垂向半环绑扎；(c) 水平半环绑扎；

(d) 弹性绑扎；(e) 全环绑扎

（三）加固布置评估分析

对加固布置的评估是指对所规划或实施的加固布置加固潜力的预期外力和力矩制定出平衡表。预期外力应通过适用加速度系数乘以有关包装件或货堆的重量而确定。

$$F_{x,y} = mgC_{x,y} \tag{3-27}$$

式中，$F_{x,y}$ 为预紧外力；m 为待评估物资的质量；g 为重力加速度；$C_{x,y}$ 为相关运输模式中的水平加速度系数。

对加固潜力的评估，根据材料的组合和加固布置的特性假定摩擦系数，确定物资的内在倾斜稳性。任何其他用于阻塞、支撑或绑扎的加固装置应以其最大加固载荷和相关应用参数（如加固角度和预应力）加以评估。这些数值是评估加固布置所需要的。

第三节　常见物资装载加固

一、纸箱物资装载加固

纸箱是集装箱物资中最常见的一种包装，而使用比较广泛的是瓦楞纸箱，其相对于其他纸箱具有较高的抗弯强度及刚度。纸箱包装的主要是比较精细和质轻的物资，且大部分物资都趋向于规格化，物资在装箱前进行包装处理。纸箱包装的物资占集装箱物资的70%左右。集装箱对纸箱的装载要求不仅考虑到瓦楞纸箱具有一定的缓冲性能，还要考虑到集装箱的装载加固技术要求。

（1）集装箱内装的是统一尺寸的大型纸箱，会产生空隙。当空隙为10 cm左右时，一般不需要对物资进行固定；但当空隙很大时，就需要按物资具体情况用支撑或塞紧的方法对物资加以固定。

（2）如集装箱内装的是统一尺寸的小型纸箱货，则容易做到箱内底面积无空隙地紧密堆装，一般不需要对物资进行固定，但可以采用分层压缝和纵横交错的堆码方法防止运输途中物资倒塌。

（3）如果不同尺寸的纸箱混装，应就纸箱大小合理搭配，做到紧密堆装。

（4）拼箱的纸箱货应进行隔层。隔层时可使用纸、网、胶合板、垫货板等材料，也可以用粉笔、带子等做记号。

（5）当纸箱物资较重，且要一直装到箱顶时，为了防止因下层的物资压坏而产生很大的货损，在装载过程中需按照纸箱的大小注明堆码层数要求，在中间层选择适当地方铺上衬垫材料。衬垫材料最好用波纹纸板，其对物资防滑效果明显。

（6）纸箱货不足以装满一个集装箱时，应注意纸箱的堆垛高度，以满足使集装箱底面占满的要求。

装箱是要从箱里往外装，或从两侧往中间装；在横向产生250~300 cm的空隙时，可以利用上层物资的重量把下层物资压住，最上层物资一定要塞满或加以固定；当空隙为300 cm左右时，一般无须对物资进行固定，在实际装载时，可以人为地或利用上层物资重量来对空隙进行分散。若空隙大时，则需要根据具体情况用支撑和塞紧的方法进行固定。如所装的纸箱很重，在集装箱的中间层就需要适当地加上衬垫；箱门端留有较大的空隙时，需要利用方形木条来固定物资；装载小型纸箱货时，为了防止塌货，可采用纵横交叉的堆装法。

二、木箱物资装载加固

木箱是运输过程中用得最多的包装容器，相对于纸箱而言，木箱的强度高、耐久性好、有一定的弹性、机械化程度高于纸箱且价格比较低，所以用于装载重量较大的物资。其种类繁多，如木板箱、板条箱、亮格木箱等，尺寸和重量各异。

装载比较重的小型木箱时，可采用骑缝装载法，使上层的木箱压在下层两木箱的接缝处，最上一层必须加以固定或塞紧；装载小型木箱时，若箱门端留有较大的空隙，则必须利用木板和木条加以固定或撑紧；重心较低的重、大木箱只能装一层且不能充分利用箱底面积时，应装在集装箱的中央，底部横向必须用方形木条加以固定；若只靠底部固定尚不足时，则横向应采用适合空隙大小的木框来塞紧。根据具体情况也需对纵向进行固定。对于重心高的木箱，紧靠底部固定是不够的，必须在上面用木条撑紧；装载特别重的大型木箱时，经常会形成集中负荷或偏心负荷，故必须有专用的固定设施，不让物资与集装箱前后端壁接触；装载框箱时，通常使用钢带拉紧，或用具有弹性的尼龙带或布带来代替钢带。

三、袋装物资装载加固

包装是一种柔软、可曲折的包装容器，是由可折叠的涂胶布、树脂加工布及其他软性材料制成的运输袋，其在结构上有足够的强度，装卸操作方便，且阻隔性能好，结构密封性也较好。水分与杂物、灰尘不易混入，对袋内物资的保护性好；且轻便、柔软、强度高、耐酸碱腐蚀及防潮、不渗漏。其装载物资的特征主要是粮食、咖啡、可可、废料、水泥、粉状化学药品等散装物质或者粉粒状物质。

袋装货一般容易倒塌和滑动，可用粘贴剂加固，或在袋装货中间插入衬垫板和防滑粗纸；对呈臌凸形的袋包需要进行层层压缝码放。常用的方法就是砌墙或交错堆放法。为防止袋装货堆装过高而出现塌货的危险，需要用系绑用具加以固定。对于一些粉末状袋装物资，为防止因破袋漏出的物资污损集装箱，装箱前可在箱内铺设聚氯乙烯薄膜或帆布。为防止袋装货因箱顶漏水而受潮，可采用防水遮盖进行保护。

四、托盘物资装载加固

托盘是随集装箱和集合包装出现的新型物流技术，可以盛载单位数量物品的负荷面和铲车插入口构成的装箱用垫板。从结构上和制作材料上来分，种类繁多，其装载和固定的注意事项有以下几点：

（1）木质、纸质和金属容器等直方体物资单层或多层交错码放，拉伸或收缩包装。

（2）纸质或纤维质类物资单层或多层交错码放，用捆扎带十字封合。

（3）密封的金属容器圆柱物资单层或多层码放，木质货盖加固。

（4）需进行防潮、防水等防护的纸制品、纺织品物资单层或多层交错码放，拉伸或收缩包装，或增加角支撑、货盖隔板等加固结构。

五、大件物资装载加固

大件物资一般指体积过大或重量过大的物资，这类物资在装载、加固和运输过程中难度很大。为了确保大件物资的运输安全，在装载加固时应遵循以下原则：一是大件物资必须经过加固后才能予以启程运输；二是大件物资的加固必须牢固可靠，同时又不能损坏物资及包装物；三是绳索松紧应适度，既要防止因绳索松垮导致物资运输过程中晃动、掉落，又要防止因绳索绷得太紧导致物资运输过程中绳索断裂。具体来讲，大件物资装载加固应做到以下几点：

（1）找到大件物资的捆绑点。捆绑点或捆绑位置应尽量选择物资吊装点或靠近吊装点的位置。如果物资有吊耳，则捆绑绳索应固定在吊耳上；如果没有吊耳，则应选择牢固且可靠的位置用绳索进行捆绑。

（2）捆绑时避免物资受损。物资与车板、物资与物资之间必须使用相应的器材作为隔垫，如木板、塑料、泡沫、胶皮等，避免相互间发生直接碰撞或摩擦而损坏物资。对于没有包装的物资，需要在捆绑绳索和物资之间加上一些较软的器材进行衬垫，以防绳索划伤物资，同时增加绳索与物资之间的摩擦系数，加大绳索的牵引力。

（3）装载把握物资重心。大件物资的安全运输，离不开物资装车的平衡，因此装载加固时必须关注物资重心。超宽物资原则上不能超出运输工具的宽度；超重物资都要捆绑 4 道以上绳索。

（4）正确选用捆绑绳索。捆绑绳索的材质不同、结构不同，强度也不相同。捆绑绳索已由早期的麻绳、棉绳发展到现今的塑料绳、尼龙绳、钢丝绳、链条等。

（5）选用捆绑加固方式。捆绑加固大件物资时，应对绳索进行牵拉紧固。通常，在物资的前后或左右两个方向成对使用，绳索成对角作用于物资上。装载大型圆柱形物资时，应使用适当规格和材质怄凹木、三角挡、座架等装置，采用腰箍下压、牵拉等紧固方式；装载大型球状物资时，应使用具有足够强度的座架，物资底部不应与车底板接触。同时需要注意的是，为提高捆绑加固效果，节省绳索，捆绑角应尽可能小，绳索受力应均衡。

第四章
物资集装器具及使用

集装器具是在物资需要集装时所使用的集装容器和集装工具的总称,它把物料集装成为一个完整、统一的体积单元并在结构上使其便于机械搬运和储存。物资集装器具的使用是现代物流实现快速响应、降低保障成本、提高供应效能的举措之一,是贯通物资供应链条、整合军民两地物流资源、统一物流保障标准、实现高效应急物资保障的重要手段之一。

第一节 托盘

托盘是物流产业中最基本的集装件和搬运器具,作为商品与运输设备之间的一种主要媒介,也是物流系统合理化的基础。如何合理使用托盘,从而降低物资储运成本、提高物流运作效率以及物流服务水平已成为物流行业重点关注的问题,不仅如此,托盘的应用对于保护我国生态环境、节约自然资源也有着重大意义。

一、托盘概述

托盘是用于集装、堆放、搬运和运输的放置作为单元负荷的物资和制品的水平平台装置。美国标准学会对托盘是这样定义的:用来作为集装、存放、搬运和运输组装物资的底盘的一种平台装置。利用托盘,可把零星的成件物资组合成一定重量和体积的集装件,从而简化作业手续,缩短作业时间,充分利用运载工具的载重力与容积,提高仓库的堆存能力。托盘一般用木材、金属、纤维板制成,便于装卸、搬运单元物资和小数量的物资。根据托盘制作材料可分为木托盘、纸托盘、塑料托盘、金属托盘、塑木托盘等,根据托盘外形可分为平式、箱式、立柱式等类型。

根据《托盘单元货载》(GJB 1918—1994)标准的规定,托盘单元货载(即托盘集装)的含义是:将物资按规定方式码放在托盘上,并通过胶合、支撑、裹包、捆扎等方法安全可靠地加以固定,形成一个搬运单元。在搬运时,方便采用叉车将托盘连同所载的物资一起叉起进行堆放、装卸或运送。为防止在搬运过程中物资从托盘上散落,需要用钢条、收缩薄膜、拉伸薄膜或其他方法将物资固定在托盘上,组合形成一个"托盘包装件"。目前,部分弹药包装采用托盘方式进行了集装,形成托盘集装件,便于快速收发作业和装载运输,托盘集装弹药示意图如图4-1所示。

图4-1 托盘集装弹药示意图

托盘集装有以下特点:

(一) 优点

(1) 托盘集装利于机械化作业,可实现全程运输集装化,提高效率。

(2) 集装投资较少,见效快,简单易行。

(3) 托盘集装重量适中,适合装卸搬运机械作业,对环境要求不高。

(4) 减少了手工操作环节,降低了物资与人的直接接触频率。

(5) 加速物资及运输工具的周转,提高货运质量,降低运输成本。

(6) 机械要求不高,在现有基础上实现的可能性大。

(7) 装卸机械化降低了劳动强度,减少了货损货差事故的发生。

(8) 与其他集装器具相比,体积小,易加工、维修,可有效地利用空间。

(9) 可部分或全部节省个体的包装费用,可回收复用,提高了经济性。

(二) 缺点

(1) 需预留叉车行驶通道,因而增加了占地面积。

(2) 托盘虽小，但也占据一定的空间，且增加了额外的载重。

(3) 托盘的数量多，保管整理麻烦，空置托盘回收困难等。

二、托盘分类

根据托盘形状及用途，可分为平托盘、立式托盘以及其他托盘。

（一）平托盘

根据平托盘制作材料可分为木托盘、塑料托盘、金属托盘、塑木托盘、纸托盘等。

1. 木托盘

木托盘，是以天然木材为原料制造的托盘，是用量最大、使用历时最长的托盘种类。木托盘又分为实木托盘（杨木托盘、松木托盘、杂木托盘等）和胶合板托盘（免熏蒸托盘）。中国85%以上的托盘是木制托盘。木托盘因其取材方便、制造维修容易、成本低等优点一直占据着托盘市场的主导地位，但木托盘在制造及使用中存在的问题已经严重影响了其发展。首先，木材中携带的森林病虫害易破坏进口国的生态环境，因此各国对进口木质包装的检验检疫越来越严格，这对木托盘的使用提出了更高的要求；其次，木托盘在使用中易湿胀干缩而变形和开裂，导致其强度降低，尺寸稳定性差；再次，木材的吸水性、吸湿性较强，因此木托盘在使用过程中经常出现因自身含水率高导致物资被污染霉变，这给托盘的使用者造成不必要的损失，也造成托盘自身的腐朽；最后，由于近年来我国森林资源的匮乏以及其他材质托盘的快速发展，木托盘的发展受到一定的挑战。因此，认清木托盘的现状和前景，想办法解决木托盘制造及使用中存在的问题，对于托盘业的发展乃至整个物流业的发展意义重大。木托盘基本构造如图4-2所示。

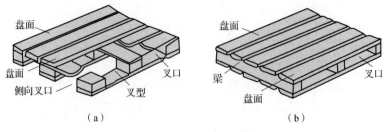

图4-2 木托盘基本构造

(a) 四向进叉型；(b) 两向进叉型

2. 塑料托盘

塑料托盘是以聚乙烯、聚丙烯等热塑性材料为原料，通过注塑或吹塑等工艺加工而成的托盘，在进行注塑和吹塑的工艺中，可以添加部分化学成分以改善性能。当今社会对生产条件、仓储条件、过程控制、品质管理的要求不断提高，但木托盘在卫生状况及规范生产上存在无法克服的局限性，因此塑料托盘开始出现，并很快占据了一席之地，目前已广泛应用。近年来，在塑料中混入玻璃纤维的塑料托盘生产加工技术有了很大进展。玻璃纤维这种无机非金属材料的性能优异，常以丝状与塑料混合，能显著增加塑料制品的抗拉强度，物流中较常用的是长纤维增强热塑性塑料（LFT）托盘，经托盘质量评价标准测试，在货架载荷为1.5 t时，其挠曲率仅为1.13%，具有非常优异的刚性和强度。同时，LFT托盘的自重一般为17 kg左右，相比其他注塑托盘质轻，能节省物流成本。在低温条件下，其冲击韧性能完全满足作业需求。

塑料托盘的结构复杂、种类繁多，主要由铺板、梁及垫块等结构组成，不同的行业对塑料托盘性能要求不同，也就导致托盘的结构不同，为更好地实现物流作业，提高运输车辆空间利用率以促进国际合作，确定我国的标准托盘主要为1 200 mm×1 000 mm和1 100 mm×1 100 mm两种类型。此外，为了满足行业的需求，加筋结构的塑料托盘也得到广泛的应用，生产者常以交叉、平行的方式将不同数量的钢制管状筋镶嵌固定在托盘铺板内部，以增强托盘的刚度和强度。塑料托盘相对于木托盘具有很多优势，如表4-1所示。

表4-1 木托盘与塑料托盘的对比

项目	木托盘	塑料托盘
经济	售价：50~150元 使用寿命：2~10次循环 每次循环成本：15~25元	售价：100~300元 使用寿命：10~250次循环 每次循环成本：1.2~10元
使用	尺寸误差大，不太适合自动输送系统； 经常破损，维修频繁； 钢钉、铁锈或尖片引起损伤	尺寸误差小，适合自动输送系统； 结构耐用，无须维修； 光滑塑料表面没有损伤

续表

项目	木托盘	塑料托盘
卫生	多孔材料引起污染和有害物侵袭； 非卫生标准托盘，医药食品行业禁用	全光滑表面易清洁，透孔结构设计便于清洗； 属于卫生标准托盘，某些规格符合医药食品规范
安全	钢钉、尖片或尖角引起伤害操作者的危险； 破损导致堆码不稳定	消除了钢钉、尖片或尖角引起伤害操作者的危险； 坚固而堆码稳定性较好
美观	一般的设计不太吸引人； 单调的色彩与可选标识少	美观设计适合销售包装； 定制的丰富色彩与可选标识多
环保	木材资源可再生	塑料原料的石化资源不能再生

3. 金属托盘

金属托盘又名铁托盘（见图4-3），是采用优质钢板，由高精密冷弯成型机组加工而成的托盘。金属托盘的优点：比较适合叉车作业，方便存取物资；具有较强的承载强度；100%环保，可回收再利用；出口时无须高温消毒处理，符合国际包装材料的要求；防潮、耐磨、防水、防锈。金属托盘的缺点：金属托盘容易被腐蚀；比塑料托盘、木托盘价格更高。制约金属托盘发展的因素很多，市场发展不稳固，用量较少。受原材料影响金属托盘会出现一段时间的激增，一段时间的停滞。某段时间内，随着以钢材为主的金属材料价格的激增，金属托盘特别是钢制托盘的生产量开始呈现停滞态势，甚至还曾出现负增长。

图4-3 金属托盘

4. 塑木托盘

塑木托盘（见图4-4）是由塑木复合材料制成的托盘，塑木复合材料是由天然纤维材料（木粉、竹屑、稻壳等）和回收利用的热性塑料（聚乙烯、聚丙烯、聚氯乙烯等）辅助各种添加剂（相容剂、润滑剂、偶联剂等）组成，符合可持续发展的战略要求。塑木材质的托盘既具有塑料托盘防腐蚀、易清洗的优点，同时又兼具木质托盘简单的后期加工和低成本的优点。

图4-4 塑木托盘

此外，塑木托盘稳定性较好，不会产生翘曲、裂缝的现象，无木材节疤、斜纹，较小的吸水性不会引发吸湿变形，不怕虫蛀；塑木托盘的制造过程可加入染色剂以满足不同企业的需求；塑木托盘容易成型，加工设备简单，可循环使用，易于维护、保养。塑木材料托盘与其他材质托盘相比的优点：①塑木托盘原材料来源广泛，木粉有秸秆以及木头下脚料等，全国范围内废旧的塑料也比较多，回收各种废弃塑料成本比较低。②塑木托盘可回收利用，具有高回收价值。③塑木托盘具有耐酸碱、抗老化等性能。④塑木托盘替代木托盘出口，不必出示检疫证书，从而节约成本。

5. 纸托盘

目前，纸托盘（见图4-5）主要分为五种形式：①以瓦楞纸板为基材的平托盘。②以蜂窝纸板为基材的平托盘。③以两种以上纸板为基材的平托盘。④以层压硬纸板为基材的平托盘。⑤其他纸基材料平托盘。

纸托盘因为价格低廉、质量轻便、缓冲性能优良、免熏蒸和卫生检疫、运输成本低、表面光滑、可回收再生利用等特点以及符合绿色无污染的环保要求，而得到广泛应用。由于纸板的特性，纸托盘也存在一些突出缺陷，纸托盘因其受潮

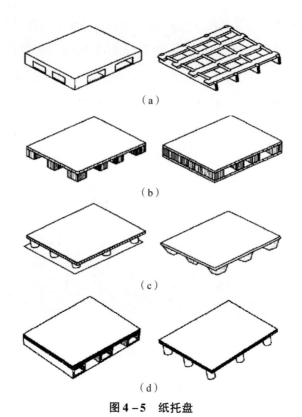

图4-5 纸托盘

(a) 瓦楞纸基托盘；(b) 蜂窝纸基托盘；(c) 复合纸基托盘；(d) 硬纸板类托盘

或遇水后强度降低很大，为提高其防潮性能发展了覆膜、喷油、涂蜡等技术，但这些措施又与环保要求不符，所以纸板防潮处理是目前的一大难点；同时纸托盘的脚墩与铺板一般采用黏合方式连接，结合力较弱，易损坏，从而影响托盘的承载强度和使用性能。

纸托盘常用的制作材料以蜂窝纸板、瓦楞纸板和纸浆模塑为主，纸托盘由铺板（托板、面板）、脚墩（柱脚）和纸护角三部分组成。根据构成铺板材料结构的不同，托盘可分为蜂窝纸板托盘、瓦楞纸板托盘和纸浆模塑托盘等。纸托盘除采用的铺板材料结构不同外，主要就是脚墩的材料和结构不同，脚墩结构主要有垫块式、纵梁式和圆管式等。

(1) 蜂窝纸板托盘。蜂窝纸板具有更优越的抗弯性能和平压性能。蜂窝纸板是依据大自然蜂巢结构原理制作的，由面纸和芯纸构成，芯纸呈六边形的蜂窝状，与两层面纸形成蜂窝夹层结构。蜂窝纸板是一种节约资源、环保、成本较低的新型绿色包装材料，其具有质量轻、韧性好、不易变形、强度高、抗压、抗冲击、防振、隔声、隔热等优点，所以其应用领域也越来越广，被大众熟知和接受。

蜂窝纸板托盘具有以下优点：100%回收再利用，处理简便，不污染环境，符合环保要求；表面平整光滑，不会对物资造成损坏，最大限度保护了承载物的包装；质量较轻，成本也相对较低；没有虫蛀，不需要经过熏蒸处理，出口免检，符合市场的需求；可以直接在上面印刷商标、广告等，提升公司形象；规格可以根据客户要求定制，设计合理的承重结构，降低客户包装成本；具有较好的缓冲、保温、隔热、隔振等性能，能更好地保护物资安全到达目的地。

（2）瓦楞纸板托盘。瓦楞纸板又称为波纹纸板，是一种波浪形纸板与平面纸板的组合体——由至少一层瓦楞纸和一层箱板纸黏合而成。瓦楞纸板的内部结构是三角形的空隙间隔，使其具有一定的强度和良好的承载能力。瓦楞纸板是用土法草浆和废纸经打浆，制成类似黄纸板的原纸板，再经机械加工轧成瓦楞状，然后在其表面用硅酸钠等胶粘剂与箱板纸黏合而成。

瓦楞纸板托盘具有以下方面的优势：瓦楞纸板的制造工艺成熟，比木材或塑料等包装材料的价格便宜，可以降低运输成本，且容易搬运；由于瓦楞纸板托盘没有树木的裂片，没有使之固定的钉子和粗糙不平的边角，更没有像木托盘熏蒸时留下的有毒化学物，因此不会污染环境和伤害人体；瓦楞纸板属于绿色包装材料，与当前倡导的绿色包装相适应，完全可以循环使用，对保护森林资源、维护生态平衡有显著贡献；瓦楞纸板由于自身结构的特点，具有很好的保护和防振功能，瓦楞纸板托盘有利于保护商品、减少损失，适合机械化搬运，速度较快；瓦楞纸板托盘结构稳定性好，有很强的机械强度，有突出的抗压能力和抗弯能力，不易变形，通过增高堆码，能有效利用储藏空间。

（3）纸浆模塑托盘。纸浆模塑托盘（见图4-6）是一种利用各类植物纤维原料经过双面吸滤成型工艺生产而成的重载包装制品。其取材广泛，制造工序少，工艺简单。和一般纸浆模塑工艺相比，它能在加工中一次性地模塑复杂的结构，成品壁厚，结构强度较高。

图4-6 纸浆模塑托盘

这种新型纸模托盘的主要原料是废纸（废报纸、废瓦楞纸等），每个托盘的质量为8~10 kg，成本非常低，纸浆成型托盘还有几个非常重要的优点，包括：减少环境污染，以回收废纸为原料，其本身也可回收再生利用；废弃于自然环境可完全分解处理；制造过程不因高温产生有毒物质；搬运方便，重量只有木质托盘的1/2；比木制托盘便宜。

（二）立式托盘

立式托盘可分为柱式托盘、箱式托盘和轮式托盘。

1. 柱式托盘

柱式托盘是在平托盘基础上发展起来的，其特点是在不挤压物资的情况下可进行码垛。柱式托盘的基本结构是托盘的四个角设有立柱，这种托盘进一步发展后又可从对角的柱子上端用横梁连接，使柱子形成门框状。根据柱子固定与否，柱式托盘可分为固定式、折叠式、可拆式三种。柱式托盘构造如图4-7所示。

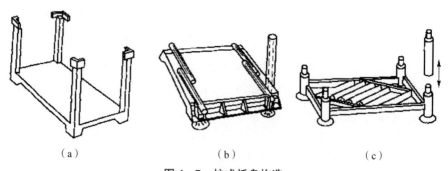

图4-7 柱式托盘构造
(a) 固定式；(b) 折叠式；(c) 可拆式

柱式托盘的主要作用有两个：一是防止托盘上所置物资在运输、装卸等过程中发生塌垛；二是利用柱子支撑承重，可以将托盘货载叠放，而不用担心压坏下部托盘上的物资。另外，柱式托盘可以用作可移动的货架、货位；不用时，还可叠套存放，节约空间。

2. 箱式托盘

箱式托盘是在平托盘基础上发展起来的，多用于散件或散状物资的集装，金属箱式托盘还用于热加工车间集装热料。一般情况下，箱式托盘下部可叉装，上部可吊装，并可进行码垛。箱式托盘的基本结构是沿托盘四个边由板式、栅式、网式等各种平面组成箱板。箱板有固定式、半开式、拆解式、折叠式和轮式等多种。箱式托盘构造如图4-8所示。

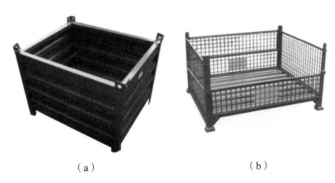

图4-8 箱式托盘构造

(a) 金属固定式；(b) 网型半开式

箱式托盘的主要特点是：防护能力强，可有效防止塌垛，防止货损；由于四周有护板护栏，这种托盘装运范围较大，不但能装运可码垛的整齐形状包装物资，也可装运各种形状不能稳定维持的物资。

3. 轮式托盘

轮式托盘又称为物流台车，其基本结构是在平托盘、柱式托盘或网箱托盘的底部装上脚轮而成。这种托盘不但具有一般柱式、箱式托盘的优点，而且可利用轮子做小距离运动，无须搬运机具即可搬运，既适于机械化搬运，又适于短距离的人力移动，具有很强的搬运性。其适用于工序间物资、设备等的搬运，也可直接作为货架的一部分。另外，轮式托盘在生产物流系统中还可以兼作作业车辆。轮式托盘构造如图4-9所示。

(三) 其他托盘

根据托盘的具体用途可分为滑板托盘、半托盘和特种专用托盘。

图 4-9 轮式托盘构造

1. 滑板托盘

滑板托盘作为托盘大家庭的新成员,具有厚度薄、价格低廉、承载能力大等突出特点,因其能够充分利用运输车辆和集装箱的空间而提升装载率,提高装卸效率,并缓解运输承运双方托盘成本顾虑,为扫除带板运输的障碍提供了途径。而且滑板托盘为出口免检物品,无须出示熏蒸证明文件,简化了进出口通关作业。目前,在欧、美、日等发达国家和地区,滑板托盘在某些领域已成为替代普通托盘的一种承载工具。一次性使用的滑板,用瓦楞纸板制成,回收重复使用的滑板用硬纸板,并在夹层附加增强材料制成或用硬质塑料制成,其结构简单,与木托盘相比,具有成本低、载重大、重量轻、占有仓储空间小、结构简单和易于加工制造等优点。

滑板托盘的工作原理是:滑板托盘正反两面的摩擦系数不同,正面(与物资接触面)摩擦系数大,反面(与叉车推拉器板接触面)相对摩擦系数小,这样就可以利用两者的系数差进行装卸。若滑板托盘上、下表面摩擦系数基本相同,当使用推拉器对较轻物资进行装卸作业时,物资容易发生滑移而影响后续操作。

(1) 滑板集装种类。按滑板类型,滑板集装分为单翼型、双翼型、三翼型和四翼型,如图 4-10 所示。

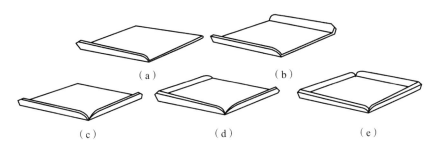

图 4-10 滑板类型

(a) 单翼型滑板；(b) 对称式双翼型滑板；(c) 相邻式双翼型滑板；
(d) 三翼型滑板；(e) 四翼型滑板

①单翼型滑板。此类滑板只有一个翼板，只能允许作业叉车在具有翼板的一个方向进行作业。

②双翼型滑板。此类滑板具有两个翼板。由于翼板相对位置不同而有对称式和相邻式两种双翼型滑板，作业叉车可在相对和相邻两个方向进行叉取作业。

③三翼型滑板。此类滑板在其相邻的三个方向各设置一个翼板。作业叉车可在三个方向中任选一个作业便利的方向进行叉取作业。

④四翼型滑板。此类滑板在其四个方向均设有翼板，类似于四向进叉托盘，可任选一个方向进行叉取作业。对叉车作业来说，是最为便利的一种。

按滑板材料，滑板集装分为纸滑板、纤维滑板和塑料滑板三种。

①纸滑板。纸滑板是由瓦楞纸板和层压翼板两种纸板构成，主要用于集装轻质物资。纸滑板厚度一般为 3~5 mm，允许载重量为 700~1 000 kg，常作为一次性使用。由于纸滑板材质不紧密，有一定的吸水性能，防潮性能较差，容易滋生微生物，不宜储运食品等物资。

②纤维滑板。纤维滑板是木纤维掺和黏合剂经高压压制而成。纤维板比纸板材质紧密，强度较大。纤维滑板厚度一般为 1.3~2.5 mm，允许载重量为 800~2 500 kg，常作为多次循环性使用的滑板，一般可用 20~30 次。纤维滑板的防潮性能较好，不易滋生微生物，可运输食品等物资。

③塑料滑板。塑料滑板一般用聚乙烯、聚氯乙烯、聚丙烯、聚酯等热塑料制成。塑料滑板的材质紧密、强度大、重量轻、质量好，是多次周转循环性使用的最佳滑板，一般可循环使用 50 次以上。塑料滑板厚度一般为 0.8~1.8 mm，允

许载重量为 500~1 500 kg。塑料滑板的防潮性能好，适于潮湿地区使用，不易滋生微生物，卫生条件好，适于集装储运各种物资。

（2）滑板集装规格。滑板集装规格根据滑板规格而定，而滑板的规格在托盘规格基础上加以制定。可根据各国托盘标准系列的规格选定，也可按滑板运输发展的特点予以制定。滑板的翼板宽度取决于叉车夹钳的深度，一般在 60~100 mm 范围内选定。由于滑板易于调整和改变其规格，可根据物资规格制造特殊规格的滑板。

2. 半托盘

半托盘是指其平面尺寸为标准托盘平面尺寸一半的托盘。半托盘属于平托盘中的一种，用来集结、堆存物资以便于装卸和搬运。作为标准平托盘的有力补充，半托盘在国外获得了广泛的推广应用。

（1）半托盘用于带托盘运输的优势在于，在货车货厢空间小而且与标准托盘匹配性不好的场合，多用半托盘代替标准托盘来提高装载率，或通过半托盘补足标准托盘剩余空间提高装载率。

（2）半托盘用于零售场所商品陈列销售的优势在于，半托盘占地空间小，便于托盘搬运车整托搬运穿过狭窄的门或过道，无须拆盘，可减少货损并降低人工成本；店内使用半托盘进行商品展示促销，可陈列于过道上和通道尽头端架处，从而增大展销空间，增加展示商品的种类，并避免缺货和降低补货时间，促进销售。

（3）半托盘用于仓储环节的优势在于，当货品库存量小，不足以在标准托盘上形成整托的场合，使用半托盘集装这样的货品，完成仓库储存、仓库堆码和仓库中转等功能。半托盘一般用于装载尺寸小、数量少的货品。

3. 特种专用托盘

由于托盘制作简单，造价低，所以某些较大数量运输的物资或较大尺寸的物资，都可制出装载效率高、装运方便、适于某种物资有特殊要求的专用托盘。现在各国采用的专用托盘种类不计其数，都在某些特殊领域发挥作用。

（1）航空托盘。航空货运或行李托运用托盘，一般采用铝合金制造，同时为适应各种飞机货舱及舱门的限制，一般制成平托盘，托盘上所载物品以塑料网覆罩固定。

（2）平板玻璃集装托盘。这种托盘能支撑和固定立放的平板玻璃，在装运时，平板玻璃顺着运输方向放置以保持托盘货载的稳定性。平板玻璃集装托盘有若干种，使用较多的是 L 型单面装放平板玻璃单面进叉式托盘、A 型双面装放平板玻璃双向进叉式托盘、吊叉结合式托盘及框架式双向进叉式托盘。

（3）托盘货架式托盘。该托盘是一种框架式托盘，框架正面尺寸比平托盘略宽，以保证托盘能放入架内，架的深度比托盘宽度窄，以保证托盘能搭放在架上。架子下部有四个支脚，形成了叉车进叉的空间。架式托盘叠高组合，形成托盘货架，可将托盘货载送入里面放置。

（4）长尺寸物托盘。专门用于装放长尺寸材料的托盘，这种托盘叠高码放后便成了组装式长尺寸货架。

（5）油桶专用托盘。这是专门存放、装运标准油桶的异形平托盘。双面均有波形沟槽或侧板，以稳定油桶，防止滚落。其优点是可多层堆码，提高仓储和运输能力。

（6）轮胎专用托盘。轮胎的特点是耐水、耐蚀，但怕挤压，轮胎专用托盘较好地解决了这个矛盾。利用轮胎专用托盘，可多层码放，不挤不压，大大地提高了装卸和储存效率。

三、托盘集装

（一）常用堆码方式

（1）重叠式。各层包装箱的排列方式均相同，四个角上下对应，进行搭接。这种方法效率高，承载力大，但易从纵向分裂，稳定性不好，适用于正方形和长方形托盘。

（2）正反交错式。上下左右各包装箱交错排列，犹如砌砖，各层间搭接良好稳定，但上下两箱的四个角不对应，承载力小，适于长方形托盘。

（3）纵横交错式。与正反交错式结构相同，适于正方形托盘。

（4）旋转交错式。两层上下之间，包装箱均改变方向形成交错搭接，稳定性好，不易倒塌，便于码成正方形，但中央易形成空穴，降低了空间利用率，适于正方形托盘。

（二）常用固定方式

（1）捆扎材料捆扎。捆扎材料捆扎是用捆扎带（钢带、纤维带等）或绳索将包装箱与托盘捆扎在一起的方法。捆扎形式多为井字形，四条带子各将靠边的包装箱扎紧，必要时可在中间增加一条。对刚性较差的纸箱或防护要求较高的包装箱，可在带子接触箱体的部位加衬垫，以免箱体变形，此法操作简单，用料省，费用低。

（2）收缩薄膜包装。收缩薄膜包装是用收缩薄膜将包装箱连同托盘一起牢固地封为一个整体的固定方法。它通常先将收缩薄膜制成一定规格大小的塑料套，将包装箱连同托盘一起套上，下部与托盘固定，然后加热，薄膜收缩，把托盘与包装箱紧裹在一起。此法需要专用的设备，操作较烦琐。

（3）拉伸薄膜包装。拉伸薄膜包装是用拉伸薄膜将包装箱和托盘一起缠绕包裹形成一体的固定方法。

另外还有粘接固定、胶带固定、网罩固定等方式。

（三）托盘标准化

托盘的尺寸与载重量应根据托盘单元货载的尺寸及重量来确定，通常托盘单元货载的尺寸及重量的计算应包括托盘、捆扎材料、加固附件及被码放的单元物资。

托盘尺寸通常是以托盘的长度、宽度和高度来表示。托盘长度是指纵梁或纵梁板方向的全长；无纵梁或纵梁板时，托盘面较短方向的全长为长度；托盘宽度是指与长度方向成直角方向的尺寸；托盘高度是指垂直于长、宽为轴的水平面的全高尺寸，一般情况下为 150 mm。我国先后颁布了两个与托盘尺寸有关的标准，一个是《联运通用平托盘主要尺寸及公差》（GB/T 2934—2007），另一个是《硬质直方体运输包装尺寸系列》（GB 4892）。规定的平托盘尺寸系列主要是 800 mm×1 000 mm，800 mm×1 200 mm，1 000 mm×1 200 mm 三种。目前托盘尺寸是依据 GB/T 2934—2007《联运通用平托盘主要尺寸及公差》的规定，确定两种托盘尺寸：1 200 mm×1 000 mm，1 100 mm×1 100 mm。军用物资的托盘集装件既要求符合国家有关规定，也要满足军事物流的特殊要求。国军标 GJB 83A—1999《军用平托盘基本尺寸和额定载重量》、GJB 184A—1999《军用立柱式托盘和箱式托盘基本尺寸和额定载重量》对军队系统内部物资储存及用机械进行装卸、搬运和运输的由各种材质制造的、可反复使用的平托盘、立柱式与箱式托盘尺寸及额定重量进行了规定，如表4-2和表4-3所示。

表4-2 平托盘平面公称尺寸　　　　　　　　　　　　　mm

代号	尺寸（长×宽）
JT1	800×1 200
JT2	1 000×1 200
JT3	1 100×1 100

表4-3 立柱式托盘和箱式托盘基本尺寸　　　　　　　　mm

托盘名称	外部尺寸（长×宽）	外部尺寸（高）
立柱式与箱式托盘	1 200×800	800
	1 200×1 000	1 100 1 300
	1 100×1 100	1 500

根据弹药尺寸和载重车辆厢体尺寸要求，弹药托盘规格尺寸应优选1 200 mm×1 000 mm 和 1 200 mm×800 mm 两种。弹药的底面尺寸不允许超过托盘尺寸，同时弹药高度应充分考虑运输工具的允许堆码高度，一般应不大于1.5 m，如图4-11所示。

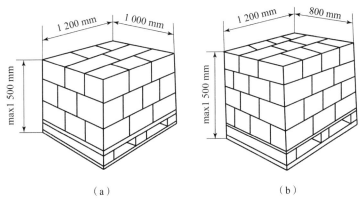

图4-11 托盘单元货载尺寸

(a) 示意一；(b) 示意二

托盘载重量随着托盘规格的不同而不同,一般采用的载重量有 0.5 t、1 t、1.25 t、1.5 t 和 2 t 等多种,在堆码时应能承受四倍的额定载重量和三个托盘的自重。对于装载弹药的托盘来讲,一般情况下一个托盘的弹药质量为 0.5 t 或 1 t,最大不得超过 1.5 t。弹药及其加固、防护用附件的总质量不得超过托盘的额定载重量。为满足托盘的载重量要求,在装载弹药时应减少弹药的货载高度,不可减小弹药的货载长度和宽度。

第二节 集装箱

集装箱是一种按规格生产并具有一定强度的货运设备。简单地说,它是一个装货容器。它不仅能够多次使用,其整体性也便于机械装卸运输。鉴于这些有利因素,集装箱在世界各地被广泛传播和应用。对一个高度自动化、低成本和低复杂性的物资运输系统来说,集装箱就是核心。

一、集装箱概述

《集装箱外部尺寸和额定重量》(GB 1413)对集装箱的定义是:集装箱是一种运输设备(但不包括车辆和一般包装),应满足下列要求:

(1)足够的强度,可长期反复使用。

(2)适用于一种或多种运输方式运送,途中转运时,箱内物资无须换装。

(3)具有快速装卸和搬运的装置,特别便于从一种运输方式转移到另一种运输方式。

(4)便于物资装满和卸空。

(5)具有 1 m³ 及以上的容积。

集装箱的典型结构是梁板结构,梁起支撑作用,板也起支撑作用,有底板、顶板、两侧板。集装箱的两端,一端是端壁,另一端是端门。箱顶部两端安装起吊挂钩,以便于吊车类装卸机具进行装卸操作。箱底侧部有的设叉车插入的槽孔,便于叉车进行装卸作业。集装箱具有以下特点:

(1)有利于提高物资的防护性能。目前,对我军大口径弹药而言,多采用木箱包装,其对外界环境的防护性能较差,尤其对野战环境的适应能力更差,需要有较好的温湿环境条件才能满足中长期储存的要求,木质包装箱在高温高湿环境下极易产生霉腐。采用集装箱包装弹药,用以箱代库的形式实施弹药的野外存放和管理,提高弹药的防护性能。图 4-12 所示为一种可控温控湿的弹药集装箱。

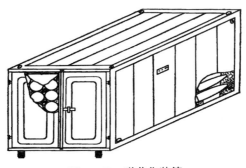

图 4-12　弹药集装箱

（2）节约材料,降低成本。集装箱可用金属、塑料等材料来制造,一方面,可以大量节约木材；另一方面,尽管集装箱本身的加工成本较高,但由于是可重复使用的包装容器,可以大大减少包装损耗,从而降低包装成本。

（3）有利于装运作业的机械化,提高作业效能。采用大型集装箱作业机械,可以对大批量的弹药实施装运作业,减少堆码、装卸、搬运作业环节,节省人力,并大大提高作业效率。

（4）容易实现系列化、标准化和通用化,便于实施联合保障。弹药品种繁多,特性可异,当作为单体包装时,储运要求各不相同,需要分类分情况进行作业,而通过对集装箱的内部结构设计,可将弹药集合包装于集装箱内,集装箱本身作为标准包装容器,可方便地实施公路、铁路、水路和航空联合运输,充分发挥各种保障资源的效能,这对平时和战时的弹药供应保障都是十分有利的。

（5）提高保障效能。以弹药保障为例,集装箱便于炮兵部队携带运行,通过内部结构设计,按规定弹种进行全备弹包装,开箱即可取弹射击。对于步兵部队,可根据部队要遂行的战斗任务,预先按一定的品种、数量将弹药集合包装于集装箱内,战时实施有针对性的保障,将集装箱运抵弹药所,开箱后取出携行包装弹药供部队使用。

二、集装箱分类

(一) 按制造材料分类

(1) 铝合金集装箱。它是用铝合金型材和板材构成的集装箱,一般采用铝镁合金。这种铝合金集装箱的最大优点是质量轻,铝合金的相对密度约为钢的1/3,20 ft 的铝合金集装箱的自重为 1 700 kg,比钢制集装箱轻20%~25%,故同一尺寸的铝合金集装箱比钢制集装箱能装更多的物资。铝合金集装箱不生锈,外表美观。铝镁合金在大气中自然形成氧化膜,可以防止腐蚀,但遇到海水则易受腐蚀,若采用纯铝包层,就能对海水起到很好的防蚀作用,适合海上运输。铝合金集装箱的弹性好,加外力后容易变形,除去外力后一般能复原。因此,适合在有箱格结构的全集装箱船上使用。此外,铝合金集装箱加工方便,加工费低,使用年限长,一般为 15 年。由于其质量轻、耐腐蚀等特点,在航空和航海集装箱领域中采用较多。

(2) 钢制集装箱。钢制集装箱的外板用钢板,结构部件也均采用钢材。这种集装箱的最大优点是强度大、结构牢、焊接性和水密性好,而且价格低廉。但其质量大,易腐蚀生锈,由于自重大,降低了装货量;而且每年一般需要进行两次除锈涂漆,使用期限较短,一般为 10 年。钢制集装箱是目前采用最多的集装箱,尤其是通用大型集装箱绝大部分是钢制。

(3) 玻璃钢集装箱。它是用玻璃纤维和合成树脂混合在一起制成薄的加强材料,用胶合剂贴在胶合板的表面上形成玻璃钢板而制成的集装箱。玻璃钢集装箱的特点是强度大、刚性好。玻璃钢的隔热性、防腐性、耐化学性都比较好,能防止箱内产生结露现象,有利于保护箱内物资不受湿损。玻璃钢板可以整块制造,防水性好,还容易清洗。此外,这种集装箱还有不生锈、容易着色的优点,故外表美观。由于维修简单,维修费用低。玻璃钢集装箱的主要缺点是质量较大,与一般钢制集装箱类似,而且价格也较高。

(4) 不锈钢集装箱。不锈钢是一种新的集装箱材料,具有以下优点:强度大,不生锈,外表美观;在整个使用期内无须进行维修保养,故使用率高,耐蚀性能好。其缺点是:价格高,初始投资大;材料少,大量制造有困难,目前一般都用作罐式集装箱。

（二）按结构类型分类

（1）按开门位置不同分侧开门、前开门、前后双开门及顶开门四种形式。前、后、侧开门的集装箱适合叉车及作业车进入装运或外部装运；顶开门集装箱适合吊车装运。各种位置开门方式集装箱如图 4-13 所示。

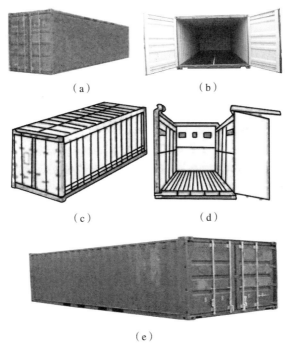

图 4-13　各种位置开门方式集装箱

(a) 示意一；(b) 示意二；(c) 示意三；(d) 示意四；(e) 示意五

（2）台架式和平台式集装箱。台架式集装箱没有箱顶和侧壁，甚至连端壁也去掉，只有底板和四个角柱。这种集装箱可以从前后、左右及上方进行装卸作业，适合装载大件和重货件，如机械、钢材、制管、木材等。台架式集装箱没有密封性，怕水湿的物资不能装运，或用帆布遮盖装运。平台式集装箱是在台架式集装箱上再简化而只保留底板的一种特殊结构集装箱。平台的长度和宽度与国际标准集装箱的箱底尺寸相同，可使用与其他集装箱相同的紧固件和起吊装置。这种集装箱打破了过去一直认为集装箱必须具有一定容积的概念。台架式和平台式集装箱的特点是可利用各种机械从前后、左右及上方进行装卸作业，如图 4-14 所示。

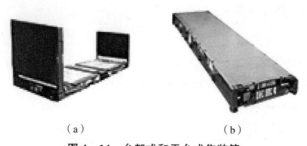

图 4-14 台架式和平台式集装箱

(a) 台架式；(b) 平台式

(3) 内柱式和外柱式集装箱。内柱式集装箱，即侧柱和端柱位于侧壁和端壁之内；反之则是外柱式集装箱。一般玻璃钢集装箱和钢制集装箱均没有侧柱和端柱，内柱式和外柱式集装箱都是对铝合金集装箱而言的。内柱式集装箱的优点是外表平滑美观，受斜向外力不易损坏，印刷标记时比较方便。外板和内衬板之间附有一定空隙，防热效果较好，能减少物资的湿损。外柱式集装箱的优点是受外力作用时，外力由侧柱或端柱承受，起到了保护外板的作用，使外板不受损坏。由于集装箱内壁面平整，有时也不必有内衬板。

(4) 折叠式和固定式集装箱。折叠式集装箱的侧壁、端壁和箱门等主要部件能方便地折叠起来，反复使用时可再次撑开。反之，各部件永久固定地组合在一起的集装箱称为固定式集装箱。折叠式集装箱主要用在货源不平衡的航线上，为了减少回空时的舱容损失而设计。目前，使用最多的还是固定式集装箱。

(5) 预制骨架式集装箱和薄壳式集装箱。集装箱的骨架由许多预制件组合起来，并由它承受主要载荷，外板和骨架用铆接或焊接的方式连为一体，称为预制骨架式集装箱。通常是铝制和钢制的预制骨架式集装箱，外板采用绑接或焊接的方式与骨架连接在一起，而玻璃钢的预制骨架式集装箱，其外板用螺栓与骨架连接。薄壳式集装箱则把所有构件结合成一个刚体，优点是质量轻，受扭力作用时不会引起永久变形。

(6) 抽屉集装箱。箱内由一定尺寸的抽屉组成，打开箱门后便可抽出抽屉装取物资，一般是小型集装箱。其主要用于运送仪器（如仪表）、武器、弹药及贵重物品。

(7) 隔板集装箱。箱内有若干隔板分隔的集装箱，隔板可组合拆卸拼装，其适用于装运需分离的物品。

三、集装箱集装

以集装箱装载弹药为例，介绍相关方法。

（一）箱装弹药的装载

箱装弹药装载时，如外包装无破损，也无其他异常情况，则可以从下面往上堆装。小型箱可装入密闭式集装箱内；具有一定质量的大型箱，由于受装载作业面的限制，可装在敞顶集装箱内。

（二）托盘弹药的装载

装在集装箱内的托盘弹药，弹药箱本身必须用钢带、纤维带或有收缩性的塑料等牢牢地固定在托盘上。为了充分利用集装箱的容积，应使托盘的尺寸与集装箱的尺寸匹配起来。为了提高装卸效率和托盘底面积的利用率，以及降低物资固定费用而使托盘货相互之间和托盘货与集装箱内壁之间留有 20 mm 的空隙，应当采用适当的装载方法。计算结果表明，1C 型集装箱箱底面积利用率为 87%，1A 型集装箱可达 89%。如果托盘上的弹药不能充分利用托盘的底面积，那么即使托盘充分地利用了集装箱的底面积，弹药之间也会产生大量的空隙，因此当运输中受到冲击时，托盘上的弹药很容易移动。根据托盘和成组弹药的尺寸，如在集装箱的横向只能放置一箱弹药时，则这箱弹药必须放在集装箱的中央；如托盘和成组弹药的尺寸在集装箱的横向可放置两箱以上时，则各箱成组弹药最好紧靠在集装箱的两侧壁上，中间用木框架填塞加以固定，防止物资移动。

（三）集装箱集装

集装箱标准对集装箱的发展有非常重要的作用，集装箱的标准不仅与集装箱本身有关，也与运输设备、装卸机具，甚至与车站、码头、仓库的设施都有关。

1. 民用标准

为了有效地开展国际集装箱多式联运，必须强化集装箱标准化，集装箱标准按使用范围分，有国际标准、国家标准、地区标准和公司标准四种。

（1）国际标准集装箱。

国际标准化组织 ISO/TC 104 技术委员会自 1961 年成立以来，对集装箱国际标准做过多次补充、增减和修改，现行的国际标准为第 1 系列共 13 种，其宽度均为 2 438 mm，长度有 4 种（12 192 mm、9 125 mm、6 058 mm、2 991 mm），高度有 4 种（2 896 mm、2 591 mm、2 438 mm、小于 2 438 mm），详见表 4-4。

表 4-4　国际标准集装箱现行箱型系列

箱型	长度 (L)/mm		宽度 (W)/mm		高度 (H)/mm		总重/kg
	尺寸	公差	尺寸	公差	尺寸	公差	
1AA	12 192	0~10	2 438	0~5	2 591	0~5	30 480
1A	12 192	0~10	2 438	0~5	2 438	0~5	30 480
1A×	12 192	0~10	2 438	0~5	<2 438	0~5	30 480
1BB	9 125	0~10	2 438	0~5	2 591	0~5	25 400
1B	9 125	0~10	2 438	0~5	2 438	0~5	25 400
1B×	9 125	0~10	2 438	0~5	<2 438	—	25 400
1CC	6 058	0~6	2 438	0~5	2 591	0~5	24 000
1C	6 058	0~6	2 438	0~5	2 438	0~5	24 000
1C×	6 058	0~6	2 438	0~5	<2 438	—	24 000
1D	2 991	0~5	2 438	0~5	2 438	0~5	10 160
1D×	2 991	0~5	2 438	0~5	2 438	0~5	10 160
1AAA	12 192	0~10	2 438	0~5	2 896	0~5	30 480
1BBB	9 125	0~10	2 438	0~5	2 896	0~5	25 400

国际标准集装箱长度关系如图 4-15 所示。

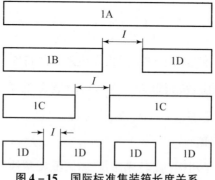

图 4-15　国际标准集装箱长度关系

1A 型 40 ft（12 192 mm）；1B 型 30 ft（9 125 mm）；

1C 型 20 ft（6 058 mm）；1D 型 10 ft（2 991 mm）；

间距 I 为 3 ft（76 mm）；

$1A = 1B + I + 1D = 9\ 125 + 76 + 2\ 991 = 12\ 192$（mm）；

$1B = 1D + I + 1D + I + 1D = 3 \times 2\ 991 + 2 \times 76 = 9\ 125$（mm）；

$1C = 1D + I + 1D = 2 \times 2\ 991 + 76 = 6\ 058$（mm）。

（2）国家标准集装箱。

我国现行国家标准《集装箱外部尺寸和额定重量》（GB 1413—1985）中集装箱各种型号的外部尺寸、极限偏差及额定重量如表 4 – 5 所示。

表 4 – 5　我国现行的集装箱外部尺寸、极限偏差及额定重量

型号	高度（H）/mm		宽度（W）/mm		长度（L）/mm		额定重量（最大重量）/kg
	尺寸	极限偏差	尺寸	极限偏差	尺寸	极限偏差	
1AA	2 591	0 ~ 5	2 438	0 ~ 5	12 192	0 ~ 10	30 480
1A	2 438	0 ~ 5	2 438	0 ~ 5	12 192	0 ~ 10	30 480
1A ×	2 438	—	2 438	0 ~ 5	12 192	0 ~ 10	30 480
1CC	2 591	0 ~ 5	2 438	0 ~ 5	6 058	0 ~ 6	20 320
1C	2 438	0 ~ 5	2 438	0 ~ 5	6 058	0 ~ 6	20 320
1C ×	2 438	—	2 438	0 ~ 5	6 058	0 ~ 6	20 320
10D	2 438	0 ~ 5	2 438	0 ~ 5	4 012	0 ~ 5	10 000
5D	2 438	0 ~ 5	2 438	0 ~ 5	1 968	0 ~ 5	5 000

（3）地区标准集装箱。

地区标准集装箱标准是由地区组织根据该地区的特殊情况制定的，仅适用于该地区，如根据欧洲国际铁路联盟（VIC）所制定的集装箱标准而建造的集装箱。

（4）公司标准集装箱。

某些大型集装箱船公司根据本公司的具体情况和条件制定的集装箱船公司标准，这类集装箱主要在该公司运输范围内使用。例如美国海陆公司的 35 ft 集装箱。

2. 军用集装箱

军用集装箱是一种运输设备,具有足够的强度,可长期反复使用;适用于一种或多种运输方式运送物资,途中无须倒装;设有供快速装卸的装置,便于从一种运输方式转到另一种运输方式;便于箱内物资装满和卸空;容积等于或大于 1 m³。根据国际与国内集装箱运输的发展趋势,参照美军集装箱的标准,结合我军实际情况,提出我军集装箱外部尺寸、允许公差和额定重量,如表 4-6 所示。

表 4-6 我军集装箱外部尺寸、允许公差和额定重量

型号	高度 (H)/mm		宽度 (W)/mm		长度 (L)/mm		额定重量 (最大重量)/kg
	尺寸	极限偏差	尺寸	极限偏差	尺寸	极限偏差	
1AA	2 591	0~5	2 438	0~5	12 192	0~10	30 480
1A	2 438	0~5	2 438	0~5	12 192	0~10	30 480
1A×	2 438	—	2 438	0~5	12 192	0~10	30 480
1CC	2 591	0~5	2 438	0~5	6 058	0~6	20 320
1C	2 438	0~5	2 438	0~5	6 058	0~6	20 320
1C×	2 438	—	2 438	0~5	6 058	0~6	20 320
10D	2 438	0~5	2 438	0~5	4 012	0~5	10 000
5D	2 438	0~5	2 438	0~5	1 968	0~5	5 000

从运输保障环境条件上看,无论是作战还是平时执行急难险重任务,不仅有路况、仓储及装卸条件较好的战略、战役集装箱运输任务,还经常有无路或坏路及仓储和装卸都较差条件下的集装箱运输任务,而且为了形成从战略后方、战役后方到战术地域的完整的集装箱运输系统,需要在集装箱技术上予以支持。组合集装箱可以较好地实现这一目的。

军用 20 ft 以上标准集装箱只能完成战略后方到战役后方之间的运输任务,而用小型专用集装箱完成战役后方至战术地域部队之间的运输任务。因此,军用组合集装箱以 20 ft 标准集装箱为模数,等效分割成不同尺寸的小型箱,并可将其组合为 20 ft 标准集装箱完成战略、战役范围内的运输,也可利用单箱完成战术地域内的运输。

目前，我军的组合箱主要有三联箱与四联箱两种箱型，其运输性既适应我国民用运输设备的尺寸要求，又满足我军军用车辆的运输要求。根据运输需要与组合箱的技术条件，组合箱主要编配在战略后方仓库、联勤分部及部队。在战略后方仓库，将应急战略物资全部预储于组合箱内，平时可以以少量单箱发送物资；紧急情况下需要发送大批物资时，可以迅速将组合式小型箱联结成 ISO – 20 ft 集装箱，利用国家的运输设施设备完成战略、战役范围内的运输，当需要继续前运到战术地域时，再利用组合式小型箱及部队的装、运、卸力量完成运送任务。

第三节　集装笼

集装笼是一种钢制或木制的笼装容器，其基本结构形式为框架结构的六面体形式，即由具有集装装置物资的底座、围栏四周的防护栏和强化防护栏的顶盖装置，以及便于集装、卸出物资的集装笼有关的附属装置等组成。集装笼在物资运输中的使用，对提高物资集装化水平和物流效率具有重要现实意义。

一、集装笼概述

集装笼是针对一些单体体积较大或较重的包装物，用单体箱式包装会大大增加外包装体积和质量时而采用的一种包装容器。例如，弹药包装中野战火箭弹多采用笼式包装。其特点是，可大大提高包装效率，降低包装质量，同时可保证足够的包装强度。不足是只能提供对机械外力的防护，被包装物需具有环境防护包装。如图 4 – 16 所示为铁笼弹药集成包装。在具体的造型上有折叠式框架结构集装笼和拆解式框架结构集装笼之分，围栏可用钢管焊接成栏杆式、方格式或用铁丝网以及冲床余料焊接成网状式等。

图 4 – 16　铁笼弹药集成包装

结合集装笼的结构特点，其主要有容纳、保护、便利和识别等功能。

（1）容纳功能。使用不同结构形式的集装笼来容纳比传统运输包装更多、更重的物资，从而形成一定规格、一定质量或一定体积的集装件。

（2）保护功能。集装件在运输过程中，不仅承受振动、冲击等外力的作用，而且要遭受运输环境中的温湿度、紫外线、氧气以及微生物等因素的影响和侵害。充分运用集装笼的构成材料及其结构强度，能够在运输过程中保护物资的质量安全和结构完整。

（3）便利功能。在运输过程中，通过集装笼形成的集装件，具有相同的质量、体积和形态，有利于充分利用运输工具的装载能力，便于机械化装卸和搬运，便于清点、交接和验收，缩短运输过程中的作业时间，降低劳动强度和提高作业效率。

（4）识别功能。集装笼在尺寸规格、形态结构、质量体积、标识标记以及色泽上有所区分，可以使作业人员在运输过程中快速确认物资，降低误认或错认的概率。

此外，集装笼还具有节省包装材料、简化作业手续、回空以及周转运用等功能。

二、集装笼分类

根据集装物资的不同，集装笼主要分为矿建材料、杂货和鲜货等形式。

（一）矿建材料集装笼

其主要是用来装运耐火材料、建筑砖瓦、卫生瓷器、大理石制板、小型水泥预制件、瓷器以及各类石制品等。该类物资的主要特点是质量重、块小、易碎，作业中怕碰撞，要求集装笼本身应具有足够的强度和刚度。

（二）杂货集装笼

其主要用来集装各种器材、零部件、工具、器具以及各种罐装、桶装、坛装、筐装物资等。该类集装笼在结构上除了有底座、侧端面围栏、便于装卸的构件外，还设有顶盖和锁闭扣件装置。

（三）鲜货集装笼

其主要用来装运瓜果、蔬菜、鲜蛋等易腐物资。易腐物资怕压、怕捂，易于变质腐败，要求鲜货集装笼在结构上满足装载稳固、通风良好、防止丢失和回送方便等条件。

三、集装笼集装

虽然集装笼的形式不同、材料不同，但不同物资在采用集装笼进行集装时，应符合下列条件：

（1）有足够的刚度和轻度。

（2）有利于物资的码放，能够保证物资、人身、行车的安全。

（3）能够充分利用车厢容积或容重，提高运输效率。

（4）具有机械作业需要的起吊装置或叉孔。

（5）能够循环使用，能够拆解、折叠、套装，便于回送。

（6）方便涂打配属单位、外形尺寸、物资要求等标志，便于识别。

集装笼集装化组织的过程中，集装笼集装件通常体积不小于 $0.5 \ m^2$ 或者质量不小于 500 kg；集装笼集装件应捆绑牢固、表面平整，适合多层码放；在同一运输工具内的集装件应采用同一种集装方式，便于机械化操作和过程管理。

第四节　集装袋

集装袋的设计与使用是现代散货粉体包装及运输行业的一次重大变革，使装卸、运输效率得到大大提高；同时，人力以及包装成本也明显得以下降，在推动工业自动化进程中起到了非常重要的作用。

一、集装袋概述

集装袋是指用柔软、可折叠的涂胶布、树脂加工布、交织布以及其他柔韧材料制成的一种大型挠性包装容器，可以容纳 1 t 以上的物资。集装袋又称为集装包、柔性集装袋或柔性货运集装箱。采用集装袋储运，比其他各种包装袋或集装更为经济实用。集装袋储运的特点是结构简单、制造容易、自重轻、可折叠、回空所占空间小、价格低廉等。

集装袋的最大填装量有 0.5 t、1 t、1.5 t、2 t、2.5 t、3 t 等系列，其中以 1 t

集装袋最常用。方形袋虽不及圆形袋优越，但在各种运输工具上的码垛密度大，从而提高了运输效率。同时，方形袋并排码放时无空隙，还可提高码垛的稳定性。圆形袋的码放密度虽小些，但因集装袋为挠性包装容器，装货后形成的包装体并无严格的固定外形，实际码放密度与码垛稳定性还是很高的。同时，圆形袋强度好、制作简便、节省材料，因而也是多见的一种袋形。

用坯料制袋时，除按袋的尺寸裁料外，关键是袋体接缝部位的确定与加工。各个接缝可用缝合法或黏合法加工，但必须与袋的材质相适应。缝合接缝简便易行，但有局部撕拉及脱针、断线的可能。黏合接缝必须确保牢靠，一般需进行黏合强度的检验。无论采取何种方法拼制集装袋，各接缝的强度需与基布的强度相当。

集装袋既可直接装运散装物资，也可装运包装物资，即使内包装破损，也可保证物资不漏损。集装袋包装的物资，可直接吊运或叉举，操作简便，装卸及转运货只需一人即可完成，提高了装卸效率。集装袋容量大，较常规装卸效率高出十几倍；运输方便，袋体上有专用吊环，便于起重设备吊运装卸；可折叠，占用空间小，有利于回收；寿命长，制作原料少，成本低，能有效保护内装物，防湿不透水，内装物在野外也能防潮，包装范围大。不足的是需配备一定的机械设备，并且对运输工具有较高要求。

二、集装袋分类

根据 GB/T 10454—2000 集装袋国家标准，集装袋按照形状分为圆形和方形两类，如表 4-7 所示。

表 4-7 集装袋分类和代号

形状	结构		代号
圆形	有出料口	非全开扣	YF
		全开扣	YQ
	无出料口		YW
方形	箱形		FX
	半敞形		FB
	全敞形		FQ

（一）圆形集装袋

袋体呈圆筒形，上有装料口，下有卸料口。装料时用系紧带将卸料口扎紧，装料后，将装料口扎紧，卸料时将卸料口解开即可。起吊时，钩住缝在袋体上的布带环。由于布带缝在袋体上，布带可以绕过袋底。所以，载重基本上由各带承受，可避免袋体撕裂。一次性使用的集装袋多为圆形，其实际强度可重复使用5次左右。重复使用的圆形集装袋，其实际强度更大，适于较大范围比密度的物资的储运。圆形集装袋尺寸系列如表4-8所示。

表4-8 圆形集装袋尺寸系列

项目	800	850	900	950	1 000	1 100	1 200	1 250	1 300
500	1 000	820	790	710	—	—	—	—	—
600	1 200	1 100	950	850	770	—	—	—	—
700	1 400	1 250	1 100	990	900	750	—	—	—
800	1 600	1 450	1 250	1 150	1 050	850	710	—	—
900	—	1 600	1 450	1 300	1 150	950	800	740	—
1 000	—	1 800	1 600	1 400	1 300	1 050	890	820	760
1 100	—	—	1 750	1 550	1 400	1 150	980	900	830
1 200	—	—	—	1 700	1 550	1 300	1 050	980	910
1 300	—	—	—	—	1 650	1 400	1 150	1 050	980
1 400	—	—	—	—	1 800	1 500	1 250	1 150	1 050
1 500	—	—	—	—	—	1 600	1 350	1 250	1 150
1 600	—	—	—	—	—	1 700	1 450	1 300	1 200
1 700	—	—	—	—	—	1 800	1 500	1 400	1 300
1 800	—	—	—	—	—	—	1 600	1 500	1 350
1 900	—	—	—	—	—	—	1 700	1 550	1 450
2 000	—	—	—	—	—	—	1 800	1 650	1 500
2 100	—	—	—	—	—	—	—	1 750	1 600
2 200	—	—	—	—	—	—	—	—	1 650
2 300	—	—	—	—	—	—	—	—	1 750

(二) 方形集装袋

方形集装袋结构与圆形集装袋类似,仅袋体为方形。方形袋体只可打开上盖;半敞形方形袋体除上盖以外,另有一个侧面可以敞开;全敞形方形袋体,整个袋体可以平摊成一个平面。同容量的方形袋较圆形袋,在高度上可降低20%左右,提高了码垛的稳定性,但用料并不节省。其可以重复使用,但更多为一次性使用。方形集装袋尺寸系列如表4-9所示。

表4-9 方形集装袋尺寸系列

项目	800	850	900	950	1 000	1 100	1 200	1 250	1 300
500	800	700	—	—	—	—	—	—	—
600	950	850	750	—	—	—	—	—	—
700	1 100	1 000	900	780	700	—	—	—	—
800	1 250	1 100	1 000	900	800	—	—	—	—
900	1 400	1 250	1 150	1 000	900	750	—	—	—
1 000	—	1 400	1 250	1 100	1 000	850	700	—	—
1 100	—	—	1 350	1 250	1 100	900	770	710	—
1 200	—	—	—	1 350	1 200	1 000	850	770	710
1 300	—	—	—	1 450	1 300	1 100	900	850	770
1 400	—	—	—	—	1 400	1 150	1 000	900	850
1 500	—	—	—	—	—	1 250	1 050	950	900
1 600	—	—	—	—	—	1 300	1 150	1 050	950
1 700	—	—	—	—	—	1 400	1 200	1 100	1 000
1 800	—	—	—	—	—	—	1 250	1 150	1 100
1 900	—	—	—	—	—	—	1 350	1 250	1 150
2 000	—	—	—	—	—	—	1 400	1 300	1 200
2 100	—	—	—	—	—	—	—	1 350	1 250
2 200	—	—	—	—	—	—	—	1 400	1 300
2 300	—	—	—	—	—	—	—	—	1 400

三、集装袋集装

虽然集装袋的形式不同、材料不同，但不同物资在采用集装袋进行集装时，应符合下列条件：

（1）集装袋的强度应充分考虑包装容积、承载物资质量和包装件个数，还应考虑运输距离和搬运次数，以及采用何种运输工具和运输方法，安全系数应达到 1.6。

（2）应根据使用条件合理选用集装袋的材料，尤其是室外使用时抗老化能力是关注的重点，应注意材料中是否加入抗紫外线剂或者采用其他抗老化工艺。

（3）集装袋的具体形式和使用方法应根据集装袋使用环境来确定，如提吊、运输方式、装载物资性能等。

（4）针对一些粉料或者有毒有害、怕受污染的物资来讲，集装袋的密封性能要求非常严格，容易受潮或霉变的物资对密封性也有特殊的要求，这就要求选用的集装袋应关注其基布覆膜工艺和缝制工艺。

集装袋在运输过程中应注意：在吊装作业中严禁站立在集装袋的下面；作业中严禁与其他物资摩擦、钩挂或者碰撞；叉车作业时应避免叉子扎到袋体，可使用托盘进行配合装载；集装袋在堆放过程中应保持直立。

第五章
物资捆扎器材及使用

在集装化运输中,组织物资集装件的方法可分为两种不同的基本形式,一种是借助集装器具形成物资运输集装件,另一种则是借助捆扎夹(索)具或捆扎材料形成物资运输集装件。集装器具在第四章已经介绍了,本章重点介绍捆扎器材及其使用方法。捆扎是用挠性捆扎元件(或另加附件)将多件无包装或有包装的物资捆在一起,起到集装物资、固定物资和加固包装容器的作用,可防止货件移动、碰撞、翻倒或塌垛,还能起到防盗、装饰的作用。

第一节 捆扎带

捆扎带又名打包带,是一种使用范围较广的捆扎器材,可用于捆扎包装箱、热轧钢卷、冷轧钢卷、玻璃、管材等。常见的捆扎带包括金属捆扎带和合成材料捆扎带。

一、捆扎带概述

(一)捆扎带性能

捆扎带捆扎物资后,会长期受到拉伸力的作用,并受到流通环境温湿度和其他因素的影响,为保证物资捆扎的有效性,应了解捆扎带的物理机械性能,以便正确合理地应用。

(1)强度。捆扎带抵抗拉伸变形的能力是用抗拉强度和拉断强度来表示的。一定长度的捆扎带在断裂前的最大载荷值与捆扎带的横断面积之比所得的应力值,即该捆扎带的抗拉强度（kg/cm^2）,该最大载荷值就是拉断强度（kg）。

（2）延伸率。延伸率即断裂伸长率,是指捆扎带经拉伸后的总长与原长的差别和总长的比率,用百分比来度量,延伸率表征材料塑性变形的大小,延伸率越小,则用该材料捆扎的包装件越不易松散。

（3）延伸恢复量。延伸恢复量是指拉力去掉后,捆扎带缩回的延伸量,单位为cm。它表征了捆扎带的弹性恢复能力。

（4）拉伸应力和拉伸应力衰减。捆扎带受拉力后,在其内部产生的应力称为拉伸应力。如果该捆扎带在拉力作用下,保持一定时间后应力衰减,衰减的应力称为拉伸应力衰减。

（5）工作范围。工作范围是指捆扎带在正常工作情况下,所承受拉力的大小。除钢带外,其余各种捆扎带在工作范围内所能承受的拉力为拉断强度的40%~60%。

（二）捆扎工具与设备

捆扎工具与设备不仅用于集装件捆扎,其他行业和部门也在使用。因此,其发展很快,不同用途、不同规格的种类很多。用于包装捆扎的工具与设备,常见的有以下几类：

（1）手动捆扎工具。手动捆扎工具有人力的、气动的和电动的；有设计成整体的,有拉紧机构和接头机构可组合的,价格便宜,操作简单,便于移动使用。这种工具最适合产量小、不考虑捆扎速度,以及需要移动使用的场合。

（2）半自动捆扎机。半自动捆扎机需要由操作者将包装件放在适当的位置上,并启动机器,即可捆扎一道,然后移动位置再捆扎另一道。除此以外,从绕带、拉紧、接头到切断工序都是自动完成的。

（3）全自动捆扎机。全自动捆扎机全部捆扎工序都是根据规定的程序自动完成的。

除通用的以外,还有一些捆扎工具用于托盘包装,大宗物资捆扎、压缩捆扎和水平捆扎的特种用途的捆扎机；但要与生产线联动,有的集装件还需要放在适当位置。

总之,手动捆扎工具、半自动和全自动捆扎机,完全可以满足不同批量和各种包装要求的捆扎作业。

(三) 捆扎注意事项

捆扎工作看起来很简单，只要捆紧不散即可，但在实际应用中却有不少因素要考虑：

(1) 被捆扎物资的类型和性质。例如物资有坚硬的、松软的、有弹性的，还有物资的体积、质量以及物资本身能承受多大的力等。

(2) 捆扎带的选择。我们在前面介绍了几种捆扎带，选用前要对捆扎带的性质（如弹性、强度），对环境温湿度的敏感性，应力保持与衰减等有充分的认识，使捆扎带能适应被捆扎物资的要求。

(3) 搬运的方向，运输环境和工具的考虑。

(4) 成本和经济效益。在满足捆扎要求的前提下，尽量降低成本。

(5) 在大批量捆扎前，要先通过各种试验确认其设计是否符合要求，否则会造成经济损失。

二、捆扎带分类

常用的捆扎带包括金属捆扎带和合成材料捆扎带两种。

(一) 金属捆扎带

金属捆扎带是抗拉强度较高而伸长率较小的一类捆扎材料，具有优异的抗拉能力，能承受高度压缩物资集装件膨胀力，也很少受气温和阳光照射的影响，因此用途很广，特别适于钢材、金属锭等重质物资集装件的捆扎。但是这种捆扎材料在空气中易氧化，耐腐蚀性能较差，所以需要在其表面镀锌或用其他方法处理后方能经久耐用。金属捆扎带主要包括铁丝和热冷轧钢带。

铁丝由低碳钢冷却而成，刚性较大，延伸率一般在 7% 以上，经退火处理后，可提高其耐冲击性和柔性。铁丝可分为镀锌铁丝和普通铁丝两种，铁丝的抗拉强度 σ 一般不小于 140 MPa。常用于捆扎材料的铁丝规格如表 5-1 所示。

表 5-1 铁丝规格

号数	直径/mm	断面积/mm²	质量/(kg·km⁻¹)	长度/(m·kg⁻¹)
8	4	12.56	98.59	10.14
9	3.8	11.34	89.02	11.23

续表

号数	直径/mm	断面积/mm²	质量/(kg·km⁻¹)	长度/(m·kg⁻¹)
10	3.5	9.62	75.58	13.24
11	3	7.07	55.49	18.02
12	2.8	6.16	48.35	20.68

镀锌处理铁丝是指把铁丝放置在电解液中，利用电流电场的阴极还原作用而获得镀锌层。氧化处理钢带是指将钢带浸于 NaOH、$NaNO_3$ 和 $NaNO_2$ 的混合溶液中，加温到 135~145 ℃，煮沸 30 min 左右，在钢带表面形成以 Fe_3O_4 为主的氧化层，其颜色为蓝色，俗称发蓝。磷化处理是将金属钢带浸于磷酸盐溶液中，加热到 90~100 ℃，从而在钢带表面形成以磷酸盐为主的保护层，其颜色为黑色，俗称发黑。

铁丝除用于木箱的加强性捆扎和物资的固定性捆扎外，也用于金属制品、木材等大型货件的集装捆扎，还可用于捆扎棉包的软性包装件。

普通碳素钢冷轧带常用厚度为 0.1~0.2 mm，宽度为 15~20 mm；高强度冷轧带厚度为 0.3~0.5 mm，宽度为 20~30 mm，其抗拉强度一般为 280~450 MPa，在所有捆扎带中为最大，其拉伸伸长率不小于 23%，拉伸应力衰减最小。钢带与物资捆扎的接触面大，不易损坏物资或包装容器，所以在集装捆扎方面，应用范围比铁丝还要广泛，大量应用于木箱的加固和木箱包装的加强型捆扎，还用于钢材、建筑材料和木材等的集装捆扎。

（二）合成材料捆扎带

合成材料捆扎带是近几年在国内迅速发展的一种捆扎材料。其原料来源随着石油化工工业的发展而丰富起来，成型方法也比较简便，成本较低，是综合性能较好的捆扎材料。合成材料捆扎带的种类有聚酯捆扎带、聚丙烯捆扎带、尼龙捆扎带和复合材料捆扎带等。

1. 聚酯捆扎带

聚酯捆扎带以聚酯材料制作而成，是一种最新型的塑料捆扎带，是塑料捆扎带中性能最好的，质地坚硬、耐磨、耐高温，有足够的抗拉强度和抗冲击强度，其抗拉强度为钢带抗拉强度的一半以上，延伸率为2%～3%，具有较好的保持拉力的性能。完全可以代替轻型钢带，而成本比钢带低30%以上。聚酯捆扎带吸水性低，受潮后不会产生蠕变，有缺口也不会发生纵向断裂，且弹性恢复能力强，既可用于硬质物资的捆扎集装，又可用于趋于膨胀物资的捆扎集装。因其耐化学腐蚀性好，还可用于瓶装药品包装件的捆扎集装，适合作为各种运输包装和物资集装件的捆扎带。但聚酯材料受热会产生难闻的气味，其接头尽量避免采用热合法接合。

2. 聚丙烯捆扎带

聚丙烯捆扎带成本低于聚酯捆扎带和尼龙捆扎带，是一种性能差而应用最广泛的塑料捆扎带，具有较高的伸长率，其延伸率可高达25%，相对密度小，质量轻，但其抗拉强度和张力保持性较差。所以适用于轻、中型膨胀物资的捆扎集装，即一般用于瓦楞纸箱的封装带和托盘物资集装件的封盘带等。聚丙烯捆扎带的吸湿率很低，具有抗高温、高湿和低温的能力，适于在多雨、潮湿地区使用。

3. 尼龙捆扎带

尼龙捆扎带是成本最高的一种塑料捆扎带，其强度相当于中等承载的钢带，与聚酯捆扎带的强度几乎相同。尼龙捆扎带材料坚韧、强度高、耐磨性能好，其抗拉强度、抗冲击强度、伸长率和弹性恢复性能都比其他材料捆扎带优良。由于延伸恢复量大，张力保持性比较高，抗蠕变能力强，可紧紧捆扎在包装对象上，且可长期保持，因而适用于捆扎后沉陷、捆扎张力较大的重质物资集装件的捆扎。但因其延伸率较聚酯捆扎带要大，且在连续的强应力作用下会失去大部分保持应力而使包装松散。同时，其受潮后强度降低，有缺口就会断裂。

各种塑料捆扎带的主要性能和强度如表5-2所示。

表5-2 塑料捆扎带性能和强度指标

种类	相对密度	吸水性/% (24 h)	抗拉强度/ MPa	伸长率/ %	抗冲击强度/ (kg·cm·cm^{-2})
聚酯捆扎带	1.30～1.33	0.08～0.09	56.0～72.8	50～300	4.4～4.6
聚丙烯捆扎带	0.90～0.91	<0.01～0.03	30～35	300～660	2.7～11.0
尼龙捆扎带	1.14～1.15	1.5	70～80	40～80	5.2～22.0

4. 复合材料捆扎带

复合材料是指在纯塑料中加进一定比例的玻璃纤维来提高捆扎带的性能和强度的一种由多种材料组合的捆扎材料。这种捆扎带比纯塑料捆扎带有更高的抗拉强度、抗冲击强度和温度适应性。例如在尼龙中用玻璃纤维增强后提高了刚性、耐磨性、抗拉强度和抗冲击强度，尺寸稳定性得到改善。又如在聚酯塑料中用30%的玻璃纤维增强后，其性能与强度类似于热固性树脂，明显地提高了捆扎材料的机械强度、尺寸的稳定性和高温时的耐蠕变等性能，特别是具有了优异的抗冲击强度。因此，用玻璃纤维增强的塑料复合材料捆扎带更适合作为质量大、体形大、高张力的物资集装件的捆扎材料。

三、常用捆扎方法

物资集装件的常用捆扎技术是指应用普通的捆扎材料、工具和方法，将散件裸装和运输包装的物资经过捆扎工艺而形成集装件的一种技术方法。

常用捆扎技术的特点是，捆扎材料就地易取，捆扎工具因陋就简，捆扎方法简易方便和捆扎操作工艺过程省工、省时、省费用。

常用捆扎技术所使用的捆扎材料中，金属捆扎材料仍然占有很大的比例。这是因为这种捆扎材料具有优异的强度、弹性、韧性等机械性能，其共同特性是在大气环境条件下易受锈蚀。这种锈蚀既有受空气中的氟、二氧化硫、盐雾等气体作用下引起的化学锈蚀，也有金属表面组织状态不均匀、金属加工造成的内应力不均匀以及金属不同部位氧气浓度不均匀而产生腐蚀微电池的电化学锈蚀。为了防止金属捆扎材料在运用过程中引起化学和电化学锈蚀，要选用已镀锌的铁丝和经氧化、磁化处理的钢带。

运用经处理的金属捆扎材料、非金属捆扎材料以及夹具、索具，通过捆扎操作工艺而形成的物资集装件，在运用过程中不仅能充分发挥集装件的盛装性、保护性、便利性和识别性的可靠功能，而且更有效地体现了物资集装化运输的优越性。

物资集装件的集装方法要随着物资的形态、形状和包装状况的不同而使用不同的捆扎技术方法。目前在现场常用的捆扎技术方法可以归纳为简易捆扎法、支垫捆扎法和托盘捆扎法等。

（一）简易捆扎法

简易捆扎法是常用捆扎技术方法中最简单的一种，它只需要用捆扎材料通过手工捆扎器将物资捆束成一个整体即可,如图 5-1 所示。

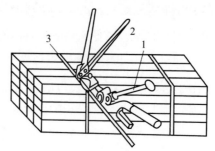

图 5-1 简易捆扎法示意图

1—拉紧器;2—封固器;3—捆扎带

这种捆扎技术方法使用捆扎材料少,成本低,捆扎操作工艺简便,运用非常广泛,可以用来捆扎各种线材、钢窗、盘元、轮胎、线轴、弯头等。所使用的捆扎材料有铁丝、热冷轧钢带、合成纤维编织带和塑料捆扎带等。

(二)支垫捆扎法

支垫捆扎法是选用一定的材料或器材作为捆扎物资的支座,使物资集装件的底面与地面形成一定高度的空间,为机械化装卸创造便利条件。由于支垫的用材不同,有专制支垫与自货支垫之分,而自货支垫又有自货组垫和自货铸垫之分。

1. 专制支垫捆扎法

这种捆扎方法要求按集装件宽度规格预先制好专用的支垫,支垫可根据集装件重量的不同而采用槽钢、木材、菱镁混凝土等材料制成。支垫的高度可根据叉器插入、钢丝绳伸进来确定,一般可在 50~75 mm。对于怕磨货件,在捆扎时要采用防磨措施。捆扎工艺必须良好,捆扎效果必须紧固、可靠,这样才能防止在运输过程中由于振动冲击而导致捆扎松散、窜动现象发生。该捆扎法示意图如图 5-2 所示。

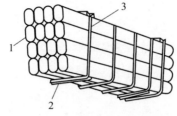

图 5-2 专制支垫捆扎法示意图

1—钢管;2—支垫;3—捆扎材料

2. 自货组垫捆扎法

其特点是支垫由物资本身的器件构成,这样不但省工、省料,而且支垫材料不需要回送运输。但是,这种捆扎法的必要条件是集装物资本身具有作支垫规格的货件。例如金属锌锭自重为 22 kg,规格为 420 mm × 210 mm × 80 mm,因此,每块锌锭作为货件具备了作支垫的条件,用三块平行放置的锌锭作为支垫,然后其上将锌锭正反排列并互相交错压缝,放置 7 层,再用钢带十字交叉的方法进行捆扎,如图 5-3 所示。现场采用自货组垫集装件的规格如表 5-3 所示。

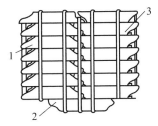

图 5-3 自货组垫捆扎法示意图

1—锌锭;2—锌锭垫;3—捆扎钢带

表 5-3 自货组垫集装件规格

种类	单件		集装件	
	规格/ (mm × mm × mm)	质量/kg	规格/ (mm × mm × mm)	质量/kg
锌锭	420 × 210 × 80	22	840 × 630 × 640	1 000
铝锭	600 × 120 × 80	10	1 200 × 750 × 650	1 000
大刀片	800 × 300 × 60	20	1 000 × 1 000 × 600	1 500
钢板切头	—	—	1 000 × 1 000 × 500	4 000

3. 自货铸垫捆扎法

这种捆扎法的特点是物资自身并不具有作支垫的条件,但改变原材料的形体并不影响其质量或使用价值,特别是铝锭、锌锭、锡锭、铅锭、镍锭等金属锭,都是冶炼浇铸而成的块状原材料件。因此,金属锭在浇铸时,特意设计并浇铸一部分带有支垫的铸件作为金属锭集装件的专用底座,以专用底座铸件为基础,逐层按交错压缝方法码置金属锭,再用钢带以井字形技术捆扎法进行整体捆扎而形成一定规格和质量的金属锭捆扎集装件。例如，铝锭单件规格为 600 mm×120 mm×80 mm，带有支垫铝锭而构成铝锭集装件的规格为 1 200 mm×480 mm×1 000 mm，质量为 1 000 kg，如图 5-4 所示。

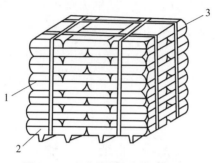

图 5-4　自货铸垫捆扎法示意图

1—金属锭；2—金属铸垫；3—捆扎钢带

（三）托盘捆扎法

利用托盘运载货件存在的主要问题是货件不稳定，特别是装卸、搬运作业中产生的振动冲击可使货件散落、倒塌而造成作业不便，甚至使物资损坏。因此，应采用捆扎技术来保持货件在托盘上放置位置的稳定性。

1. 普通物资托盘集装件捆扎法

首先选择技术状态良好的托盘，可将各种箱装、桶装、袋装、罐装、筐装的货件用品字形、重叠形等方法稳固地放置，然后使用合成纤维捆扎带、金属捆扎带等捆扎材料在托盘集装件的纵向、横向进行数道捆扎，以使货件连同托盘捆扎在一起，形成一个牢固的整体，从而为托盘集装件的运输、装卸、搬运码放和清点交接作业创造便利的条件。普通物资托盘集装件捆扎法示意图如图 5-5 所示。

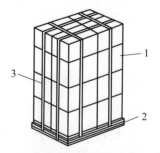

图 5-5　普通物资托盘集装件捆扎法示意图

1—货件；2—托盘；3—捆扎带

2. 炭黑托盘集装件捆扎法

炭黑是一种黑色粉末状的物资,极易从包装中渗漏,如果采用的包装不适宜或不牢固,则容易破包撒漏,造成运载车辆、场库和作业环境的污染,特别是会对作业人员的健康造成危害。

据统计,其破损率高达7%~8%。后来除了改进包装外,将炭黑集装件裹覆在塑料外罩中,再用尼龙捆扎带纵向、横向按需要捆扎数道,从而形成一个质量为1 000 kg、规格为1 300 mm×1 100 mm×1 300 mm的炭黑集装件。据调查,其破损率可降低到1%以下,并且大大改善了运输作业环境条件。炭黑托盘集装件捆扎法示意图如图5-6所示。

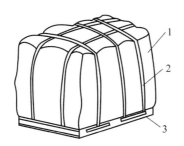

图5-6 炭黑托盘集装件捆扎法示意图

1—塑料罩;2—捆扎带;3—托盘

托盘物资集装件的定型质量为1 000 kg,其长度、宽度以托盘的规格为准,如超过托盘标准时,则每边的超出量不得大于15 mm,每件托盘集装件的高度以不大于1 300 mm为准。这样,可在栅车内码放两层,能够提高货车的静载重。一次性托盘集装件规格如表5-4所示。

表5-4 一次性托盘集装件规格

种类	单件/ (mm×mm×mm)	集装件/ (mm×mm×mm)	种类	单件/ (mm×mm×mm)	集装件/ (mm×mm×mm)
纸箱装 台钟	690×490× 30	980×690× 1 300	纤维板箱 装剪裁机	710×230× 330	1 170×690× 1 090
纸箱装 鱼肝油	460×270× 260	1 080×940× 1 120	木箱装 电焊条	370×180× 330	1 000×960× 1 550

续表

种类	单件/ (mm×mm×mm)	集装件/ (mm×mm×mm)	种类	单件/ (mm×mm×mm)	集装件/ (mm×mm×mm)
木箱装散热器	735×540×240	1 050×730×1 150	柳条筐装铸石板	450×250×300	1 100×800×600

不论是手工还是机器捆扎，操作过程都相同。先将捆扎带绕于物资上，再用工具或机器将带拉紧，然后将带的两端重叠连接。绕带几乎全是沿着物资的高度方向进行，也就是铅垂方向。小纸箱绕1道，或平行绕2道，也可绕成十字形的2道，较重较大的包装件或物资，沿宽度方向绕2~3道，必要时再沿长度方向绕1道。重型物资集装件可绕成井字形4道或更多。捆扎带两端的连接方式有三种：

（1）用铁皮箍压出几道牙痕连接，用于钢带捆扎重型木箱或物资，也可在手工捆扎塑料带时使用。因牙痕不切开，故对接头强度不削弱。

（2）用铁皮箍切出几道牙痕并间隔地向相反方向弯曲而连接，主要用于钢带捆扎重型物资集装件。

（3）用热黏合连接：在用机器捆扎塑料带时广泛采用。当捆扎时，经过绕带、拉紧过程后，用加热器将塑料带加热熔化一端，然后压紧冷却，即完成连接。

第二节　热收缩捆扎膜

热收缩捆扎膜，是近年发展起来的一种新技术，使物资集装件的捆扎技术提高到现代化的水平。

一、热收缩捆扎膜概述

热收缩捆扎膜形成物资集装件的方法，是首先将物资按一定规格在托盘、滑板等集装器具上码放，然后垫上塑料捆扎薄膜罩，再送进烘箱、烘道加热、冷却而形成整体的热收缩塑料薄膜捆扎的物资集装件。

热收缩捆扎膜的生产通常采用挤出吹塑或挤出流延法生成厚膜,然后在软化温度以上、熔融温度以下的一个高弹态温度下进行纵向和横向拉伸,或者只在其中的一个方向上拉伸定向,而在另一个方向上不拉伸,前者叫双向收缩拉伸膜,而后者叫单向收缩膜。也就是说,收缩薄膜塑料利用拉伸技术和冷却工艺制成,将薄膜塑料在高弹态温度范围内拉伸取向,并用冷却办法使薄膜塑料中由于拉伸所引起的内应力定向储存起来,在实施捆扎技术时,经瞬间外部加热条件下,引起薄膜塑料内部热分子运动,使内应力弹性恢复,从而使薄膜塑料具有热收缩的特性。收缩捆扎技术就是利用薄膜塑料的热收缩性能,并经冷却后达到捆扎集装件的目的。

收缩薄膜分片状和筒状两类。片状薄膜是先制成片状,然后分别沿薄膜的纵轴和横轴方向进行拉伸,称为二次拉伸法,或者同时进行两个方向的拉伸,称为一次拉伸法;筒状薄膜是先制成筒状,然后进行二次拉伸或一次拉伸。

收缩薄膜的主要技术性能指标有收缩率与收缩比、收缩张力、收缩温度和热封性。

(一) 收缩率与收缩比

收缩率包括纵向和横向两个方向的收缩率。收缩率是指收缩薄膜在收缩前后的长度或宽度之比。其测定方法是,首先量得薄膜塑料的原始尺寸 (L_1、W_1),然后将薄膜塑料浸放到 120 ℃的甘油中停留 1~2 s,再取出用冷水冷却,并测量其尺寸 (L_2、W_2),分别计算收缩率 (β_L、β_W),其计算方法为

$$\beta_L = \frac{L_1 - L_2}{L_1} \times 100\% \tag{5-1}$$

$$\beta_W = \frac{W_1 - W_2}{W_1} \times 100\% \tag{5-2}$$

式中,L_1、W_1 分别为收缩前薄膜塑料的长度、宽度 (mm);L_2、W_2 分别为收缩后薄膜塑料的长度、宽度 (mm)。

目前,在捆扎技术中所使用的收缩薄膜,一般要求纵向、横向两方向的收缩率要相等,一般收缩率 $\beta = 30\% \sim 50\%$,但也有要求单向收缩率小于 30% 的。在特殊情况下,也有单向收缩的,收缩率 $\beta = 25\% \sim 50\%$。纵向和横向收缩率不相

等的薄膜称为偏延伸薄膜,而其不等收缩率的比值称为收缩比。偏延伸薄膜的收缩比一般在 0.5~1.0 的范围内。

(二) 收缩张力

收缩张力是指薄膜塑料在收缩时施加给被集装物的力。在一定的收缩温度下所产生的收缩张力,与内装物的保护性能有着密切的关系。对于刚性大的内装物可以施加较大的张力,但对于易碎性大的内装物就不宜施加过大的张力,否则会导致内装物变形乃至破损。因此,选择与内装物适宜的收缩张力薄膜对于保护内装物来说是至关重要的,必须选择恰当的收缩张力薄膜。

(三) 收缩温度

收缩温度是指将收缩薄膜加热后达到一定温度,薄膜开始收缩,温度继续上升到一定高度时,薄膜又停止收缩。因此,把薄膜开始收缩到停止收缩范围内的温度称为薄膜塑料的收缩温度。而对于薄膜捆扎集装件来说,集装件在热收缩通道内加热,受热薄膜收缩而产生预定张力时所达到的温度称为该张力下的收缩温度。收缩温度与收缩率有着一定的关系。对于不同的薄膜塑料来说,这种关系是各不相同的。聚乙烯、聚氯乙烯和聚丙烯三种常用的收缩薄膜的收缩温度与收缩率关系特性曲线,如图 5-7 所示。

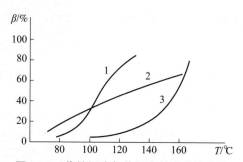

图 5-7 收缩温度与收缩率关系特性曲线

1—聚乙烯;2—聚氯乙烯;3—聚丙烯

在收缩捆扎技术中,收缩温度越低,对于易皱、易碎等物品产生的不良影响越小。

(四) 热封性

热封性是指收缩包装在加热收缩之前对薄膜套、薄膜罩进行施热封口。因此,要求收缩薄膜具有良好的热封性能和足够的热封强度,以保证封口牢固和可靠。收缩作业中，在加热收缩之前，一定要先进行两面或三面热封，而且要求封缝具有较高的强度。

二、热收缩捆扎膜分类

热收缩捆扎膜根据材料的性能，可分为常规型和特殊型两类。

（一）常规型热收缩捆扎膜

目前，用于物资集装件的常规型收缩薄膜塑料有聚乙烯、聚丙烯和聚氯乙烯。

1. 聚乙烯薄膜

聚乙烯薄膜的主要特点是抗拉强度和抗冲击强度较大、热封牢固、破裂现象较少，具备重型包装不可缺少的特点，价格也适中，具有良好的化学稳定性，耐酸、耐碱，但不耐浓硝酸的腐蚀，透水率低，但透气体、蒸汽率较大，长期在光和氯的作用下会发生老化，光泽和透明性较差，最适于物资集装件的热收缩捆扎。在作业中，收缩温度比聚氯乙烯高 20~30 ℃，因此，在热收缩通道后需安装鼓风冷却装置。

2. 聚丙烯薄膜

聚丙烯薄膜的主要特点是相对密度小，抗拉强度、压缩强度、表面硬度和弹性模量等机械性能均较优异，收缩张力强，耐热、耐油和耐潮性能好，几乎不吸水，具有优良的化学稳定性。除了发烟硫酸和强气化剂外，其对大多数介质均不起作用，易加工成型，光泽和透明性均好，与玻璃纸相同，是价格最低的收缩薄膜之一；但其热合温度相当高，处于熔融温度范围，耐寒和热封性能较差，封缝强度低，收缩温度比较高而且范围也窄，对加热装置的精度要求高，常用于家用电器等收缩包装，目前所使用的聚丙烯材料收缩率很低。

3. 聚氯乙烯薄膜

聚氯乙烯薄膜的收缩温度为 40~160 ℃，加热通道温度为 100~160 ℃，热收缩温度较低且收缩温度的范围较大，故加热装置较易保证薄膜良好的收缩效果。热收缩速度快、耐燃自熄、耐磨性能好，有一定的耐腐蚀性能，色泽好，透明美观，透氯率低而透湿大，适于含水分较多的水果、蔬菜的收缩包装，是目前国内应用最广泛、最廉价的材料。其缺点是抗冲击强度低，热稳定性差，受热引起不同程度的分解，会分解出一种臭气，封口强度差，在低温下变硬变脆，薄膜易断裂，可用作日用及轻纺工业品的热收缩捆扎材料。因为聚氯乙烯回收难度比较大，一般采用焚烧的方法，但燃烧会产生二噁英，污染环境，所以近年来在欧洲、日本等国已禁止使用。

此外，聚苯乙烯主要用于邮件收缩捆扎，聚偏二氯乙烯用于肉食收缩包装，乙烯-醋酸乙烯共聚物薄膜，抗冲击强度大，透明度高，软化点低，熔融温度高，热封性能好，收缩张力小，被包装物资不易破损，适合带有突起部分的物资或异形内装物的收缩捆扎等，预计会有较大的发展。

常规型热收缩捆扎膜的主要性能和强度如表5-5所示。

表5-5 常规型热收缩捆扎膜的主要性能和强度

指标	聚乙烯	聚乙烯（延伸）	聚丙烯	聚氯乙烯
薄膜形状	筒状薄膜	筒状薄膜	片状薄膜	筒状薄膜
相对密度	1.05	0.92	0.90	0.3~1.4
厚度/μm	10~100	30~300	12~14	13~200
最大宽度/mm	1 600	200	1 200	2 000
透明度	半透	半透	半透	透
抗拉强度/$(kg \cdot mm^{-2})$	750~850	160~300	1 100~1 400	400~1 100
抗冲击强度/$(kg \cdot cm \cdot cm^{-2})$	7~11	4~6	1~3	12~20
最大收缩率/%	70	60	—	60
耐撕强度（肖式法）	15	—	250~300	3~100
耐撕强度（埃式法）	—	20~90	—	5~15
耐撕性/$g \cdot m^{-2} \cdot (24 h)^{-1}$	—	40~100	30~50	300~1 500
耐油性	优	良	优	优
透蒸汽率/$g \cdot m^{-2} \cdot (24 h)^{-1}$	8~15	18	8~10	50

续表

指标	聚乙烯	聚乙烯（延伸）	聚丙烯	聚氯乙烯
收缩温度/℃	100~130	80~130	—	40~60
隧道温度/℃	120~140	160~180	120~180	100~160
热封温度/℃	160~180	125~170	170~210	140~200
最高使用温度/℃	110	80~110	120	90
最低使用温度/℃	-50	-50	0	—

（二）特殊型热收缩捆扎膜

随着生产技术的不断发展以及捆扎膜用途的特殊需求，对热收缩薄膜提出了更高更新的要求，人们已研究和生产出各种具有特殊功能的热收缩薄膜。

1. 具有凹凸褶皱的热收缩薄膜

此类薄膜由 A、B 两层薄膜树脂组成，为一复合薄膜，当其加热收缩时能够形成凹凸褶皱，这种薄膜材料既具有良好的阻隔性能，又具有良好的防振、防滑和缓冲作用。

这种热收缩薄膜形成凹凸褶皱的原理为：薄膜中的 A 层或 B 层曾经在适当的温度中拉伸过，另一层没有拉伸，当复合薄膜被加热至一定温度时，被拉伸过的一层则发生收缩，而另一层几乎不收缩，因此就形成了褶皱；或者两层树脂都经过拉伸，均具有热收缩性，但收缩温度不同。常见塑料薄膜的适宜拉伸温度如表 5-6 所示。

表 5-6　常见塑料薄膜的适宜拉伸温度

聚合物	可收缩拉伸温度/℃	聚合物	可收缩拉伸温度/℃
EVA（醋酸乙烯质量含量 20%）	60~80	LDPE	100~110
EVA（醋酸乙烯质量含量 10%）	80~105	HDPE	115~130
软质 PVA（增塑剂 35%）	60~80	PS	110~120
软质 PVA	80~110	PP	100~140
PET	80~110		

利用不同树脂收缩温度不同的特点,我们只要选择拉伸温度低的树脂作为 A 层,拉伸温度高的树脂作为 B 层,然后在 A 层的适宜拉伸温度范围内进行拉伸。当使用复合薄膜进行加热收缩时,只要将其加热至 A 层拉伸温度以上(此时的温度仍低于 B 层的可收缩拉伸温度),则 A 层受热而收缩,B 层却不能收缩,故而出现褶皱。反之,若以拉伸温度高的树脂作为 A 层,拉伸温度低的树脂作为 B 层,于 B 层的适宜拉伸温度下进行拉伸,则复合薄膜加热时 B 层收缩,A 层不收缩,仍能形成褶皱。下面以 PET/PP 复合膜为例进行介绍,以硅酮接枝聚合的聚酯为 A 层,聚丙烯(熔体指数 MI=1)为 B 层。以 A 为外层,经共挤出法制成管状薄膜,管内径为 5 mm,壁厚为 0.4 mm。把这种未拉伸的管膜在 100 ℃的热水中浸 3 h,使树脂 A 交联,然后在 115 ℃下将管膜吹胀,直径增加 1 倍,所得拉伸塑料管膜的收缩率如表 5-7 所示。A 层的收缩温度为 110 ℃,而 B 层在 110 ℃几乎不收缩。此种塑料管膜收缩后的表面状态如表 5-7 所示。

表 5-7 褶皱型 PET/PP 复合膜收缩率和收缩状态

厚度比(B层/A层)	收缩率/%	收缩后表面状态
0.03	45	内表面光滑
0.05	45	内表面有凹凸褶皱
0.30	27	内表面有少量凹凸褶皱

2. 具有缓冲性的双层泡沫热收缩薄膜

此种热收缩薄膜的特点为既具有热收缩性和防湿性,又具有透明性和缓冲性,在某些方面类似于包装纸,在它的一面有微小的网孔结构,另一面则呈平滑状。其结构为双层组成,其中一层为发泡层,以聚丙烯为主要成分;另一层为非发泡层,是热收缩性树脂层,采用低密度聚乙烯或离子型聚合物。

生产工艺技术为将成型后的薄膜沿纵向、横向各拉伸 3 倍以上,使发泡层中的气泡破裂为网状物,从而得到具有缓冲作用的热收缩包装薄膜。

典型的例子为 PP(发泡)/LDPE 缓冲热收缩薄膜。将含有发泡剂、组成为碳酸氢钠、偶氮二碳酰胺等的聚丙烯 100 份(质量),无规聚丙烯(熔体指数 MI=7.0)100 份,混合组成发泡树脂。用低密度聚乙烯作为非发泡树脂。先将两种树脂分别放在两个挤出机中混炼,然后送入一直径为50 mm的圆筒状共挤出模头挤出,所得到的管膜内层为发泡层,外层为非发泡层。再将此管膜吹胀得到厚为0.130 mm的双层复合层,吹胀比为4.4,拉伸比为5。在吹胀过程中,发泡层中的气泡大部分破裂,形成网目结构,其网孔为椭圆形或圆形,网孔直径为1~4 mm,表面呈凹凸状,而外层与普通塑料薄膜一样平滑、坚韧和透明。

将此薄膜在170 ℃甘油浴中加热试验,其纵向和横向收缩率均为30%。如此将此膜用于纸盒外部的收缩包装,可以得到收缩性好、透明度好,且装饰性好的包装效果。

3. 自动封合的热收缩薄膜

这种热收缩薄膜是一种多层复合薄膜,其特点为在复合时加入了阻隔层,使薄膜对氧气和水蒸气都具有很好的阻隔性,另外,当其被加热到一定温度时,可以依靠膜的收缩作用和内外层薄膜的黏合作用而实现自动封合,具有广阔的使用前景。

以下为四层结构自动封合复合热收缩膜例子。以EVA(Ⅰ)(醋酸乙烯质量含量30%,熔体指数MI=106)与EVA(Ⅱ)(醋酸乙烯质量含量25%,熔体指数MI=17)的混合物作为复合薄膜内层,即自动封合层;以EVA(Ⅲ)(醋酸乙烯质量含量9.0%,熔体指数MI=3)为基层,亦即第二层,将第一层与第二层组分经共挤出法制得复合管膜,其直径为79 mm,自动封合层厚度为0.05 mm,基层厚度为0.380 mm。当次管膜冷却后,以65 000 Gy剂量的电子束辐照,使其交联,然后在基层上涂以聚偏氯乙烯型的涂料构成阻隔层,即第三层,其厚度为0.100 mm。最外一层采用与基层相同的材料,厚度为0.18 mm。将上述得到的四层结构的复合膜放入94 ℃的热水浴中进行吹胀,直至薄膜直径达到305 mm,即得到热收缩性和自动封合性能优良的复合热收缩薄膜。

三、热收缩捆扎方法

热收缩捆扎是应用薄膜塑料的热收缩性能来实现捆扎包装物的一种技术方法。其基本原理是,当薄膜塑料受热后在冷却的过程中,由于薄膜的内应力变化而产生一定比值的收缩力。利用薄膜塑料的这种收缩力,将整个物资集装件牢固地、紧密地捆束成一个整体。

(一) 热收缩捆扎法发展

热收缩捆扎方法始于20世纪60年代中期，到20世纪70年代在一些工业发达的国家中得到广泛的应用，从而得以迅速发展。据统计，西欧各国的运输包装、集合包装中已有15%采用收缩薄膜捆扎技术。如瑞典这个造纸工业十分发达的国家，也将30%的瓦楞纸箱改用收缩薄膜捆扎技术，这说明收缩薄膜捆扎技术与瓦楞纸箱相比具有更多的优越性。我国已开始对于收缩薄膜捆扎技术的研究和运用，首先运用于外贸出口物资的托盘集装件的捆扎，现在已发展到滑板集装件的捆扎。国内其他领域中也开始研究试制热收缩包装机、各种热收缩薄膜；与此同时，在玻璃、陶瓷等包装的托盘集装件的捆扎中，也开始运用热收缩薄膜捆扎方法，并取得了良好的技术经济效果。

热收缩捆扎方法不仅适用于各种规则形状的包装物品，更适用于各种不规则形状的包装物品。经过热收缩薄膜捆扎的集装件具有良好的捆扎效果，捆扎物受力均衡，不松动、不窜动，能实现充分的整体性；对外界环境的阻隔性好，内装物不易受环境条件的影响；能简化捆扎作业的操作过程，能降低捆扎操作工人的劳动强度，易实现捆扎操作过程的自动化；能缩小集装件的体积、减轻集装件的总重、减少捆扎材料使用量，从而也可降低形成集装件的成本。

(二) 热收缩捆扎装置

热收缩捆扎装置是指对已将裹包或套罩在集装件上的收缩薄膜塑料进行加热，薄膜塑料因受热、冷却收缩而形成薄膜捆扎的整体牢固集装件的一种技术装置。热收缩捆扎技术装置，可按结构、热源和输送装置的不同来分类。按技术装置的热源和供热方式不同，分为热空气加热、蒸汽加热、红外线加热、电热板加热、电脉冲加热、高频加热以及超声波热封和磁感应热封等各种形式。按技术装置输送集装件机构不同分为辊子输送装置、耐热皮带输送装置和金属结构输送网装置等各种形式。按使用方法不同可以分为手工热收缩和机械热收缩两种。下面介绍常见的热风喷枪、热收缩烘箱和热收缩隧道。

1. 热风喷枪

热风喷枪是以电或液化石油气为热源，用人工手提着对集装件的薄膜罩逐面进行热吹风，使薄膜受热收缩而形成薄膜塑料捆扎集装件的一种热收缩捆扎技术装置。手提式热风喷枪如图5-8所示。以电为热源的电功率较小，约为2 kW，适用于中小物品的包装，而以液化石油气为热源的热风喷枪则适用于物资集装件的捆扎。热风喷枪使用方法简单、迅速，主要是针对不适合用机械包装的包装件。使用热功率为 1.5×10^8 J/h 的喷枪，包装一件体积为 2 m³ 的物资，热收缩只需要 2 min。所用设备除了热风喷枪外，只需要一个液化气罐即可。这种方法既方便又经济，值得在国内推广。

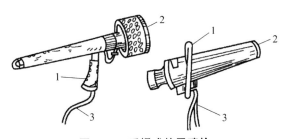

图 5-8 手提式热风喷枪

1—提手；2—热风喷口；3—电线

2. 热收缩烘箱

热收缩烘箱，也称为热收缩烘炉，主要由烘箱箱体、加热装置、热循环装置、温度监控装置和辊子输送装置等组成。烘箱为单向开门，箱门结构有推拉式和旋转式两种。旋转式箱门结构的热收缩烘箱装置如图 5-9 所示。

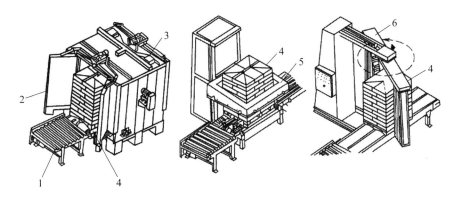

图 5-9 旋转式箱门结构的热收缩烘箱装置

1—辊子输送装置；2—旋转式箱门；3—烘箱箱体；4—收缩薄膜集装件；
5—移动式烘箱；6—旋转式烘箱

热收缩烘箱既可以用电，也可以用煤、油、液化石油气作为产生热气流的热源。用煤、油、液化石油气作为热源时往往要通过热交换器间接加热，以免用热门直接加热时,产生水蒸气形成水滴附着在薄膜内侧而影响包装质量。

在使用这种热收缩薄膜捆扎装置时,首先开动烘箱加热装置加热升温,使烘箱内温度达到预定的要求,再将用薄膜塑料裹包或套罩好的物资集装件用叉车放置在辊子输送带上,打开烘箱门,把集装件推进烘箱内进行加热。加热温度一般在 $80 \sim 250$ ℃ 的范围内,加热时间视收缩薄膜的厚度而定,一般在 $20 \sim 60$ s。当薄膜自身的温度达到 105 ℃ 左右时,薄膜塑料就会发生纵向和横向的急剧收缩,此时,打开烘箱门,取出物资集装件,冷却一段时间后,即形成热收缩薄膜捆扎集装件。

热收缩烘箱有固定式的,也有移动式的。固定式热收缩烘箱安装在固定位置实施捆扎技术;移动式热收缩烘箱可放置在专用汽车上,根据需要运送到实施捆扎技术的场所进行热收缩捆扎技术作业。

3. 热收缩隧道

热收缩隧道,也称为热收缩烘道。热收缩隧道根据自动生产线上自动化水平不同,其装置也有所不同。在全自动生产线上形成热收缩薄膜捆扎集装件时,其装置包括物资包装装置、集装器具准备装置、物资集装件形成装置、薄膜塑料罩放装置、双向开门装置和冷却装置以及与所有装置相连接的皮带、辊子输送带装置等。在一般情况下,实施物资集装件热收缩捆扎技术时,热收缩隧道的基本装置应包括集装器具的集存装置、物资集装件形成装置、薄膜塑料罩放装置、双向开门热收缩隧道装置、冷却装置以及连接上述各种装置的辊子输送带装置等,如图 5-10 所示。

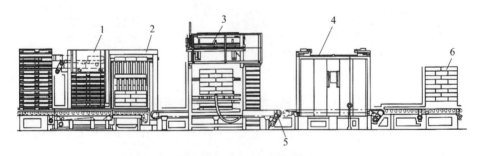

图 5-10 热收缩隧道装置

1—托盘输送装置;2—码盘装置;3—薄膜裹包装置;4—热缩隧道;
5—输送带;6—成型集装件

热收缩烘道是以电为能源，由电动机带动风机将发热元件的热气流吹到裹包的物资集装件上，也可采用红外灯为热源，直接照射裹包的物品，薄膜吸收辐射热而收缩。

热收缩烘箱和热收缩隧道属于机械热收缩装置。机械热收缩作业工序一般分两步进行。首先是用机械的方式对物资进行预裹包，即用收缩薄膜将物资包装起来，热封必要的口与缝，然后是热收缩，将预裹包的物资放到热收缩设备中加热。

预包装时，薄膜尺寸应比物资尺寸大 10%~20%。如果尺寸过小，则填充物品不便、收缩张力过大，可能将薄膜拉破；尺寸过大则收缩张力不够，包不紧或不平整。所用收缩薄膜厚度可根据物资大小、重量以及所要求的收缩张力来决定。对于物资集装件，一般采用一端开放式裹包。这种裹包方式是将物品堆积于托盘上，作为运输包装用。它的工艺方法大多采用将收缩包装薄膜，经制袋装置预制成收缩包装所用的包装袋（收缩包装袋比所要包装的托盘堆积物尺寸大 15%~20%）。裹包时，先将包装袋撑开，而后套入托盘和堆积物，无特殊密封要求时，下端开放不封合，然后带托盘进行热收缩。用托盘收缩包装是运输包装中发展较快的一种方法，主要特点是物资可以以一定数量为单位，牢固地捆扎起来，在运输中不会松散，能在露天堆放。

在热收缩捆扎中，被捆扎物资用热收缩薄膜材料按要求完成裹包后，被运送到热收缩装置中。热收缩过程是：将预包装件放在输送装置上，输送装置以规定速度运行，将其送进加热室，利用热空气吹向包装件进行加热，热收缩完毕后离开加热室，经冷却装置冷却后形成成型的集装件。加热室是一个箱形装置，内壁装有隔热材料，其中有加热通风装置和恒温控制装置。通常有两个门，一进一出，由热循环风机吹出的风经过加热器加热成热风，经过吹风口吹向物资集装件。要恰当地配置出风口，并合理选择风境和风速，使集装件各部分大致能同时完成收缩。为加热收缩过程保证均匀收缩，热风采用强制循环。加热室的温度采用温度自动调节装置来控制，使热空气的温度差不大于 ±5 ℃。

收缩薄膜不论采用何种加热装置，为保证薄膜收缩良好，加热装置的温度要均匀，且使薄膜加热时温升要快，迅速达到薄膜的收缩温度。

(三) 热收缩捆扎优缺点

热收缩捆扎能得到广泛而迅速的发展，主要原因是它具有很多优点，具体包括以下几点：

(1) 能捆扎一般方法难以捆扎的异形物资。

(2) 收缩薄膜经收缩后紧贴物资。

(3) 由于收缩比较均匀，材料有一定的韧性，棱角处不易撕裂，而且收缩薄膜的抗撕裂强度大，一般不小于 40 kN/m，当收缩薄膜上出现孔洞时，不会扩大和撕开，有利于保护物资集装件。

(4) 利用收缩的性质可以很方便地把零散的小件物资捆扎在一起。

(5) 密封、防潮、防污染，可在露天堆放，节省仓库面积，既牢固又方便。

(6) 包装工艺和设备简单，有通用性，便于实现机械化，节省劳力和包装费用。

(7) 收缩捆扎不仅将物资集装件紧固在一起，而且薄膜本身具有缓冲性和韧性，能防止运输过程中因振动和冲击损失物资。

(8) 体积庞大的物资，可采用现场收缩捆扎方法，工艺和设备都很简单，如包装赛艇和小轿车等。

但是由于热收缩捆扎需要热收缩通道，能源消耗、占用投资和面积均较大，实现连续化、高速化生产比较困难。

第三节　拉伸捆扎膜

拉伸捆扎膜形成物资集装件的方法，是借助于拉伸包装机械，将按一定规格码置在集装器具上的货件用拉伸塑料捆扎薄膜缠绕而形成整体的物资集装件。

一、拉伸捆扎膜概述

拉伸捆扎是利用机械张力的作用，将薄膜围绕物资进行拉伸，由于薄膜经拉伸后具有自黏性和弹性，会牢牢将物资裹紧成为一个整体。薄膜由于要经受连续张力的作用，所以必须具有较高的强度。除了对静电敏感的电子组件和易着火的器材外，拉伸捆扎几乎适用于一切物资的运输包装，因为拉伸捆扎可以节省设备投资和材料、能源方面的费用。拉伸捆扎与热收缩捆扎一样,也是很有发展前途的捆扎技术。拉伸薄膜材料的性能包括自黏性、韧性、伸长性、许用拉伸力和应力滞留性等。

(一) 自黏性

拉伸薄膜材料的自黏性,是指拉伸薄膜塑料相互接触时产生一种粘贴的性质。自黏性会使拉伸薄膜塑料在缠绕、裹包物资集装件时,薄膜相互间紧牢粘贴,从而不会产生散件、窜动现象,能保证薄膜捆扎的可靠性。而拉伸薄膜的自黏性又易受外界环境介质中的湿度、灰尘和污染物等多种因素的影响。拉伸薄膜获得自黏性的方法有两种,其一是在加工制造拉伸薄膜时,要保证表面光滑,而且应具有光泽;其二是在拉伸薄膜中增加粘贴性添加剂的剂量,使拉伸薄膜表面产生润滑效果,强化薄膜塑料的粘贴性能。考虑到受湿度、灰尘和材料刚性的影响,为了避免装货托盘靠在一起时薄膜的相互粘连,单面粘贴的薄膜应用越来越广。

(二) 韧性

拉伸薄膜材料的韧性是拉伸薄膜的抗戳穿性和抗撕裂性的综合性能。薄膜的抗撕裂能力是指拉伸薄膜受到张力并被戳穿时的抗撕裂程度。抗撕裂度的危险值,一定要取与拉伸机操作方向相垂直的横向值。因为拉伸薄膜横向撕裂时,容易致使拉伸薄膜捆扎件松散、解体;而拉伸薄膜纵向撕裂时,集装件的拉伸捆扎仍能够保持一定的坚固性,而不致发生散件、解体的现象。

(三) 伸长性

拉伸薄膜的伸长性是指拉伸薄膜承受拉力后产生弹性伸长的能力。拉伸薄膜的纵向拉伸会使薄膜塑料厚度变薄、宽度缩短,从而使纵向拉伸薄膜能达到坚实地捆扎好集装件的目的。虽然纵向拉伸是有益的,但是过度拉伸常常是不可取的。因为过度的拉伸不仅会使薄膜过薄而失去弹性,甚至会发生塑性变形,从而致使薄膜产生撕裂。同时,对于捆扎集装件来说,可能由于作用的张力过大而受到损坏。

(四) 许用拉伸力

拉伸薄膜的许用拉伸力是指在一定使用条件下,薄膜塑料能保持各种性能而向捆扎件所能施加的最大拉伸力。许用拉伸力因用途的不同而有所差异。当然,在允许的条件下，所取的许用拉伸力值越大，薄膜拉伸越薄，则所需要的薄膜塑料越少，因此，所支付的捆扎技术成本费用越低。

（五）应力滞留性

拉伸薄膜的应力滞留性是指薄膜在拉伸捆扎过程中，对薄膜塑料施加的张力能保持的程度。对不同的拉伸薄膜来说，应力滞留程度是不同的。例如，低密度聚乙烯薄膜的应力滞留程度是将该薄膜的原始长度拉伸至130%，在16 h中，可松弛到60%~65%，而同样的条件下，聚氯乙烯薄膜只松弛到25%。

拉伸薄膜除了上述各种性能外，还有光学性能、热封性能、耐磨性能等，可能对某些特殊包装件是重要的，要根据需要来选定。

此外，在选择拉伸薄膜时还应考虑以下因素：

（1）拉伸薄膜具备的重要性能是较高的拉伸率、最小的幅宽收缩、较高的纵向极限抗拉强度、高戳穿强度、高耐剪切性、低应力松弛和良好的黏性等。这些性能主要取决于基本树脂和添加剂的结合。

（2）适宜的环境温度。较高的环境温度会引起拉伸薄膜松弛和失去在标准条件下所具备的保持力。在标准条件下，在包裹后的24 h之内，低密度聚乙烯、线性低密度聚乙烯薄膜能保持原来保持力的65%，而聚乙烯在常温下只能保持大约25%。低温能降低黏性、韧性和拉伸等性能。一般大多数薄膜适合在 –29 ~ 54 ℃使用。

（3）湿度适应性。在高湿度环境下有时能提高薄膜的黏性，这是因为某些增黏剂就是靠吸收大气中的湿气而发挥作用的。所以，如果两个光滑表面之间有湿气，则很难将两层薄膜分开。在低湿度下能形成较高的静电黏性。在储存过程中，这种静电黏性是靠不住的，这是因为静电荷会随时间而消失。为了提高湿度适应性，一些薄膜厂家生产复合拉伸薄膜，在其单面涂覆了增黏剂以提高黏性。

（4）薄膜生产厂家。我们必须知道大批供货的薄膜性能应与薄膜样品预试验和质量鉴定结果完全一致。因为在实际的拉伸设备上，薄膜所遇到的应力和速率不一定与试验设备的完全相同。实际的裹包和运输试验应当用真实的设备和真实的物资来进行，并对不同薄膜进行比较，从而决定选择哪种薄膜。

目前，使用拉伸薄膜的种类有聚氯乙烯薄膜、乙烯/醋酸乙烯共聚物薄膜、低密度聚乙烯薄膜和线性低密度聚乙烯薄膜等。其中聚氯乙烯薄膜使用最早，成本最低，自黏性甚佳，拉伸和韧性均好，但应力滞留性差。对于乙烯/醋酸乙烯共聚物薄膜，常用的含醋酸乙烯 10%～12%，自黏性、拉伸、韧性和应力滞留性均良好，能满足纸袋、塑料编织袋、瓦楞纸箱和木夹板包装物资的旋转缠绕裹包要求。线性低密度聚乙烯薄膜是 1979 年出现的，比聚氯乙烯和乙烯/醋酸乙烯共聚物薄膜晚，但综合特性最好，因此是目前使用最多的一种拉伸薄膜。吹塑的线性低密度薄膜的自黏性比聚氯乙烯和乙烯/醋酸乙烯共聚物薄膜略差，但挤出的薄膜则相同。用上述材料制成的拉伸薄膜的最终性能，取决于所用原料的质量和加工工艺。在选用拉伸薄膜塑料时，要根据实际需要，综合比较各种不同拉伸薄膜塑料的性能和质量，以保证拉伸薄膜捆扎技术的可靠性。由于拉伸薄膜具有质量轻和成本低的特点，因此迅速得到广泛应用。拉伸薄膜塑料的性能参数如表 5-8 所示。

表 5-8　拉伸薄膜塑料的性能参数

种类	自黏性	抗戳穿强度/Pa	拉伸性/%	抗拉强度/MPa
聚氯乙烯薄膜	25	0.240	130	550
乙烯/醋酸乙烯共聚物	15	0.255	160	824
低密度聚乙烯	15	0.214	66	137
线性低密度聚乙烯	55	0.412	180	960

二、拉伸捆扎膜分类

就制造方法而言，拉伸捆扎膜可分为平挤薄膜和吹塑薄膜。平挤薄膜和吹塑薄膜之间有两个影响拉伸薄膜性能的主要不同点。其中之一是由于所用的冷却和固化熔融塑料的方法不同，平挤薄膜是一个或多个高度抛光并含有循环冷却液的辊快速冷却，而吹塑薄膜则不能迅速冷却，通常是用高速空气冷却。平挤薄膜与用同样材料吹塑制成的薄膜相比，具有更均匀的厚度和较高的黏性和透明度。另外一个不同之处是它们的分子取向，平挤薄膜在生产过程中沿机器方向（纵向）已进行一定程度的拉伸，我们称之为单轴取向，其纵向极限抗拉强度大于横向抗拉强度。因此，横向的拉伸蔓延撕裂性较强，这就减少了裹包、储存和运输中的破损。而吹塑薄膜生产中是在纵横两个方向上拉伸，我们称之为双向取向，这种膜抗横向蔓延撕裂性小，容易破损。

目前，国内外普遍使用的是共挤膜。它是由两层或多层同时共挤，使多层膜在熔融状态下相互接触，并通过冷却后永久地黏合在一起。这种方法为树脂和添加剂的结合提供了很多机会，提高了薄膜性能，使薄膜拉伸率提高 200%~300%，成为拉伸包装的首选薄膜。

国际上拉伸薄膜市场大体趋向三种类型。对于需要量比较少的第一类应用，使用低拉伸率薄膜，其拉伸率为 0~75%。这些薄膜被用来包裹规则、不规则或任意形状的货载，裹包时使用速度较慢的拉伸包装机。由于受设备的限制，30%的拉伸率都很难做到。近年来，随着设备的发展，在第二类应用中，薄膜拉伸率高达 120%，不规则的任意形状的货载，包括重物或能位移的物资都倾向于使用这类拉伸裹包。此类的典型设备是半自动高速缠绕机。第三类应用是高性能的，薄膜拉伸率高达 300%，有的更高。其典型设备为配有传动带的全自动高速缠绕机，发展趋势是薄拉伸膜取代厚膜。20 世纪 70 年代标准拉伸膜厚度为 25 μm，而现在是 20 μm，有的达 13 μm。今后，随着新型添加剂和基体树脂以及拉伸设备的登场，将生产出更高性能的拉伸薄膜，共挤出薄膜将继续作为螺旋缠绕薄膜被广泛使用。

三、拉伸捆扎方法

拉伸捆扎是利用薄膜塑料的张力性能来实现集装件捆扎的一种技术方法。其基本原理是，当薄膜塑料被拉伸变形后，在弹性变形范围内，具有收缩恢复到原来长度的性质。薄膜塑料的这种变形量越大，说明其弹性越好。薄膜塑料能够承受拉伸力作用的能力是由弹性模量表示的。弹性模量（E）值越大，在弹性变形范围内能够承受的外力越大。在常温下钢的弹性模量为 19 000~22 000 kg/mm^2，而拉伸薄膜塑料聚氯乙烯的抗拉弹性模数为 24 000~42 000 kg/mm^2，这说明薄膜塑料具有足够的承受拉力的能力。利用薄膜塑料的这种弹性恢复力，借助于拉伸包装机械，将按一定规格码置在集装器具上的货件用拉伸塑料捆扎薄膜缠绕而形成一个整体的技术，称为拉伸薄膜捆扎技术。拉伸薄膜捆扎技术主要用于托盘集合包装，有时也用于无托盘集合包装。

（一）拉伸薄膜捆扎法发展

拉伸薄膜捆扎方法于1940年在美国采用。20世纪70年代，自聚氯乙烯拉伸薄膜塑料运用于拉伸捆扎技术以来，拉伸薄膜捆扎技术有了迅速发展，广泛地运用于销售包装、运输包装和物资集装件捆扎技术中。因此，拉伸薄膜塑料被认为是一种具有广泛发展前途的捆扎技术材料，并且提高了捆扎技术的现代化水平。

拉伸薄膜捆扎不同于收缩薄膜塑料捆扎，它不需要薄膜塑料加热装置，可简化设备。因此，可节省设备投资和日常维修费用以及能源的消耗费用。由于捆扎技术作业过程中无须加热，所以消耗的能源只有热收缩捆扎的1/20，可节省大量能源，有利于对热特别敏感的物资的安全捆扎。同捆扎带捆扎相比，可免去护角板，也可避免出现捆扎带勒坏或勒进物资的现象。同时，拉伸捆扎技术的缠绕力是可以准确而有效地控制的，并可分布在整个薄膜的宽度上，因此，拉伸捆扎既可以保证捆扎技术的足够强度，又能提供较好的保护作用，防止内装物出现挤碎现象。还可以选择透明的、染色的或者不透明的拉伸薄膜，以便识别物资，或者使人不容易识别物资以防止偷盗事故的发生。由于拉伸薄膜具有弹性和恢复性，因而经过拉伸薄膜捆扎的物资较能耐冲击力和振动。每个拉伸集装件成本为30~50元，多年运营效果很好，从未发生物资散件、倒塌、湿损或其他货损。

拉伸薄膜塑料捆扎技术的实践表明，拉伸捆扎技术也能全面地体现物资集装件的盛装、保护、便利、识别和销售5种功能。拉伸薄膜捆扎技术的不足之处是由于集装件不能封顶，其防潮防湿性能大为降低。如果用敞车运载或露天堆放，就必须采取防潮、防晒措施，在这方面就不如热收缩捆扎集装件好。同时，拉伸薄膜本身具有自黏性，因此，对拉伸薄膜集装件进行多层堆码时，要采用防黏措施，使上下层集装件不致发生薄膜互黏现象，否则，在作业中可能导致拉伸薄膜破损。

（二）拉伸薄膜捆扎装置

拉伸薄膜捆扎装置是在常温下将弹性拉伸薄膜进行拉伸的过程中缠绕在集装件上，并在缠绕薄膜的末端进行封合、切断的一种捆扎技术装置。在国际上通用的拉伸捆扎技术装置有两种基本类型：一种是集装件旋转式拉伸捆扎技术装置；另一种则是薄膜旋转式拉伸捆扎技术装置。

1. 集装件旋转式拉伸捆扎技术装置

集装件旋转式拉伸捆扎技术装置是将物资集装件放置在拉伸捆扎技术装置的转动台上，使集装件随同转动台一起对着直立式机架上的拉伸薄膜卷筒旋转3~4圈，这样使拉伸薄膜紧紧地缠绕在物资集装件上，物资集装件经拉伸薄膜缠绕捆扎后形成一个整体单元。集装件旋转式拉伸捆扎技术装置又可分为长辊式拉伸捆扎技术装置和短辊式拉伸捆扎技术装置。

（1）长辊式拉伸捆扎技术装置。

长辊式拉伸捆扎技术装置是指拉伸薄膜卷筒的长度与物资集装件的高度相等的一种装置，或者说物资集装件的高度与拉伸薄膜幅面宽度相一致的一种装置。长辊式拉伸捆扎技术装置有手工操作、半自动和全自动的，其基本原理如图5-11所示。

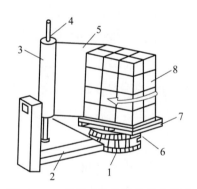

图5-11 长辊式拉伸捆扎技术装置

1—机座；2—机架；3—长辊；4—转动轴；5—薄膜；6—转动台；
7—托盘；8—集装件

使用长辊式拉伸捆扎技术装置进行捆扎的方法适合包装形状方正的物资，既经济，效果又好，可用于普通船装载出口物资的捆扎，20 kg大袋包装，沉重而且不稳定的物资，以及单位时间内要求捆扎效率高的场合。这种方法的缺点是材料仓库中要储备多种幅宽的薄膜。具体的操作方法是将物资放在一个可以回转的平台上，把薄膜端部粘在物资上，然后旋转平台边旋转边拉伸薄膜进行缠绕裹包，转几周后切断薄膜，将末端粘在物资上。

拉伸薄膜的基本方法有两种：一种是用摩擦辊限制薄膜从薄膜卷筒上被拉出的速度，从而拉伸薄膜，一般的拉伸率为 5%~55%；另一种是用两对回转速度不同的辊，薄膜输入辊的转速比输出辊的转速低一些，从而拉伸薄膜，拉伸率一般为 10%~100%。为了消除方形物资捆扎过程中四角处速度突增的不利因素，常装置气动调节器，以保持薄膜拉力均匀。

（2）短辊式拉伸捆扎技术装置。

短辊式拉伸捆扎技术装置是指拉伸薄膜卷筒的长度短于物资集装件的高度的一种装置，也就是说，拉伸薄膜的幅面宽度小于物资集装件的高度的一种装置。因此，利用短辊式拉伸捆扎技术装置来完成物资集装件的拉伸捆扎工艺过程时，就必须使短辊上下往复运动，这样才能完成集装件的拉伸薄膜的捆扎作业。短辊式拉伸捆扎技术装置有手工操作和自动操作的，其基本原理如图 5 – 12 所示。

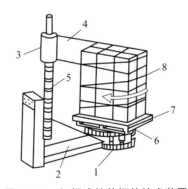

图 5 – 12　短辊式拉伸捆扎技术装置

1—机座；2—机架；3—短辊；4—薄膜；5—螺杆；6—转动台；
7—托盘；8—集装件

短辊式拉伸捆扎技术装置具体的使用方法是用窄幅面薄膜，一般是幅宽为 50~75 cm 的薄膜，自上而下以螺旋线形式缠绕，直到裹包完成，两圈之间约有 1/3 部分重叠。这种方法适合包装堆积较高或高度不一致的物资以及形状不规则或轻的物资。这种方法包装效率较低，但可使用一种幅宽的薄膜包装不同形状和堆积高度的物资。作业过程的具体步骤如下：

（1）将物资堆放在回转平台上，将薄膜从卷筒中拉出，端部粘接在物资上部。然后回转平台带着物资旋转，薄膜一边缠绕，一边同时被拉伸。

(2) 开始操作时，薄膜卷筒位于支柱的顶端，随着薄膜的缠绕，卷筒向下移动，薄膜就在物资表面自上而下形成螺旋式捆扎。

(3) 待物资全部包严后，用切刀切断，用热封板把薄膜端部粘接起来，包装完毕。

这两种拉伸薄膜捆扎装置相比较，长辊式的结构比较简单，消耗的拉伸薄膜比较少。而短辊式的结构比较复杂，所消耗的拉伸薄膜比较多。但是实践表明，短辊式装置拉伸捆扎的技术质量好，捆扎较为牢固，因此适于质量大、体积大的集装件的技术捆扎。这种拉伸捆扎装置还安装了速度补偿器（调节旋转速度）以及自动停车装置（用于防止在开始缠绕拉伸薄膜时产生松动）。

2. 薄膜旋转式拉伸捆扎技术装置

薄膜旋转式拉伸捆扎技术装置，是把薄膜短辊安装在一个用电瓶直流电驱动、有导向和靠轮的小车上，而小车则围绕物资集装件旋转，借以将拉伸薄膜紧紧地缠绕在集装件上，而完成拉伸捆扎技术作业。这种小车旋转很灵活，占地面积很小，可以在不同条件下进行拉伸捆扎技术作业，适于某些不易搬动的集装件的拉伸捆扎。但这种装置的结构复杂，造价较高。

（三）拉伸捆扎优缺点

拉伸捆扎的特点与热收缩捆扎有许多是相同的，因为拉伸捆扎来源于热收缩捆扎，而拉伸捆扎又有许多以下优点是热收缩捆扎没有的。

(1) 不需要热收缩设备，所以节省设备投资、能源和设备维修费用。

(2) 因为不加热，很适合捆扎怕热的物资。

(3) 可以准确地控制裹包力，防止物资被挤碎。

(4) 可以防盗、防火、防冲击和防振动等。

(5) 因为拉伸薄膜非常容易使用，所以捆扎效率将被大大提高。

(6) 拉伸薄膜捆扎将减少薄膜材料的用量，大大降低了捆扎每一件集装件所用薄膜的成本，并减少了资源的消耗。

(7) 薄膜材料的库存也将减少，对于薄膜来讲，一种尺寸适用各种物资。大批量的捆扎材料库存将被淘汰。

(8) 因为拉伸薄膜具有较好的透明度，因此在运输中比较容易辨认所捆扎的物资而不会错运。

但是拉伸捆扎的防潮性比热收缩捆扎差，而且因为拉伸薄膜有自黏性，当许多物资集装件堆在一起，搬运时可能会因粘接而损伤物资。

对比热收缩捆扎和拉伸捆扎的优缺点，如果只从经济角度比较，拉伸捆扎技术比热收缩捆扎技术可节省 20%~30% 的薄膜捆扎材料。但从技术角度则可按下列具体条件进行比较：

（1）对于不需要封顶的集装件，应选择拉伸捆扎方法，这样可节省薄膜捆扎材料，降低捆扎费用。

（2）对需要密封、要求封顶的集装件，应选择热收缩捆扎方法，因为热收缩捆扎技术方法的密封性能好，可以达到较优的防护效果。

（3）对于已用塑料薄膜裹包的小件，再进行集装捆扎时，可采用拉伸薄膜捆扎方法。如采用热收缩薄膜捆扎方法时，要注意选用不同熔融指数的收缩薄膜，如收缩薄膜的熔融指数相同时，两种收缩薄膜在加热过程中会产生粘接复合现象而导致损害。

（4）对于需要在露天高层堆码的集装件，应采用热收缩捆扎方法。因为这样既能防潮、防污染、防雨雪，又能避免拉伸薄膜的自黏性。

（5）对于易碎、易皱的物品集装件，应选择热收缩捆扎方法。因为在拉伸捆扎过程中，易损坏内装物。

（6）对于具有热敏感性的易爆炸物品等集装件的捆扎方法，以采用拉伸捆扎方法为宜。这样就不存在加热问题，能防止热敏感性物品因受热发生意外事故。

（7）对于形体不规则物品集装件的捆扎，两种捆扎方法均可以采用。但比较而言，热收缩捆扎方法更为可取。因为这种捆扎方法能使薄膜塑料更有效地紧贴在不规则形体货件的各个部位，能充分体现热收缩捆扎技术的最佳效果。

（8）对于需要在低温环境条件下进行捆扎作业的，应采用拉伸捆扎方法。因为这种捆扎技术方法可以在冷冻室内进行操作，而热收缩捆扎方法不适于低温下的技术操作。

一般来说，由于能耗差异，首先考虑拉伸捆扎，然后在必需时再考虑热收缩捆扎。两种捆扎方法比较如表 5-9 所示。

表 5-9 热收缩和拉伸捆扎方法比较

捆扎内容		热收缩捆扎	拉伸捆扎
对物资适应性	单件、多件	均可采用	均可采用
	物资集装件	适应	适应
	不规则形体	为佳	亦可
	新鲜果蔬类	适应	适应
	冷冻、热敏感	不适应	适应
环境适应性	货件存放场所	可在露天场所	宜在室内
	防护性	好、密封	差
	透气性	差	好
	低温操作	不适合	可在冷冻室操作
投资费用	设备投资、维修	较高	较低
	能源消耗	多	少
	薄膜消耗	较多	较少
	投资回收	较长	较短
缠绕捆扎应力		不易控制，但较均匀	能控制，棱角应力大
堆码适应性		好，无自黏性	差，有自黏性
薄膜厚度要求		需要多种厚度	一种即可

第四节 集装夹具

除了通用的捆扎器材之外，还有些捆扎器材是针对某种类型的物资专门设计的，如集装夹具。

一、集装夹具概述

集装夹具是为了集装并保护某种片状物资而特别设计的一种集装捆扎用具。集装夹具捆扎主要用来捆扎各种规格的胶合板、纤维板、塑料板以及长条钢板切头等板材类物资的集装件。因使用材料不同、结构形式不同，集装夹具分为木结构的夹板、栅板和钢结构的夹板、框架等。

二、集装夹具分类

根据适用的场合不同，集装夹具可分为框架式、栅板式和条板式等。

（一）框架式集装夹具

框架式集装夹具是根据装运板材的规格尺寸，把角钢切割和焊接成上下两片框架构件，在上片框架构件的中心部位再焊接一条钢板或角钢作为增强框架结构的加强筋；在下片框架构件的等分线两侧的 1/2 处，各焊接一根工字钢或槽钢作为物资集装件的支座，用以传递重力和叉车装卸作业。

（二）栅板式集装夹具

栅板式集装夹具，是根据所装运的纸张或其他类似物资的长度，将木板截锯、拼接成相当于集装物资的宽度，然后再选数条横木将拼接好的纵板钉合而成。下层栅板的横木的高度应不低于 75 mm，以便于叉车装卸、搬运作业。

（三）条板式集装夹具

条板式集装夹具用途甚为广泛，不仅可以集装板材、管材类原材料，集装气瓶类，还可以集装各类拆卸部件。条板夹具需要的副数、条板的截面尺寸和长度以及选择何种材料等，都取决于集装物资的重量、形状、规格尺寸。钢制条板的连接构件，宜使用螺杆螺栓，其强度较大，连接可靠。

三、集装夹具捆扎方法

集装夹具捆扎方法主要包括木质夹板捆扎法、木质栅板捆扎法、钢制夹板捆扎法和钢制框架捆扎法 4 种。

（一）木质夹板捆扎法

使用具有一定强度和硬度的优质木板做成夹板，每副夹板由上下两条组成，其长度与集装板材的宽度一致，其横截面积与集装物资所要求的强度相适应。每个集装件可根据需要应用 2~3 副。

在进行捆扎时，下部还要使用垫板加高，加高高度以便于叉车叉器作业为准，然后用钢带将上下钉结牢固，形成木质夹板捆扎集装件。木质夹板捆扎集装件示意图如图5-13所示。

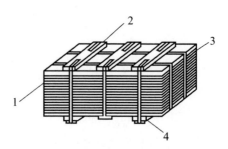

图5-13 木质夹板捆扎集装件示意图

1—板材；2—夹板；3—捆扎带；4—垫板

（二）木质栅板捆扎法

这种捆扎法主要用于小规格的胶合板、贴面板、纸张等板材的集装和捆扎。其具体方法是使用一定宽度和厚度的木板，其长度等于或略大于货件长度，拼接宽度等于或略大于货件宽度，再用长度与货件宽度相一致的三根木板条钉成栅板。每副栅板由上下两片构成。在进行捆扎时，用垫板将底部加高到适于叉车作业的高度，再用钢带、铁丝将上下两副栅板进行连接捆扎。木质栅板捆扎集装件示意图如图5-14所示。

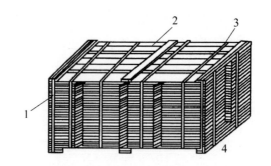

图5-14 木质栅板捆扎集装件示意图

1—短板材；2—栅板；3—捆扎带；4—垫板

（三）钢制夹板捆扎法

这种方法主要用于重质集装件的捆扎。选择一定横截面和其长度略大于集装件宽度的钢板为夹板，在钢制夹板的两头钻有一定直径的孔眼，每副夹板由上下两条夹板组成。在捆扎时，通过在两头套有丝扣的圆形钢筋，穿进夹板两头的孔眼，用螺栓拧紧加固，集装件底部用垫板加高。钢制夹板捆扎集装件示意图如图5-15所示。

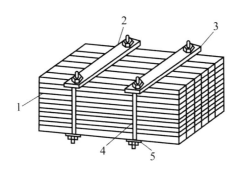

图 5-15　钢制夹板捆扎集装件示意图

1—板材；2—钢夹板；3—螺母；4—螺杆；5—垫板

（四）钢制框架捆扎法

钢制框架是用角钢切割成与集装件长度和宽度相适应的构件，再用电焊焊接成框架。为了强化框架结构，可在框架的横中心线上再焊接一条角钢板或平钢板，在框架底部两端四等分线上焊接两根长度与框架宽度相等的槽钢作为框架集装件的支垫，槽钢可选用10~12号槽钢。钢制框架捆扎法主要用于瓦楞纸板、瓦楞石棉板等板状货件的集装。因为钢制框架能良好地保护板材的角、边免受冲撞、捆扎的损害。钢制框架捆扎集装件示意图如图5-16所示。

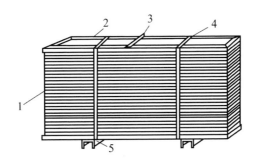

图 5-16　钢制框架捆扎集装件示意图

1—板材；2—钢框架板；3—角钢；4—捆扎带；5—垫板

集装夹具捆扎集装件规格如表 5-10 所示。

表 5-10 集装夹具捆扎集装件规格

种类	单件		集装件	
	规格/(mm×mm×mm)	质量/kg	规格/(mm×mm×mm)	质量/kg
胶合板	2 000×1 000×60	70	2 000×1 000×600	700
塑料平板	1 900×1 000×35	50	1 900×1 000×700	1 000
扬谷板	400×400×300	23	1 200×700×700	360
瓦楞石棉板	1 800×750×10	25	1 800×750×800	2 000

第五节 捆绑器

根据捆绑器捆绑绳索的材质不同,可以分为麻绳、钢丝绳、专用等类型捆绑器。

一、麻绳类捆绑器

(一) 麻绳的性能和种类

1. 麻绳的特点与用途

麻绳具有质地柔韧、轻便、易于捆绑、结扣及解脱方便等优点,但其强度较低,一般麻绳的强度只有相同直径钢丝绳的 10% 左右,而且易磨损、腐烂、霉变。

麻绳在起重作业中主要用于捆绑物体;起吊 500 kg 以下的较轻物件;当起吊物件或重物时,用麻绳拉紧物体,以保持被吊物体的稳定和在规定的位置上就位。

2. 麻绳的种类

按制造方法,麻绳分为土法制造和机器制造两种。土法制造麻绳质量较差,不能在起重作业中使用。机器制造麻绳质量较好,分为吕宋绳、白棕绳、混合绳和线麻绳 4 种。

（二）麻绳的许用拉力计算

麻绳正常使用时允许承受的最大拉力为许用拉力，它是安全使用麻绳的主要参数。由于工地无资料可查，为满足安全生产，方便现场计算，麻绳的许用拉力一般采用以下经验公式估算：

$$S = \frac{45d^2}{K} \tag{5-3}$$

式中，S 为许用拉力（N）；d 为麻绳直径（mm）；K 为安全系数，通常麻绳的安全系数取值为：一般吊装用时取 $K \geq 3$，吊索及缆风绳用时取 $K \geq 6$。

（三）麻绳的安全使用与管理

麻绳的安全使用与管理应注意下列问题：

（1）机动的起重机械或受力较大的地方不得使用麻绳。

（2）在使用前必须对麻绳进行认真检查，对存在的问题要妥善处理。局部腐蚀、触伤严重时，应截去损伤部分，插接后继续使用。

（3）使用中的麻绳，尽量避免雨淋或受潮，不能在纤维中夹杂泥砂和受油污等化学介质的浸蚀。麻绳不要和酸、碱、漆等化学介质接触，受化学介质腐蚀后的麻绳不能使用。

（4）麻绳不得在尖锐和粗糙物质上拖扎，为防止小石子、砂子、硬物进入绳内，也不得在地面上拖拉。

（5）捆绑时，在物体的尖锐边角处应垫上保护性软物。

（6）和麻绳配用的卷筒和滑车的直径，机动时应大于麻绳直径的 30 倍；使用人力时，应大于麻绳直径的 10 倍。

由于麻绳类捆绑器针对不同物资的适应性较差，存在张力不够、难以捆紧、耐磨性差等缺点，容易导致物资在运输过程中出现晃动甚至坠落等事故。但麻绳类捆绑器价格较低，在一段时间内仍然存在。

二、钢丝绳类捆绑器

实践证明，钢丝绳是大件物资运输过程中捆绑的重要器材。系紧时，一般在钢丝绳中间安上松紧螺旋扣，便于把钢丝绳拉紧。钢丝绳两端用钢丝绳夹固定，钢丝绳夹应与钢丝绳的直径相互配合。

(一) 钢丝绳的性能和种类

1. 钢丝绳的特点和用途

钢丝绳具有断面相同、强度高、弹性大、韧性好、耐磨、高速运行平稳并能承受冲击载荷等特点。钢丝绳在破断前一般有断丝、断股等预兆,容易检查,便于预防事故,因此,在起重作业中广泛应用,是吊装中的主要绳索,可用于起吊、牵引、捆扎等。

2. 钢丝绳的分类

钢丝绳按捻制的方法分为单绕、双绕和三绕钢丝绳三种,双绕钢丝绳先是用直径为 0.4~3.0 mm,强度为 1 400~2 000 N/mm² 的钢丝围绕中心钢丝拧成股,再由若干股围绕绳芯,拧成整根的钢丝绳。

钢丝绳钢丝数目多,挠性大,易于绕上滑轮和卷筒,故在起重作业中应用的一般是双绕钢丝绳。

按照捻制的方向钢丝绳分为同向捻、交互捻和混合捻等几种。钢丝绳中钢丝搓捻方向和钢丝股搓捻方向一致的称为同向捻。同向捻的钢丝绳比较柔软,表面平整,与滑轮接触面比较大,因此磨损较轻,但容易松散和产生扭结卷曲,吊重时容易旋转,故在吊装中一般不使用。交互捻钢丝绳,钢丝搓捻方向和钢丝股搓捻方向相反。交互捻钢丝绳强度高,扭转卷曲的倾向小,吊装中应用得较多。混合捻钢丝绳的相邻两股钢丝绳的捻法相反,即一半顺捻,一半反捻,混合捻钢丝绳的性能较好,但制造麻烦,成本较高,一般情况用得很少。

钢丝绳按绳股数及 1 股中的钢丝数多少可分为 6 股 19 丝、6 股 37 丝、6 股 61 丝等几种,日常工作中用 6×19+1、6×37+1、6×61+1 来表示。在钢丝绳直径相同的情况下,绳股中的钢丝数越多,钢丝的直径越细,钢丝越柔软,挠性也就越好。但细钢丝捻制的钢丝绳没有粗钢丝捻制的钢丝绳耐磨损。因此,6×19+1 就较 6×37+1 的钢丝绳硬,耐磨损。

钢丝绳按绳芯不同可分为麻芯、棉芯、石棉芯和金属芯。用浸油的麻或棉纱作为绳芯的钢丝绳比较柔软,容易弯曲,同时浸过油的绳芯可以润滑钢丝,防止钢丝生锈,又能减少钢丝间的摩擦,但不能受重压和在较高温度下工作;石棉芯的钢丝绳可以在较高温度下工作,不能重压;金属芯的钢丝绳可以在较高温度下工作，且耐重压，但钢丝绳太硬不易弯曲，在个别的起重工具中应用。

（二）钢丝绳的破断拉力

所谓钢丝绳的破断拉力，就是将整根钢丝绳拉断所需要的拉力，也称为整条钢丝绳的破断拉力，用 S_p 表示，单位为 kgf（千克力）。求整条钢丝绳的破断拉力 S_p 值，应根据钢丝绳的规格型号从金属材料手册中的钢丝绳规格性能表中查出钢丝绳破断拉力总和 $\sum S$ 值，再乘以换算系数 φ 值。即

$$S_p = \sum S \cdot \varphi \tag{5-4}$$

实际上钢丝绳在使用时由于搓捻的不均匀，钢丝之间存在互相挤压和摩擦现象，各钢丝受力大小是不一样的，要拉断整根钢丝绳，其破断拉力要小于钢丝破断拉力总和，因此要乘以一个小于1的系数，即换算系数 φ 值。

破断拉力换算系数如下：

当钢丝绳为 $6 \times 19 + 1$ 时，$\varphi = 0.85$；

当钢丝绳为 $6 \times 37 + 1$ 时，$\varphi = 0.82$；

当钢丝绳为 $6 \times 61 + 1$ 时，$\varphi = 0.80$。

通过查表来求钢丝绳破断拉力，虽然计算较准确，且必须先查清钢丝绳的规格型号等，再查有关的手册，然后进行计算；但在工地上临时急用时，往往不知道钢丝绳的出厂规格，无手册可查，无法利用上述公式计算，此时可利用下式估算：

$$S_p = 1/2 d^2 \tag{5-5}$$

式中，S_p 为钢丝绳断裂拉力；d 为钢丝绳的直径。

钢丝绳的允许拉力仅为钢丝绳破断拉力的几分之一，而这个数的倒数就是安全系数。钢丝绳的安全系数如表 5-11 所示。

表 5-11 钢丝绳安全系数 K 值

钢丝绳用途	安全系数	钢丝绳用途	安全系数
用作缆风绳	3.5	用作吊索受弯曲时	6~7
用作缆索起重机承重绳	3.75	用作捆绑吊索	8~10
用于手动起重设备	4.5	用于载人的升降机	14
用于机动起重设备	5~6		

钢丝绳在使用过程中经常受到拉伸、弯曲，容易产生"金属疲劳"现象，多次弯曲造成的弯曲疲劳是钢丝绳破坏的主要原因之一。经过长时间拉伸作用后，钢丝绳之间互相产生摩擦，钢丝绳表面逐渐产生磨损或断丝现象，折断的钢丝数越多，未断的钢丝绳承担的拉力越大，断丝速度加快，断丝超过一定限度后，钢丝绳的安全性能已不能保证，在吊运过程中或意外因素影响下，钢丝绳会突然拉断，化工腐蚀能加速钢丝绳的锈蚀和破坏。

（三）钢丝绳的安全使用与管理

为保证钢丝绳使用安全，必须在选用、操作维护方向上做到以下各点：

（1）选用钢丝绳要合理，不准超负荷使用。

（2）切断钢丝绳前应在切口处用细钢丝进行捆扎，以防切断后绳头松散。切断钢丝时要防止钢丝碎屑飞起损伤眼睛。

（3）在使用钢丝绳前，必须对钢丝绳进行详细检查，达到报废标准的应报废更新，严禁凑合使用。在使用中不许发生锐角曲折、挑圈，防止被夹或压扁。

（4）穿钢丝绳的滑轮边缘不许有破裂现象，钢丝绳与物体、设备或接触物的尖角直接接触处，应垫护板或木块，以防损伤钢丝绳。

（5）要防止钢丝绳与电线、电缆线接触，避免电弧打坏钢丝绳或引起触电事故。

（6）钢丝绳在卷筒上缠绕时，要逐圈紧密地排列整齐，不应错叠或离缝。

钢丝绳在使用过程中会不断磨损、弯曲、变形、锈蚀和断丝等，不能满足安全使用时应予以报废，以免发生危险。表5-12所示为钢丝绳的报废标准。

表5-12 钢丝绳的报废标准

钢丝绳结构形式	钢丝绳检查长度范围	断丝根数		
		$6 \times 19 + 1$	$6 \times 37 + 1$	$6 \times 61 + 1$
交捻	$6d$	10	19	29
	$30d$	19	38	58
顺捻	$6d$	5	10	15
	$30d$	10	19	30

注：d 为钢丝绳直径，单位为mm。

三、专用捆绑器

(一) J 型钢丝绳细链式集装索具

J 型钢丝绳细链式集装索具,简称为 J 型集装索具,是专门用来集装原木而特制的一种集装工具。该索具有整节集装索具和分层集装索具两种。每类集装索具都附有封顶的收紧装置。其中,J 型集装索具由主绳、起吊绳环和收紧套三部分组成,如图 5-17 所示。

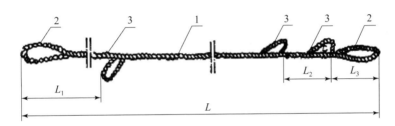

图 5-17 J 型集装索具结构示意图

1—主绳;2—起吊绳环;3—收紧套

J 型集装索具的规格尺寸如表 5-13 所示。

表 5-13 J 型集装索具的规格尺寸

规格	L/mm	L_1/mm	L_2/mm	L_3/mm
整节集装索具	13 000	2 000	500	500
分层集装索具	9 000	1 000	500	500

凡是集装长度在 4 m 以下的木材时,选用整节集装索具整节捆扎装运;长度在 5 m 以上时,则选用分层集装索具分层捆扎装运。

J 型集装索具的钢丝绳强度可按下式计算:

$$T \leqslant \frac{P}{K} \tag{5-6}$$

式中,T 为钢丝绳允许拉力(kg);P 为钢丝绳破断拉力(kg);K 为安全系数,其值可取 3。

钢丝绳规格可选用直径为 15.5 mm(6×19+1),其破断拉力为 12 500~

17 850 kg；4 m 长整节落叶松木材的最大积载质量为 14 988 kg，则每节木材使用 2 条 4 股的钢丝绳，其总承载质量为 50 000~71 400 kg，是木材最大积载质量的 3.33~4.76 倍，则每股钢丝绳承受的质量为

$$T = \frac{14\,988}{4} = 3\,747\,(\text{kg})$$

$$P \geqslant T \cdot 3 = 3\,747 \times 3 = 11\,241\,(\text{kg})$$

直径为 15.5 mm（6×19+1）规格钢丝绳的破断拉力为 12 500 kg，大于 11 241 kg，故能满足需要。

当木材长度在 5 m 以上时，要分层集装，选用分层集装索具，若集装的落叶松木材长度为 6 m，则整节木材的最大积载质量为 22 400 kg，分两层时，每层最大积载质量为 11 200 kg，则每股钢丝绳承受的质量为

$$T = \frac{11\,200}{4} = 2\,800\,(\text{kg})$$

$$P \geqslant T \cdot 3 = 2\,800 \times 3 = 8\,400\,(\text{kg})$$

钢丝绳承受的载荷小于钢丝绳的破断拉力 12 500 kg，所以也能满足需要。

J 型集装索具收紧装置结构示意图如图 5-18 所示。

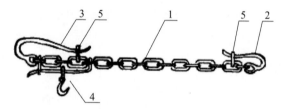

图 5-18　J 型集装索具收紧装置结构示意图

1—收紧链条；2—小连接钩；3—大连接钩；4—收紧器；5—连接环

收紧装置的作用，是将集装的木材，借助于收紧装置通过集装索具的收紧套捆扎成一个整体，防止木材在装卸作业和运输过程中前后窜动。

（二）棘轮式拉紧器

棘轮式拉紧器是一种由聚酯或聚丙烯纤维丝为原料制作而成的平纹织带，与紧固器和金属端部件组成的运输物资包装用捆绑器，如图 5-19 所示。其主要用于固定装载物资，保证运输过程中的物资安全。金属端部件有双 J 钩、单 J 钩、天鹅钩、S 钩、U 形钩、三角环等多种形式，钩子的材质一般包括钢、不锈钢和

铁。棘轮式拉紧器主要用于卡车、拖车、船上或火车上物资的栓紧和钢材、木材及各种管材集装件的捆绑、拴紧。

图 5-19　棘轮式拉紧器

1. 使用方法

棘轮式拉紧器收紧方法：将拉紧器一头的钩子钩在集装件一端，另一端的织带从紧固器的棘轮中孔穿过去，上下转动拉紧，收紧后合并拉紧器完成打包。

棘轮式拉紧器拆除方法：往上提拉紧固器的解锁扣，而后紧固器与手柄保持水平方向，即可抽出织带。

2. 性能特点

棘轮式拉紧器抗拉强度大；张紧预应力大，最大的预应力可达到 5 000 kg，能够牢牢捆绑物资；使用简便，能迅速装卸物资，节省时间，提高效率；织带宽度一般为 25～75 mm，与物资之间有较大的接触面积，可有效地保护物资。

正是因为棘轮式拉紧器有上述性能特点，世界上许多国家已在集装件及运输加固等领域广泛使用棘轮式拉紧器。

3. 注意事项

棘轮式拉紧器不能用于起吊物资；使用环境温度范围一般为 -40～80 ℃，严禁在高温环境中使用；由于织带是高分子材料，长期暴露于紫外线辐射下会导致织带的强度下降；使用时，应根据实际应力需求使用符合要求的拉紧器，避免织带打结；避免将其他集装件或物体放置在拉紧器上，造成拉紧器故障。

(三) 链式加固器

链式加固器主要用于铁路平车装载轮式或履带式装备的加固，也可用于大型、重载装备或物资的加固。

1. 结构组成

链式加固器主要由圆环链拉牵绳和可折叠轮挡两部分组成，如图 5-20 所示。其中，圆环链拉牵绳一般由挂环组件、长环链套、螺纹调节器、起重环链等组成。

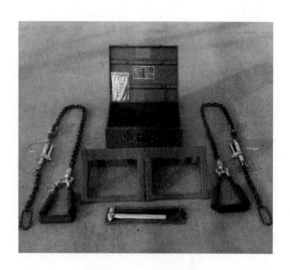

图 5-20　链式加固器

2. 使用方法

圆环链拉牵绳加固方法：①从包装箱内取出拉牵绳查看零件有无裂痕、圆环链有无变形等质量问题，确认完好后方可使用。②将挂环组件套在装备车辆轮内侧的轴上，并用防护套保护车轴，将两套环并在一起。③用双吊钩钩住挂环组件两套环并用压套卡住卡索板，防止滑脱。④将长环链套在火车平板面的"丁字铁"绳柱上，在平板车侧缘与大链环接触部位垫防磨垫。⑤将螺纹调节器部件调到最长位置。⑥按下卡销取出起重环链，通过锁链器拽拉起重环链使整个拉牵绳初步拉紧后，将起重环链一个链环横卧在锁链器凹窝内，松开卡销。⑦棘爪脱开后，快速转动调节器，预拉紧后再结合棘爪，扳手柄调节器使整个拉牵绳拉直绷紧。⑧固定完一个拉牵绳后急需固定下一个，直到把所有拉牵绳固定完毕为止，并使所有拉牵绳的拉力（绷紧程度）基本一致，不能过紧也不能过松。图 5 – 21 所示为圆环链拉牵绳安装示例。

图 5 – 21　圆环链拉牵绳安装示例

3. 拉牵绳承力核算方法

根据装备车辆重量，参照加固器材数量对照表合理选择拉牵绳的数量，装备在火车平板车上固定后应对每根拉牵绳进行受力核算，其受力应不大于 5 000 kgf，具体分析如图 5 – 22 所示。

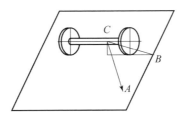

图 5 – 22　拉牵绳受力分析示意图

图 5 – 22 中，C 为挂环组件在车轴上的拴结点，A 为长环链所套绳柱位置，B 为平板车上的点，且 $\angle ABC$ 为直角。利用下式进行测算：

$$T = \frac{0.4G}{n} \times \frac{AC}{AB} \leqslant 5\ 000\ \text{kgf} \tag{5-7}$$

式中，T 为拉牵绳拉力（kgf）；G 为装备车质量（kg）；n 为拉牵绳单向承力根数。通常，车轮摩擦系数取 0.6。

第六章
物资防护器材及使用

物资从生产到最终到达消费者手中，经常会遭受各种物流环境因素的影响，尤其是装卸、搬运、运输等环节，影响最为严重。每年因缓冲包装设计使用不合理都造成了巨大的经济损失，因此缓冲包装防护技术是保障物资安全流通的关键技术。通常关注较多的包装防护功能就是缓冲减振功能，为避免物资在装卸、搬运、储存、运输等环节遭受冲击、振动等机械载荷破坏，包装设计时通常会在外包装容器与内包装物资之间设置各类防护器材。目前，我国使用的缓冲包装防护器材主要有瓦楞纸板、蜂窝纸板、缓冲气垫、护角、衬垫等。

第一节 瓦楞纸板

瓦楞纸板是一种具有高度压缩和复原性的弹塑性材料。作为缓冲包装材料，瓦楞纸板具有相当大的优势。瓦楞纸板成本低，易于成型，具有良好的耐候性、耐腐蚀性、黏合性，并且绿色环保，使用范围广泛。在缓冲机理上，瓦楞纸板具有多孔构型，在压缩过程中，其孔壁发生弹塑性变形而吸收能量，从而起到减振作用，因此在家电、家具、电子物资等运输包装领域有着广阔的应用前景。

一、瓦楞纸板概述

瓦楞纸板是应用最为广泛的包装材料，历史悠久，生产技术已经十分成熟。

1856 年，英国人爱德华·西利和爱德华·埃伦发明了瓦楞纸衬，作为礼帽的内衬。1871 年，美国人艾伯特·琼斯发明了单面瓦楞纸板，用于包装玻璃制品等易碎物品。1894 年，美国人罗伯特·盖亚研制成功 A 型瓦楞纸板后，瓦楞纸箱逐渐成为运输包装中不可或缺的一部分。1954 年，瓦楞纸箱在我国全面推广，与发达国家相比，我国瓦楞纸箱行业起步较晚，但是发展迅速，2003 年，我国已成为瓦楞纸箱第二大生产国。

瓦楞纸板是由多层强度较高的面纸与填充相邻两层面纸中间的波纹状芯层组成。面纸具有较高的抗弯曲强度和抗拉强度，能够承受由弯矩引起的拉压载荷，具有防刺穿的作用，并且在压缩、拉伸、冲击时，面纸起着固定瓦楞位置的作用；芯层主要承担由横向力产生的剪应力，并且可以抵抗压缩破坏，对纸箱内装物起到缓冲保护作用。在生产过程中，瓦楞原纸被压制成瓦楞状，使纸板具有弹性、平压强度、侧压强度等性能。

瓦楞原纸必须具有较好的耐破度、耐折度和横向压缩强度等特性，并且为了增强黏合强度，原纸还要具有一定的吸收性。由于在三个相互垂直的方向上，瓦楞纸的植物纤维以及其他成分的空间分布不同、排列和取向不同，其具有显著的各向异性。瓦楞纸板在不同方向上也具有不同的性质，当垂直于瓦楞方向施加力时，瓦楞就像减振材料一样；而当沿着瓦楞方向作用时，瓦楞便类似于刚性材料。瓦楞纸板沿瓦楞的方向具有很高的强度，因此，在纸箱设计中侧面通常是沿瓦楞方向，以获得最大的堆码强度。

根据瓦楞纸板横截剖面波形，瓦楞楞型可以分为 V、U 和 UV 三种类型。V 型瓦楞波峰半径小且尖，较坚硬，平压强度较高，纸和黏合剂的使用量较少，但黏合强度较低、恢复性较差、弹性不好，并且生产过程中瓦楞辊磨损快，现在几乎不再生产。U 型瓦楞波峰圆弧半径较大，黏合强度高、弹性较好，具有良好的缓冲性能，但平压强度较差，黏合剂和纸的用量较多。UV 型瓦楞波峰半径比 V 型大，比 U 型小，结合了两者的优点，UV 型瓦楞抗压强度高、弹性好、恢复力强、黏合强度好，使用范围最广，目前几乎各种瓦楞机都是采用 UV 型瓦楞辊。

瓦楞的楞型根据楞高、楞宽和楞数进行分类，通常分为 A、B、C、E、F

五种。A型瓦楞高而宽,具有很好的弹性和缓冲性能,沿瓦楞方向的抗压强度高,但平压强度低。B型瓦楞低而密,表面光滑,印刷性能好,平压强度高,但缓冲性能稍差。C型瓦楞的楞高和楞数介于A型和B型之间,兼具两者特性,既具有良好的缓冲性能,又具有一定的刚性,使用广泛。E型瓦楞平压强度高、挺度好、印刷效果好,一般用于中包装和内包装的纸箱或纸盒。

目前市场上瓦楞纸板的楞型都是UV型,如图6-1所示,瓦楞纸板的楞型结构和尺寸应符合国家标准GB/T 6544—2008《瓦楞纸板》的要求,其结构参数的具体含义和数值如表6-1所示。h、λ和n分别代表瓦楞的楞高、楞宽和楞数。

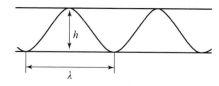

图6-1 UV型瓦楞纸板结构

瓦楞纸板分类及代号规定如下:

S为单瓦楞纸板(三层瓦楞纸板):

S-1.1~S-1.5分别为单瓦楞纸板优等品的第1类~第5类;

S-2.1~S-2.5分别为单瓦楞纸板合格品的第1类~第5类。

D为双瓦楞纸板(五层瓦楞纸板):

D-1.1~D-1.5分别为双瓦楞纸板优等品的第1类~第5类;

D-2.1~D-2.5分别为双瓦楞纸板合格品的第1类~第5类。

T为三瓦楞纸板(七层瓦楞纸板):

T-1.1~T-1.4分别为三瓦楞纸板优等品的第1类~第4类;

T-2.1~T-2.4分别为三瓦楞纸板合格品的第1类~第4类。

单瓦楞纸板和双瓦楞纸板按照其最小综合定量不同各分为1~5类,三瓦楞纸板按照其最小综合定量不同分为1~4类。

瓦楞纸板按质量分为优等品和合格品,如表6-1所示。

表 6-1 瓦楞纸分类

代号	瓦楞纸板最小综合定量 /(g·m^{-2})	优等品			合格品		
		类级代号	耐破强度(不低于)/kPa	边压强度(不低于)/(kN·m^{-1})	类级代号	耐破强度(不低于)/kPa	边压强度(不低于)/(kN·m^{-1})
S	250	S-1.1	650	3.00	S-2.1	450	2.00
	320	S-1.2	800	3.50	S-2.2	600	2.50
	360	S-1.3	1 000	4.50	S-2.3	750	3.00
	420	S-1.4	1 150	5.50	S-2.4	850	3.50
	500	S-1.5	1 500	6.50	S-2.5	1 000	4.50
D	375	D-1.1	800	4.50	D-2.1	600	2.80
	450	D-1.2	1 100	5.00	D-2.2	800	3.20
	560	D-1.3	1 380	7.00	D-2.3	1 100	4.50
	640	D-1.4	1 700	8.00	D-2.4	1 200	6.00
	700	D-1.5	1 900	9.00	D-2.5	1 300	6.50
T	640	T-1.1	1 800	8.00	T-2.1	1 300	5.00
	720	T-1.2	2 000	10.0	T-2.2	1 500	6.00
	820	T-1.3	2 200	13.0	T-2.3	1 600	8.00
	1 000	T-1.4	2 500	15.5	T-2.4	1 900	10.0

注：各类级的耐破强度和边压强度可根据流通环境或客户的要求任选一项。

单瓦楞纸板厚度应高于表 6-2 所规定相应楞高的下限值。多层瓦楞纸板厚度应高于表 6-2 所规定相应楞高的下限值之和。

表 6-2 瓦楞纸板的楞高

楞型	楞高 h/mm	楞宽 t/mm	楞数/(个·300 mm^{-1})
A	4.5~5.0	8.0~9.5	34±3
C	3.5~4.0	6.8~7.9	41±3

续表

楞型	楞高 h/mm	楞宽 t/mm	楞数/(个·300 mm^{-1})
B	2.5~3.0	5.5~6.5	50±4
E	1.1~2.0	3.0~3.5	93±6
F	0.6~0.9	1.9~2.6	136±20

瓦楞纸板用途不同时，所需的瓦楞层数不同，根据瓦楞层数，瓦楞纸板可分为单面瓦楞纸板、单瓦楞纸板、双瓦楞纸板、三瓦楞纸板等，如图 6-2 所示。单面瓦楞纸板是由一层面纸和一层瓦楞芯纸黏合而成，不能直接用来制造纸箱，一般作为包装玻璃、陶瓷等易碎物品的缓冲材料，如图 6-2（a）所示。单瓦楞纸板是由一层面纸、一层瓦楞芯纸和一层里纸组成的三层瓦楞纸板，适合作为内箱、展销包装和一般运输包装，如图 6-2（b）所示。双瓦楞纸板是由两层瓦楞芯纸和一层面纸、一层中纸、一层里纸组成的五层瓦楞纸板，由于该类型的瓦楞纸板强度高，因此主要用来包装体积较大、质量较重的物资，常用于运输包装，如图 6-2（c）所示。三瓦楞纸板是由三层瓦楞芯纸和一层面纸、两层中纸、一层里纸组成的七层瓦楞纸板，主要用于制作重型包装箱，用来包装大型电器、小型机床等，如图 6-2（d）所示。在实际应用时，常将不同楞型的瓦楞层进行组合，以适应特定需求。在进行楞型组合时，需要将楞高较低、楞数较多的瓦楞层作为外层，因为其平整性好，适于印刷，并且具有较强的抵抗外来破坏的能力；靠近物资的一侧需要使用高而宽的瓦楞层，因为其具有良好的弹性和缓冲性能，能够更好地保护物资。

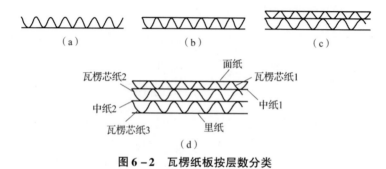

图 6-2 瓦楞纸板按层数分类

(a) 单面瓦楞纸板；(b) 单瓦楞纸板；(c) 双瓦楞纸板；(d) 三瓦楞纸板

为了提高瓦楞纸板的强度和性能，国内外都在研究开发瓦楞纸板新品种，如 X–PLY 超强瓦楞纸板、强化瓦楞纸板、蛇型瓦楞纸板、十字型瓦楞纸板、双拱型瓦楞纸板、微型瓦楞纸板等。其中，X–PLY 超强瓦楞纸板是将三层瓦楞芯纸以纵横交替排列的方式粘接，制成一种七层瓦楞纸板，如图 6–3 所示。在定量相同的情况下，X–PLY 超强瓦楞纸板比普通瓦楞纸板的挺度、耐折抗弯强度、平行压缩强度高，可包装体积大、质量大的物品；十字型瓦楞纸板是将两组单面瓦楞纸板按楞向纵横粘贴而成，缓冲性能好，适合包装玻璃、陶瓷等易碎物品。

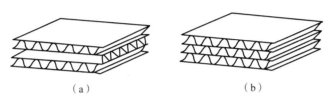

图 6–3　X–PLY 超强瓦楞纸板和普通瓦楞纸板

(a) X–PLY 超强瓦楞纸板；(b) 普通瓦楞纸板

二、瓦楞纸板缓冲结构特点

瓦楞纸板缓冲结构件是一种纸板组合结构，它是由瓦楞纸板经过开槽、压痕、折叠、插装、粘接等方法制作而成，其结构形式变化多样，现有相关标准（GB/T 6543—1999《瓦楞纸板》）中介绍的瓦楞纸板缓冲衬垫结构形式有弹力型、折叠型、弹折型和角撑型等，但其缓冲性能、成型性等并不适于在物资缓冲包装设计中应用。在这些结构形式的基础上，有些厂家又设计了一些结构比较新颖的缓冲衬垫，其中比较典型的缓冲结构形式有层叠型、口字型、斜撑型、三角型、错楞型等，如图 6–4 所示。

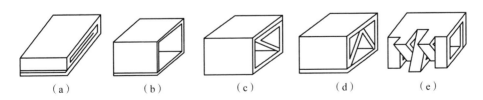

图 6–4　典型瓦楞结构

(a) 层叠型；(b) 口字型；(c) 斜撑型；(d) 三角型；(e) 错楞型

(一) 层叠型结构

该结构的几何特征是层叠板，各平面形瓦楞纸板相互平行。制作时，可以将一张平面形瓦楞纸板层层卷绕起来。这种结构的优点是承载能力较强，工艺性良好，缓冲能力也较好，可以用于托盘的支脚等承载较大之处，缺点是浪费材料，成本较高。

(二) 口字型结构

该结构设计简单，是单纯的框架结构，靠两边的支撑臂具备一定的承载能力和缓冲性能，具有成型快、用料省、组合稳定性好的优点，但不适用于支撑较高的物资。

(三) 斜撑型结构

该结构的横截面为矩形，并且矩形对角线上有一张内部支撑纸板。制作时，可以将一张平面形瓦楞纸板折成矩形结构，然后沿着对角线继续折叠，形成内部支撑。这种结构的缓冲性能比单纯的口字型结构好，既满足了衬垫的支撑作用，又能有效地起到稳定作用和一定的加强作用，可以方便地用于物资衬垫设计的不同部位。

(四) 三角型结构

该结构与斜撑型结构类似，不同的是在折成矩形的瓦楞纸板结构内有三角形结构，该三角形的底边为矩形的底边，顶点位于矩形顶边的中点，其对衬垫的中部起到支撑作用。制作时，可以将一张平面形瓦楞纸板折成矩形结构，然后沿着三角形两腰继续折叠，形成内部支撑。这种衬垫的承载能力较强，也可以形成较好的缓冲能力，适于大型电子物资的包装。

(五) 错楞型结构

该结构的一个侧面上具有不同倾角的斜面，从而形成错楞型衬垫。制作时，可以在上平面纸板与侧面纸板的交接部位，每隔一定距离压痕，并沿每段压痕处裁切，然后在侧面上折成间隔不同倾角的斜面，这种结构具有较好的缓冲能力，承载能力略显不足，制作稍显复杂，一般可用于打印机等小型电子物资之类的包装。

在实际的设计与生产中，这些结构件或以单一形式独立形成物资衬垫，或以适当的组合结构来适应物资特点，制作缓冲衬垫，如图 6-5 所示。

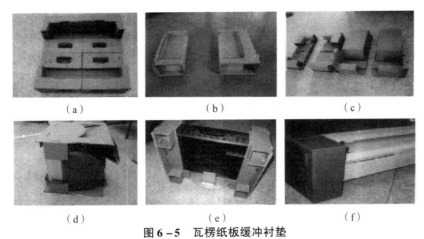

图 6-5 瓦楞纸板缓冲衬垫

(a) 42 吋① PDP 彩电的缓冲衬垫；(b) 空调室外机的缓冲衬垫；(c) 43 吋背投彩电的缓冲衬垫；
(d) 14 吋 DVD 彩电的缓冲衬垫；(e) 19 吋液晶彩电的缓冲衬垫；(f) 空调室内挂机缓冲衬垫

由上述设计实例可以看出，瓦楞纸板衬垫具有复杂性以及结构设计的灵活性和多样性。每件衬垫都可以用不同的结构单元制作，一种缓冲结构可以有若干种构造形式，也可以采用各种不同规格的瓦楞纸板，这使瓦楞纸板缓冲包装设计的精确化和科学化显得十分困难。因此，对典型瓦楞结构件的研究，应当首先立足于一种结构，在对该结构的性能做出定性定量的分析之后，进而探讨可以指导瓦楞纸板结构缓冲设计的设计原则。综合考虑各类结构的稳定性、承载性、能量吸收性能以及经济性后，下面以斜撑结构单元为例，探讨瓦楞纸板结构件的缓冲性能。

三、斜撑结构件力学性能分析

衬垫对物资的缓冲保护作用主要体现在两方面，一方面是要延长载荷作用时间以降低物资的最大作用力和最大加速度，另一方面就是消耗或储存外界环境作用产生的能量。因此，评判一个缓冲结构可以从结构的最大负载和结构受冲击以后的变形能两个方面考虑。

对斜撑结构进行静态压缩试验，以研究斜撑结构在受载过程中的载荷与变形的关系，瓦楞结构单元受压前后示意图如图 6-6 所示，试验得到的载荷 - 变形

---

① 1 吋 = 2.54 厘米。

曲线如图 6-7 所示。由图 6-6 和图 6-7 可以看出,斜撑结构单元的受压变形可分为弹性阶段、塑性阶段和结构屈服阶段。

图 6-6　瓦楞结构单元受压前后示意图

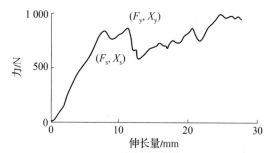

图 6-7　斜撑结构单元的载荷-变形曲线

曲线在点 (F_s, X_s) 之前近似呈直线状态,属于弹性变形阶段。这一阶段主要是纸板自身的作用,纸板在该点屈服,然后产生塑性变形。点 (F_s, X_s) 为产生弹性变形的极限变形点。结构单元发生弹性变形时,符合虎克定律,即施加一定的外力,试样会产生与负荷成正比的变形。在这一阶段中,试样在外观上无明显变化,表现在曲线上为压缩力和变形量同步增加。由于瓦楞纸板的瓦楞呈拱形结构,具有一定的弹性恢复力,另外,当纸板承受面内垂直载荷时,纸板具有一定的弯曲刚度,可以抵抗外力。在此阶段内,当施加的压缩力撤销时,试样会恢复到原来的状态。该阶段的斜率和大小与楞型、面纸和芯纸的材料以及结构的宽度和高度有关。

当压缩力继续增加时,试样变形进入塑性变形阶段,即点 (F_s, X_s) 和点 (F_y, X_y) 之间的曲线段。其中,点 (F_y, X_y) 对应的压缩力为最大承载载荷。此阶段内,主要是斜撑结构的侧板失效,侧板首先从与斜撑接触的两个拐角处压溃。此阶段的压缩量是不可完全恢复的。此时,撤销外力,结构会有一定的弹性恢复,但仍有残余变形量。由于变形量一般在 10 mm 左右,此阶段仍然对物资具有保护功能。

当压缩力超过最大点后，试样进入第三阶段——结构屈服阶段。从外观上看，试样破坏程度逐渐加大，结构严重变形。在曲线上，表现为变形量继续加大，但压缩力呈现波动状态。随着结构的屈服压实，曲线上升。但此时由于结构变形过大，且不能恢复，已基本失去对物资的保护作用。对于在实际中只承受一次冲击的缓冲包装设计，此段曲线仍然具有参考价值。

因此，斜撑结构缓冲衬垫一旦进入结构屈服阶段，就失去了缓冲的能力。最大承载载荷是判定结构单元有无缓冲能力的重要指标。下面从理论角度来说明瓦楞结构件的结构参数与结构承载能力的关系。

（一）斜撑结构的主要结构参数

斜撑结构是由瓦楞纸板组成的空间结构，主要承重结构包括两竖直侧板、顶部水平纸板以及内部支撑纸板。物资的重量（载荷）通过顶部水平纸板传递给竖直侧板与内部支撑纸板，再由水平纸板和内部支撑纸板把载荷传递到地面。由此可见，该结构虽然是一空间结构，但它的主要承重结构及力的传递路线是由平板结构组成的，因此可以把它分解为平面结构来进行分析。图6-8所示为与斜撑瓦楞纸板缓冲结构件有关的结构参数示意图。

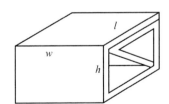

图6-8　与斜撑瓦楞纸板缓冲结构件有关的结构参数示意图

1. 横向长度

横向长度用 l 表示，该参数将直接影响到瓦楞纸板缓冲件承受载荷的面积，而且随着横向长度的变化，缓冲结构件的体积也会明显变化。

2. 纵向宽度

纵向宽度用 w 表示，即两竖直侧板的长度，该参数直接影响到瓦楞纸板缓冲件承受载荷的面积。

3. 高度

瓦楞纸板缓冲结构件的总高度用 h 表示，随着高度的变化，结构件的承载能力将发生变化,同时也会影响缓冲件的体积。

上述几个结构参数的变化对瓦楞纸板缓冲结构件力学性能的影响是十分明显的,在对其进行力学分析时,需要做出一些简化和假设,略去某些次要因素,保留其主要受力特性,从而使计算切实可行。

(二) 分析模型

斜撑结构在实际应用中,被包装物的底面与板 1 接触,其重量由板 1 传递给两竖直侧板——板 2 与板 3;同时,内部支撑板 4 起到一定的支撑与稳定结构的作用,如图 6 - 9 所示。作用在结构上的载荷由这三块板共同承担,当分摊到每块板的载荷超过该板的承载极限时即发生屈曲。故可将空间结构问题转化为平面内易损板的稳定问题。分析可知,板 2 为该结构的易损板,因此问题转化为求得板 2 的临界屈曲载荷。

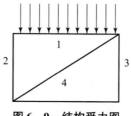

图 6 - 9 结构受力图

根据瓦楞纸板的结构和性能,将看作各向异性的层合板,产生弯曲变形时其面板主要承受面内拉伸、压缩及面内剪应力,芯纸主要承受横向剪应力。

瓦楞纸板的内力矩与应变的关系式为

$$\begin{cases} M_x = -D_1\left(\dfrac{\partial^2 \omega}{\partial x^2} + v_{yx}\dfrac{\partial^2 \omega}{\partial y^2}\right) \\ M_y = -D_2\left(\dfrac{\partial^2 \omega}{\partial y^2} + v_{xy}\dfrac{\partial^2 \omega}{\partial x^2}\right) \\ M_{xy} = -2D_k\dfrac{\partial^2 \omega}{\partial x \partial y} \end{cases} \quad (6-1)$$

式中,$D_1 = \dfrac{E_x(h+t)^2 t}{2(1-v_{xy}v_{yx})}$,$D_2 = \dfrac{E_y(h+t)^2 t}{2(1-v_{xy}v_{yx})}$,$D_k = \dfrac{G_{xy}(h+t)^2 t}{2}$,而且满足关系式:$D_1 v_{yx} = D_2 v_{xy}$。$E_x$、$E_y$ 分别为面板沿 x 和 y 方向的弹性模量,G_{xy} 为面板在 xy 平面的剪切模量,v_{xy} 和 v_{yx} 为泊松比。

根据斜撑结构的受力情况，这里只考虑边界上纵向载荷所引起的内力，并没有任何横向载荷牵涉在内，并考虑面中内力对弯曲的影响，这时平衡方程为

$$\begin{cases} \dfrac{\partial M_x}{\partial x} + \dfrac{\partial M_{xy}}{\partial y} - Q_x = 0 \\ \dfrac{\partial M_{xy}}{\partial x} + \dfrac{\partial M_y}{\partial y} - Q_y = 0 \\ \dfrac{\partial Q_x}{\partial x} + \dfrac{\partial Q_y}{\partial y} + N_x \dfrac{\partial^2 \omega}{\partial x^2} + N_{xy} \dfrac{\partial^2 \omega}{\partial x \partial y} + N_y \dfrac{\partial^2 \omega}{\partial y^2} = 0 \end{cases} \quad (6-2)$$

将式（6-1）代入式（6-2）简化后得

$$-\left(D_1 \dfrac{\partial^4 \omega}{\partial x^4} + 2D_3 \dfrac{\partial^4 \omega}{\partial x^2 \partial y^2} + D_2 \dfrac{\partial^4 \omega}{\partial y^4} \right) + N_x \dfrac{\partial^2 \omega}{\partial x^2} + 2N_{xy} \dfrac{\partial^2 \omega}{\partial x \partial y} + N_y \dfrac{\partial^2 \omega}{\partial y^2} = 0$$

式中，$D_3 = (D_1 \upsilon_{yx} + 2D_k)$。

这是挠度 ω 的齐次微分方程，其中的 N_x，N_y，N_{xy} 是用已知分布而未知大小的纵向载荷表示的，平板在面内压力作用下达到临界状态时，在横向弯曲扰动下将发生明显的弯曲变形，并且扰动消除后也不能恢复到原先的平面状态。将易损板处理成受载边简支，非受载边为自由边的正交异性夹层板，无横向载荷，受力示意图如图 6-10 所示。

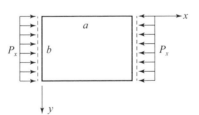

图 6-10　两对边简支瓦楞纸板

于是得中面内力为

$$N_x = -P_x, N_y = 0, N_{xy} = 0$$

代入微分方程，得出

$$\left(D_1 \dfrac{\partial^4 \omega}{\partial x^4} + 2D_3 \dfrac{\partial^4 \omega}{\partial x^2 \partial y^2} + D_2 \dfrac{\partial^4 \omega}{\partial y^4} \right) + P_x \dfrac{\partial^2 \omega}{\partial x^2} = 0 \quad (6-3)$$

取挠度的表达式为

$$\omega = \sum_{m=1}^{\infty} \omega_m = \sum_{m=1}^{\infty} Y_m \sin \dfrac{m\pi x}{a} \quad (6-4)$$

式中，Y_m 只是 y 的函数，可以满足左右两边的边界条件。将式 (6-4) 代入式 (6-3)，得到

$$\sum_{m=1}^{\infty}\left[D_2\frac{\mathrm{d}^4Y_m}{\mathrm{d}y^4}-2D_3\frac{m^2\pi^2}{a^2}\frac{\mathrm{d}^2Y_m}{\mathrm{d}y^2}+\left(D_1\frac{m^4\pi^4}{a^4}-P_x\frac{m^2\pi^2}{a^2}\right)Y_m\right]\sin\frac{n\pi x}{a}=0 \quad (6-5)$$

式中，m 及 n 分别表示瓦楞纸板压曲以后沿 x 及 y 方向的正弦半波数目。由此可见，纵向载荷 P_x 的临界值一定满足如下压曲条件：

$$D_2\frac{\mathrm{d}^4Y_m}{\mathrm{d}y^4}-2D_3\frac{m^2\pi^2}{a^2}\frac{\mathrm{d}^2Y_m}{\mathrm{d}y^2}+\left(D_1\frac{m^4\pi^4}{a^4}-P_x\frac{m^2\pi^2}{a^2}\right)Y_m=0 \quad (6-6)$$

它的特征方程是

$$r^4-2\frac{D_3}{D_2}\frac{m^2\pi^2}{a^2}r^2+\left(\frac{D_1}{D_2}\frac{m^4\pi^4}{a^4}-\frac{P_x}{D_2}\frac{m^2\pi^2}{a^2}\right)=0 \quad (6-7)$$

这个代数方程的 4 个根是：

$$\pm\sqrt{\frac{m\pi}{a}\left(\frac{D_3m^2\pi^2}{D_2a^2}+\frac{D_3^2m^2\pi^2}{D_2^2a^2}-\frac{D_1m^2\pi^2}{D_2a^2}+\frac{P_x}{D_2}\right)}$$

$$\pm\sqrt{\frac{m\pi}{a}\left(\frac{D_3m^2\pi^2}{D_2a^2}+\frac{D_3^2m^2\pi^2}{D_2^2a^2}-\frac{D_1m^2\pi^2}{D_2a^2}+\frac{P_x}{D_2}\right)} \quad (6-8)$$

在斜撑结构中，$y=0$ 和 $y=b$ 的两边完全不受约束（为自由边），则薄板成为简支梁，临界载荷将等于欧拉临界载荷 $D_1\frac{m^2\pi^2}{D_2a^2}$，即

$$P_x=D_1\frac{m^2\pi^2}{a^2} \quad (6-9)$$

（三）斜撑结构件最大承载载荷预测

根据斜撑结构破坏机理的研究，说明斜撑结构的失效主要是两竖直侧板的屈曲破坏，因此主要可以根据竖直侧板的屈曲破坏载荷来逆推整个瓦楞结构件的最大承载能力。

设长度为 l、宽度为 w、高度为 h 的斜撑结构件受到的均布垂向载荷为 F，则结构压溃时，结构各部分的力分别为两竖直侧板的屈曲载荷以及内部支撑纸板的垂直分力，如图 6-11 所示。

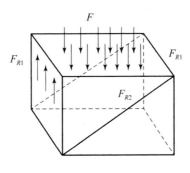

图 6-11 结构受力图

根据式（6-9），两竖直侧板的承受载荷为

$$F_{R1} = 2w \cdot P_x = 2w \cdot D_1 \frac{m^2 \pi^2}{h^2} \qquad (6-10)$$

内部支撑板承受的载荷为

$$F_{R2} = 2w \cdot P_x \cdot \sin\alpha = 2w \cdot D_1 \frac{m^2 \pi^2}{h^2} \cdot \frac{h}{\sqrt{l^2 + h^2}} \qquad (6-11)$$

斜撑结构的最大载荷为

$$\begin{aligned} F &= F_{R1} + F_{R2} \\ &= 2w \cdot D_1 \frac{M^2 \pi^2}{h^2} + 2w \cdot D_1 \frac{M^2 \pi^2}{h^2} \cdot \frac{h}{\sqrt{l^2 + h^2}} \\ &= 2w \cdot D_1 \frac{M^3 \pi^3}{h^2} \left(1 + \frac{h}{\sqrt{l^2 + h^2}}\right) \end{aligned} \qquad (6-12)$$

通过上述推导可以看出，结构的最大载荷随结构宽度的增加而增加，随高度的增加而减小，并且与长度有一定的关系。

第二节 瓦楞-蜂窝组合纸板

在纸质运输包装材料中，瓦楞纸板及纸箱应用的最多，瓦楞纸板对小幅载荷有良好的缓冲性，但其强度较小，承受不了重型物资运输时的大幅冲击载荷；蜂窝纸板强度较大，能抵抗大幅载荷，但由于刚性太大，对于小幅载荷的缓冲性不好。因此，使用中一般是将瓦楞纸板和蜂窝纸板结合起来形成组合纸板。组合纸板的形式比较多，有瓦楞－蜂窝组合结构、蜂窝－蜂窝组合结构、EPE－蜂窝组合结构、EPS－蜂窝组合结构等众多组合结构。下面主要讨论瓦楞－蜂窝组合结构的纸板。

一、瓦楞－蜂窝组合纸板概述

瓦楞－蜂窝组合纸板本身具有非常高的利用率，回收起来也比较容易，对周围环境的污染非常小，可以很好地保护环境。另外，蜂窝纸板的构造属于一种夹层板的形式，将瓦楞纸板和蜂窝纸板结合起来的组合蜂窝纸板也具有夹层板的特征。这种组合式的蜂窝纸板能够承载物资的质量比较大，具有非常好的弹性，具备较高的抗压强度，同时自身的质量还很轻，生产成本很低，最重要的是可以非常容易地调节组合蜂窝纸板的刚度和强度。例如通过改变其厚度和组合形式可以调整此种组合纸板的强硬度。目前，我国主要是在物资运输包装方面使用瓦楞－蜂窝组合纸板或者瓦楞－蜂窝组合纸箱，特别是一些重载物资的包装。在瓦楞纸板和蜂窝纸板的产量方面，我国已经领先于世界其他许多国家，同时，我国已经非常成熟地掌握了瓦楞纸板的生产工艺以及蜂窝纸板的生产工艺。瓦楞－蜂窝组合纸板是通过一些专业机械设备将蜂窝纸板与瓦楞纸板组合在一起而制成的，瓦楞－蜂窝组合纸板结构比较坚固，又具有很好的反弹性，同时具有很强的缓冲性能，能够对所包装的物资起到非常好的缓冲防振效果。

二、瓦楞－蜂窝组合纸板结构特点

（一）蜂窝纸板的组成结构

蜂窝纸板主要是由蜂窝状的芯纸以及上下两张面纸组合而成的纸板。制作蜂窝纸板的原材料主要是牛皮纸和再生纸，经过专业的机器生产设备做成非常像蜂窝的夹芯，而后在这种夹芯的上下两面分别粘上一层面纸形成蜂窝纸板。从蜂窝纸芯的横截面来看，其主要是由一些六角形空心柱条粘接而成的，蜂窝纸芯其实就是模仿蜜蜂的六角形蜂巢，因此称为蜂窝纸板。其结构如图6－12所示。国外最薄的是3 mm，最厚的是100 mm，最宽超过3 000 mm。对于蜂窝纸板来说，其特征有以下几点：

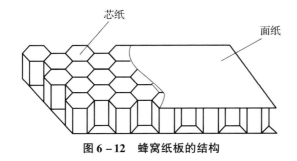

图 6-12　蜂窝纸板的结构

（1）蜂窝纸板的质量非常小，制作所使用的原材料也非常少，从而降低了成本。蜂窝纸板的夹层结构相对于其他材料有强度质量比最大的优点。因此，蜂窝纸板成品的性价比非常高。

（2）蜂窝纸板的强度比较高，纸板的外面一层非常光滑平坦，而且这种夹层构造体现出其优越的稳定性，较强的抗压性和抗弯性满足了箱式包装材料的需求。

（3）蜂窝纸板抵抗外界的冲击性非常好，同时对于外界的缓冲效果也非常明显。它是由柔性纸芯和面纸黏合而成，从而造就了蜂窝纸板良好的韧性和回弹性，特殊的蜂窝夹芯结构大大节省了纸板用量，使蜂窝纸板容重较小（约为 24 kg/m^2），同时增加了蜂窝纸板的可压缩空间，使蜂窝纸板具备了比较好的缓冲性，加大了蜂窝纸板的厚度，吸收的冲击能量越大，蜂窝纸板的缓冲效果就越好。

（4）蜂窝纸板的吸声和隔热能力也比较强，其夹层结构内部是封闭的小空间，其中充满空气，造就了蜂窝纸板较强的隔声和保温性能。

（5）蜂窝纸板基本无污染，符合当今世界的环保形势。其使用的全是可循环的再生纸板，使用之后基本可以全部回收再利用。

（二）瓦楞纸板的组成结构

如前所述，瓦楞纸板主要是由箱板纸做里和面，在里和面之间用瓦楞原纸做夹芯黏合而成。瓦楞主要是 U 型和 V 型，U 型的楞峰近似于圆形，而 V 型的楞峰近似于三角形，但目前普遍使用 UV 型瓦楞来制作瓦楞纸板，如图 6-13 所示。瓦楞纸板最重要的结构特征是它横截面上原纸的层数。而瓦楞纸板根据芯纸层数主要有单瓦楞纸板、双瓦楞纸板和三瓦楞纸板等。不同层数的瓦楞纸板如图

6-14 所示。单瓦楞纸板由内外两张面纸和一层瓦楞芯纸组成，因此又称为三层板。三层瓦楞纸板使用比较广泛，主要是包装一些质量比较轻的物资。而双瓦楞纸板主要是将 A 型瓦楞和 B 型瓦楞组合在一起制成的，双瓦楞纸板主要是将 B 型瓦楞放在箱的外侧，而将 A 型瓦楞放在箱的内侧起缓冲作用，同时也很美观。三瓦楞纸板由两层面纸、两层垫纸和三层瓦楞芯纸组合而成，因此又叫作七层板，七层板一般是装载一些质量比较大的物资。

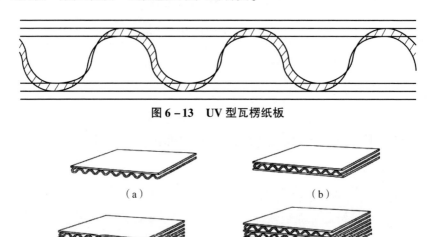

图 6-13　UV 型瓦楞纸板

图 6-14　不同层数的瓦楞纸板

(a) 双瓦楞纸板；(b) 三瓦楞纸板；(c) 五瓦楞纸板；(d) 七瓦楞纸板

（三）瓦楞-蜂窝组合纸板的结构形式

两层双瓦楞纸板与一层蜂窝纸板组合而成的瓦楞-蜂窝组合纸板结构如图 6-15 所示。这种将瓦楞纸板和蜂窝纸板组合在一起的结构，主要特征是将瓦楞纸板当成了蜂窝纸板的面板层，这种结构很好地增强了蜂窝纸板的弹性以及强度等性能，并且使蜂窝纸板的缓冲性能也发生了一定程度的变化。我们可以将瓦楞-蜂窝组合纸板的结构理解为一种面纸为各向同性而夹芯为蜂窝结构组成的正交各向异性板，它的厚度变化主要是通过增加或减少蜂窝夹芯的厚度来实现，与瓦楞纸板等其他纸质缓冲包装材料相比，更能节省材料。蜂窝纸板夹芯柱孔的尺寸可以变化，它的变化也可以改变蜂窝纸板的强度，这一点与瓦楞纸板相比也有区别。

图 6-15 瓦楞-蜂窝组合纸板结构

三、瓦楞-蜂窝组合纸板力学性能分析

在实际的缓冲包装设计中，常常不只使用一种缓冲材料，有时为了符合各种不同价值、结构非常繁复的物资缓冲要求，有必要把一些材料相同或者材料不同的缓冲包装材料结合在一起使用。在日常实践中多种缓冲材料组合的形式非常多，最常见的形式就是叠置。而瓦楞-蜂窝组合纸板就恰恰属于这种叠置的形式，它是将两层瓦楞纸板和一层蜂窝纸板叠置在一起，属于将两种缓冲材料分成三层叠置在一起。

假设这两种不同材料组合后的结构形成立方体，其受力面面积均为 S，各自的原始厚度分别为 H_1 和 H_2，组合结构的厚度 $H = H_1 + 2H_2$，材料的受力方向则是完全垂直于受力表面，蜂窝纸板和瓦楞纸板的弹性模量分别为 E_1 和 E_2，在外力 F 的作用之下两者发生的形变量分别是 L_1 和 L_2，蜂窝纸板和瓦楞纸板的弹性系数分别为 K_1 和 K_2，瓦楞-蜂窝组合纸板的等效弹性模量、总形变、刚度系数以及厚度分别为 E、L、K 和 H。σ 为静应力，ε 为应变，X 为变形量。图 6-16 所示为瓦楞纸板和蜂窝纸板叠置在一起的力学模型。

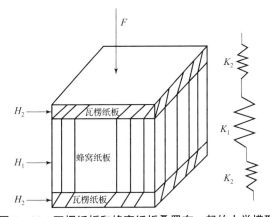

图 6-16 瓦楞纸板和蜂窝纸板叠置在一起的力学模型

$$\begin{cases} L = F/K \\ L = L_1 + L_2 \end{cases} \quad (6-13)$$

根据图 6-16 所示的力学模型，结合式（6-13）可得

$$\frac{1}{K} = \frac{1}{K_1} + \frac{1}{2K_1} \quad (6-14)$$

在材料发生小范围形变时，其应力与应变的关系符合虎克定律，即

$$E = \frac{\sigma}{\varepsilon} \quad (6-15)$$

式中，E 为材料的弹性模量，它主要是体现材料在受到压力的情况下抵抗变形的能力，属于材料的固有特性。

同时材料的应力、应变以及刚度系数可由以下公式计算出：

$$\begin{cases} \sigma = \dfrac{F}{S} \\ \varepsilon = \dfrac{X}{H} \\ K = \dfrac{F}{X} \end{cases} \quad (6-16)$$

通过式（6-13）、式（6-14）、式（6-15）以及式（6-16）代换可以得到

$$K = \frac{ES}{H} \quad (6-17)$$

把式（6-17）代入式（6-13）中，可以分别得到

$$\begin{cases} K = \dfrac{4E_1 E_2 S}{2H_2 E_1 + H_1 E_2} \\ \dfrac{H}{E} = \dfrac{H_1}{E_1} + \dfrac{2H_2}{E_2} \end{cases} \quad (6-18)$$

另外，式（6-18）可以进一步化简得到

$$E = \frac{E_1 E_2 H}{E_2 H_1 + E_1 H_2} \quad (6-19)$$

如果瓦楞-蜂窝组合纸板的总厚度 H 为常量，蜂窝纸板和瓦楞纸板各自占瓦楞-蜂窝组合纸板的总厚度比分别为 α 和 β，则式（6-18）和式（6-19）可以

分别表示为

$$\begin{cases} E = \dfrac{E_1 E_2}{\alpha E_2 + 2\beta E_1} \\ K = \dfrac{4 E_1 E_2}{2 E_1 + E_2} \times \dfrac{S}{H} \end{cases} \quad (6-20)$$

对 α 和 β 的比例进行调整，也就是说瓦楞-蜂窝组合纸板中瓦楞纸板和蜂窝纸板厚度不同，瓦楞-蜂窝组合纸板的等效弹性模量 E 和刚度系数 K 也可能会发生一些变化。

由于各层纸板的厚度不同会引起参数的变化，以至于研究结果也会发生各种变化，下面针对固定纸板的厚度进行研究。

纸板在受到外力压缩时，其形变过程大致可以分为 4 个阶段：线弹性阶段、屈服阶段、塑性坍塌阶段和密实化阶段。当对纸板施加外力时，该外力就会对纸板做功。纸板发生的形变达到应变 ε_{max} 的过程中子单位体积内做的功，即应力-应变曲线中应变达 ε_{max} 时所围成的面积，如图 6-17 阴影部分所示。在线弹性阶段里基本上没有吸收能量，而是在很长的平台阶段吸收了大量的能量。

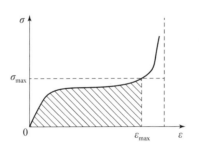

图 6-17　能量吸收原理

物资的缓冲包装材料对于来自外界的压力造成的冲击具有一定的缓解吸收能力，这种对于能量的吸收能力就是物资的缓冲包装材料非常重要的特性。对于运输的物资进行缓冲包装时主要就是以能量的吸收能力和应力-应变曲线图作为主要设计依据。应力-应变的变形能如图 6-18 所示。瓦楞-蜂窝组合纸板在具体的物资包装运用中主要是作为弹性体的功能。在具体的包装时主要运用其一个方向也就是 Z 方向的压缩性能，基本上会忽略其他方向的弹性，把瓦楞-蜂窝组合纸板想象成三个弹簧连接在一块，对于除 Z 方向以外的方向的应变能增量不予考

虑，瓦楞-蜂窝组合纸板的应变能可以表示为

$$W = \int_0^\varepsilon \sigma \mathrm{d}\varepsilon \tag{6-21}$$

从上式中可以看出缓冲材料在发生形变时，它的单位体积所能吸收的能量可以通过应力-应变曲线下的积分面积计算出来，W 就是缓冲材料的单位体积的变形能。

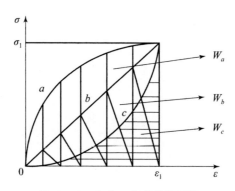

图 6-18　应力-应变的变形能

σ/W 是对物资进行缓冲包装中非常重要的一个参数，它和缓冲材料的应力-应变曲线以及其所受到的应力状态有着非常密切的关系。缓冲系数的值主要由材料的性质决定，同时对于物资进行包装的结构大小以及缓冲性能有着非常深远的影响。因此在包装动力学中就是将 σ/W 定义为缓冲系数，叫作 C，即

$$C = \frac{\sigma}{W} \tag{6-22}$$

缓冲系数主要是缓冲包装材料在受到外力压缩时，体现其缓冲效果的参数。在图 6-18 中有三种包装材料的应力-应变曲线，当三种包装材料的应力相同时，其应变也相等，这就体现出了三种包装材料对于外力具有同等的承受能力。但对于三种包装材料的应力-应变曲线来说，各自曲线下所包含的积分面积大小却各不相同：$W_a > W_b > W_c$，也就是说单位体积所吸收的能量（应变能）材料 a 是最大的，材料 b 次之，材料 c 是最小的。在作为缓冲包装衬垫时，使用材料 a 的体积最小，可以很好地节省原料成本，其次是材料 b，材料 c 是最大的，这就非常完美地体现了缓冲系数的物理意义。而瓦楞-蜂窝组合纸板其实就是一种瓦楞纸芯和蜂窝纸芯彼此组合在一起构造的夹层结构纸板。该夹层纸板从本质上来

说就是一种合成纸板,其实就是把若干层不同材质、不同功能、不同厚度的材料重在一起形成的合成材料。位于该夹层板的最中央那一层的结构拥有非常弱的刚度,但那一层结构却拥有非常大的厚度,可以使夹层板的上下两层材质协同工作,一般将这一层非常厚的结构叫作夹层板的夹芯,该夹芯上下两层薄而坚硬的结构叫作面板。黏合在蜂窝纸板上下的两层瓦楞纸板和蜂窝纸板一样都属于夹层板结构。两者的不同之处是中间纸芯不一样,瓦楞纸板是在上下面板之间夹一层或者多层的波纹纸芯,而蜂窝纸板是在上下面板之间夹一层厚厚的蜂窝纸芯。引起瓦楞-蜂窝组合纸板的性状产生差异的因素比较多,如瓦楞纸板和蜂窝纸板各自的纸芯性能、各自纸的质量、黏合时黏合剂的质量等众多方面的差异,都会对瓦楞-蜂窝组合纸板的性能产生不同程度的影响。瓦楞-蜂窝组合纸板这种特殊的夹层板结构将会对其力学性能造成一定的影响,特别是瓦楞-蜂窝组合纸板的静态压缩特性和振动传递特性等与缓冲包装息息相关的一些性能。

第三节 缓冲气垫

随着物资运输安全要求的提高以及人们环保意识的增强,以瓦楞纸板为代表的传统缓冲材料的使用受到限制。缓冲气垫作为一类新型缓冲材料,因其环保、经济、美观、缓冲性能好等特点,在物资运输安全防护中应用得越来越多。

一、空气柱衬垫

(一) 空气柱衬垫概述

空气衬垫是一种新型绿色缓冲包装材料,由两层塑料薄膜设计成一定宽度的气室后,利用逆止阀将压缩空气注入腔室中,最后热封成型。成型后空气体积占99%,薄膜材料只占1%。现如今空气衬垫薄膜大多为复合薄膜,包括聚乙烯膜、聚偏二氯乙烯膜及尼龙膜等。聚乙烯膜热封性能好,聚偏二氯乙烯膜具有较好的阻隔性,尼龙膜耐刺穿性能强。空气衬垫缓冲机理是当包装件遭受冲击或振动时,封入薄膜中的空气发生变形,利用其弹性吸收外界冲击能量,减小外界冲击力,加速度值也随之下降,从而保护内置物资安全。空气衬垫的单体结构通常设计为块状或棒状,块状常为矩形或正方形结构,棒状则常设计为柱状结构。由多根长柱状组合而成的柱状整体缓冲结构,称为空气柱衬垫。它适用于包装无尖锐部分的轻型物品,如平板电脑、墨盒、LED 电视、酒瓶等缓冲包装。

(二) 空气柱衬垫缓冲机理

空气柱是在塑料薄膜之间充入压缩空气而制成,气室内所填充气体的体积、种类、气压、温度等均会影响空气柱的缓冲特性与承载能力。将空气柱中的压缩气体看作理想气体,气体具有压缩性及扩散性,在空气柱中气体可自由填充。当压缩气体时,体积减小。本节借鉴理想气体的压缩过程及原理来探究空气柱衬垫缓冲机理。

理想气体应当具备两个前提:忽略气体分子自身体积;忽略气体分子之间相互作用。

理想气体状态方程如下:

$$pV = \frac{m}{M}RT \quad (6-23)$$

式中,p 为气体压力(Pa);V 为气体体积(m³);T 为气体热力学温度(K);m 为气体质量(kg);M 为气体摩尔质量(kg/mol);R 为普适气体常数,$R = 8.31$ J/(mol·K)。

在物理学中,所谓封闭体系即可以把它看作一种热力体系。例如一个密闭气罐,内部填充气体并设置活塞,此时即可将其视为封闭体系。以 1 kg 气体为参考对象,根据热力学第一定律可知,在封闭体系中,气体吸收外界能量值等于气体内能增加值与活塞对外做功之和,公式表达为

$$dq = de + dW \quad (6-24)$$

式中,dq 为吸收外界能量;de 为气体内能增加;dW 为活塞对外做功。

同理,若以 n kg 为研究对象,则有

$$dQ = dE + pdV \quad (6-25)$$

当对空气柱进行静态压缩时,由于压缩速度缓慢,故此时可以将空气柱中气体变化过程看作定熵过程,所谓定熵过程是指该体系和其他系统热交换为零。

由于

$$dq = de + pdV = c_v dT + pdV = 0 \quad (6-26)$$

假设 $C_v + R = C_p$,$C_p/C_v = K$,代入上式可得

$$k\frac{dV}{V}+\frac{dp}{p}=0 \qquad (6-27)$$

对式 (6-27) 进行积分可得

$$pV^k = 常数 \qquad (6-28)$$

初态与终态关系：

$$p_1 v_1^k = p_2 v_2^k$$

$$T_1 v_1^{k-1} = T_1 v_2^{k-1}$$

$$T_1 p_1^{1-k} = T_1 p_2^{1-k}$$

功交换：

$$q = 0$$

热交换：

$$W = -\Delta^\varepsilon = c_v(T_1 - T_2) = \frac{1}{k-1}(p_1 v_1 - p_2 v_2) \qquad (6-29)$$

空气柱衬垫在实际应用中常常受到冲击载荷作用，由于其作用时间短，故可以看作外界对空气柱衬垫所做的功可全部转化为空气柱衬垫的内能。

（三）空气柱衬垫受力分析

1. 轴向压力下的变形

在正常状态（即没有外力作用）下，圆柱形塑膜空气垫由若干个柱状单元构成，各构成单元之间由起连接作用的双层塑料薄膜热压而成。为简化分析过程而又不失一般性，我们假设空气垫单元的长度相对于其半径足够大，于是可忽略空气垫两端的边缘效应，并采用 Esgar 引塑膜空气垫材料为非弹性的假设，将其简化成如图 6-19 所示的横截面形状。此时被压缩的两侧仍为圆弧形，且其长度保持不变。

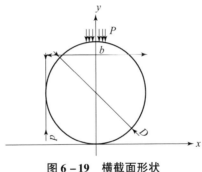

图 6-19 横截面形状

当空气垫单元沿 y 轴方向受压时，在 x 轴方向的变形是自由的，其圆形截面变为如图 6-19 所示的横截面形状，此时外界与空气垫的受力面积和体积可表示为

$$S = bL = \pi yL/2, \quad V = (\pi D^2/4 + db) \cdot L \tag{6-30}$$

式中，y 为空气垫在 y 轴方向发生的位移；V、S 分别为空气垫单元变形后的体积与横截面面积；d 为变形后被压两侧横截面半圆弧的直径；b 为压缩后空气垫单元与外界的接触长度，亦为在其横截面方向的受力长度；D 为空气垫正常情况下的直径；L 为空气垫的长度。

2. 空气垫单元内压力

由克拉珀龙方程可求得发生这种变形后空气垫单元内部压力为

$$P' = P_0 \frac{\pi D^2/4}{[\pi d^2/4 + (D-y)b]} \tag{6-31}$$

进而可求得空气垫缓冲材料所受的压缩力为

$$F = P'\mathrm{d}L = P_0 \frac{\pi D^2/4}{[\pi d^2/4 + (D-y)b]}\mathrm{d}L \tag{6-32}$$

3. 缓冲特性分析

为了研究不同结构与充气量对空气垫缓冲特性的影响，我们采用材料的本构关系与弹性比能 u 作为评价标准，其中本构关系是指材料应力与应变之间的定量关系，则弹性比能可表示为

$$u = \int_0^{\varepsilon_m} \sigma \mathrm{d}\varepsilon \tag{6-33}$$

式中，σ 为应力，其值为在一定变形条件下空气缓冲垫内气体的压强 P'；ε 为应变，ε_m 为包装件从高度为 H 处跌落至缓冲垫时缓冲材料所产生的最大应变，其值等于应力-应变曲线下方的面积。其中应变 ε 可表示为

$$\varepsilon = y/D \tag{6-34}$$

而对于包装件，其跌落高度 H 并不是固定不变的。不失一般性，本书假设所讨论的空气缓冲垫的最大应变 ε_m 固定为 0.5，这样并不会影响对后续结果的讨论。将式 (6-34) 与式 (6-31) 代入式 (6-33) 可得弹性比能的表达式为

$$u = \int_0^{0.5} P_0 \frac{\pi D/4}{[\pi d^2/4D + (1-\varepsilon)b]}\mathrm{d}\varepsilon \tag{6-35}$$

(四) 空气柱衬垫优点

相对于其他缓冲包装材料，空气柱衬垫具备以下优点：

(1) 应用范围广。空气柱衬垫可以有效吸收外界环境激励传递的能量，具备良好的缓冲特性。此外，它吸湿性小、耐腐蚀且对被包装物资无损坏、加工性能好，适用于众多物资。

(2) 包装形式广泛。空气柱衬垫缓冲包装易于制造加工成袋、筒、垫、套等不同形状，可以包装其端头、护角、棱边等位置，从而适用于不同包装形式。

(3) 保护环境。相对于体积较大、难以回收的泡沫塑料，空气柱衬垫是以片状薄膜形式进行运输储存，大大减小了包装材料体积，从而降低物流成本。使用后可将气垫戳破，易于回收，绿色环保。

(4) 使用便利。空气柱衬垫在运输储存时为片状，使用时只需利用单向阀向里面注入压缩空气成型，无须使用复杂设备，单人可操作，方便快速。此外，衬垫中每一根空气柱都有一个独立的逆止阀，破坏其中一根气柱，其他部分不受影响，对整体衬垫缓冲性能的降低微乎其微。

(5) 性能优良。空气柱衬垫可以防潮、防霉，具有较好的化学稳定性，质轻，是低碳的缓冲包装材料。

(6) 可以与其他材料复合，满足不同需求。例如市场上存在一种气袋，由低密度聚乙烯膜、聚丙烯膜、牛皮纸等为主要原料，内部充入气体，可用于填充包装箱内间隙。与传统泡沫塑料等缓冲材料填充方式相比，具备更好的缓冲性能。此外，气袋可反复使用，较为环保。

上述优点使空气柱衬垫这一缓冲材料应用广泛，包括药品、电子物资、家具、仪器、仪表等。特别适合轻型形状复杂且易碎物资的缓冲包装或是用于填充包装箱内部空隙位置，从而吸收外部冲击能量。

二、集装箱充气袋

(一) 集装箱充气袋概述

充气袋应用于集装箱中对物资的固定减振。集装箱充气袋具有单向逆止气阀，安全不漏气、放气迅捷、密闭牢固、可承受 7 t 以上的压力，广泛应用于集装箱、海运、拖车、火车等各种运输方式中；可填充物资之间的空隙，协助固定位置，支撑物资因摇晃产生的质量，吸收振动，保护运输途中的物资，避免移动和相互碰撞，起到缓冲、防倒塌等作用，使物资安全无损；特别适用于托盘、整板、成批集装箱化运输的物资；也作为特殊物资在集装箱内定位使用。充气袋使用方便、快捷，可大大节约装箱时间，提高装卸速度、效率，降低运输成本，可以重复使用，更是国际物资运输中原木或发泡胶的新型环保替代物资，已经是国际上越来越普遍采用的集装箱填充方式。

例如，我国上海奥特玛特公司的集装箱充气袋，如图 6-20 所示。外袋是用 PP 及 PE 覆膜的牛皮纸或 PP 编织布制成，坚韧而牢靠，内袋是由以 PA 为主的 7 层拱挤尼龙膜制成。单向逆止气阀充气或放气迅捷，密闭牢固，可承受 7 t 以上的压力。

图 6-20 集装箱充气袋

该集装箱充气袋是一种创新和简易的运输保护工具，由坚韧的外袋和气密性很高的内袋并装配气阀加工而成，随着工艺和环保要求的提升，外袋逐渐由传统的 PP + 牛皮纸复合材料，逐渐改为纯 PP 编织布，内袋由以 PA 为主的 7 层拱挤膜制成。单向逆止气阀充气或放气操作迅捷，密闭牢固，有效防止在卡车、集装箱或铁路运输中物资的相互碰撞，更是物资运输中原木材或发泡胶的新型环保替代物资。集装箱充气袋能充分填充物资之间的间隙，吸收物资因摇晃产生的冲量，牢牢地将物资固定在货柜里面，有效避免物资相互碰撞，起到缓冲、防倒塌等保护效果。

（二）充气袋工作原理及特点

集装箱冲气袋应用气涨原理，在物资或堆码之间形成缓冲层，填充物资之间的空隙，吸收振动，起到缓冲、防倒塌等作用。

集装箱充气袋具有以下优点：

（1）无须外接设备，充气方便、简单；自动锁气，可以随时放气、充气，可以反复使用。

（2）弹性好，有很强的恢复性，保护物资因压力而变形；物资洁净，不会带来灰尘，让物资更洁净、美观。

（3）快速充气，操作方便，提高装箱速度，节省劳动力，节省劳动成本。

（4）可以节省以往为解决此类问题而承担的不菲费用。

（5）根据物资的规格及产生的空隙量身定做，使保护更加完善，而且不造成浪费，节约成本，增强物资价格竞争力。

集装箱充气袋在使用过程中，还需借助以下辅助工具，充气的方式有两种：

（1）空压机（气源）+ 连接气管 + 风枪（吹尘枪）。

（2）专用充气装配，锂电池动力充气工具（优点：可视化充气量控制，适合随身随车携带的室外充气）。

（三）集装箱充气袋选型

集装箱充气袋选型主要依据物资之间的空隙大小、物资码垛的整体高度、托盘的深度或物资包装尺寸的深度、物资的质量以及运输方式（海运、陆运、铁运）。

例如，铁路运输一般选择三级充气袋，质量超过 1 t 或单元物资稳定性差的物资，也应选择二级或者更高级别的充气袋，普货一般选用一级充气袋。不同级别充气袋性能如表 6 - 3 所示。

表 6 - 3 不同级别充气袋性能

	性能指标及运用建议			1 bar = 14.5 psi
物资系列	使用压力	最大爆破压力	AAR 等级	适用范围
ZERO	<0.15 bar/2.2 psi	0.45 bar/6.5 psi	L0	轻型物资，中短途运输
ONE	<0.2 bar/2.9 psi	0.6 bar/8.7 psi	L1	常规物资，运用最广，海运—陆运
TWO	<0.4 bar/6 psi	1.2 bar/17 psi	L2	重型物资—海陆空
Three	<0.55 bar/8 psi	1.7 bar/25 psi	L3	铁路，重型物资，纵向填充
Four	<0.7 bar/10 psi	2.0 bar/30 psi	L4	铁路，重型物资
Flat	<0.2 bar/2.9 psi	0.45 bar/6.5 psi	L1	缝隙固定 300/600 mm

(四) 集装箱充气袋使用注意事项

(1) 严禁将充气气管或充气气枪插入充气袋内,否则会破坏充气袋内部构造。

(2) 填充缝隙宽度应小于充气袋宽度的 25%,否则影响气袋的填充性能。

(3) 若使用传统小气阀,在充气完成时需将气嘴部分盖严实,否则会导致充气之后漏气;若使用大气阀,充完气后,拔掉充气工具即可,安全性更高。

(4) 放置充气袋时气袋严禁超出物资高度,否则会影响充气袋在运输过程中的正常使用情况。

(5) 在集装箱尾部使用时,勿将充气袋放于物资与门之间,应放于物资的顶部,并将气袋充结实。

(6) 在使用充气袋时,接触的物体表面需平整,不应有毛刺或异物突出,否则会刺穿充气袋。

(7) 在充气袋的移动中,应离开地面,严禁在地面上拖动。

(8) 充气袋在放置时,物资堆码时叠放数需小于 120 个。

(9) 充气袋放置时上面不能放置其他重物。

(10) 充气袋应放置在室内常温和干燥的地方。

第四节 护角

护角,顾名思义就是用来保护物品角或墙角的。现代包装主要有塑料和纸两种,即塑料护角和纸护角,该两种物资广泛应用于各行各业物流运输中。

一、塑料护角

(一) 塑料护角概述

塑料护角是中纤板、刨花板、人造板、纸箱、纸板、陶瓷、玻璃等大型物资外包装的配套物资,用于保护物资与外包装的完整,如图 6-21 所示。塑料护角能够有效对物资的边缘进行保护,既可以防止物资受损,又可以美化物资的外包装,常与 PET 塑钢带、PP 打包带、钢带等捆扎材料配套使用,保证带身定位准确,不产生左右滑动,在保护物资本身的同时,更对物资整体的运输安全起到积极的辅助作用。

图 6-21 塑料护角

塑料护角的优点：护角可将物资束在一起使整体包装更加坚实牢固；把物资固定在托盘上，可起到保护物资及其边缘的作用；在搬运过程中可以保护和支撑物资；在物资叠放或装柜过程中，塑料护角可以起脚垫作用。

塑料护角是包装行业常用到的一种辅助包装材料，主要为了防止物品尖角的破损。塑料护角是热的不良导体，具有消声、减振作用。一般来讲，塑料的导热性是比较低的，相当于钢的 1/75～1/225，泡沫塑料的微孔中含有气体，其隔热、隔声、防振性更好。

塑料护角具有优异的电绝缘性能，普通塑料都是电的不良导体，其表面电阻、体积电阻很大，用数字表示可达 $10^9 \sim 10^{18}$ Ω，击穿电压大，介质损耗角正切值很小，因此，塑料护角在电子工业和机械工业上有着广泛的应用。

机械强度分布广和较高的比强度。有的塑料护角坚硬如石头、钢材，有的柔软如纸张、皮革；从塑料的硬度、抗拉强度、延伸率和抗冲击强度等力学性能看，分布范围广，有很大的使用选择余地。塑料护角是纸质包装箱制造和运输及托盘使用打包带捆托时的配套器材，用于纸箱、托盘的连接、支撑和加强，同时用于物品终端保护及物资包装、包扎时的边缘保护。

（二）塑料护角结构设计

与木箱相比，蜂窝纸板箱缓冲性能高出 2～8 倍，质量轻 55%～75%。蜂窝纸板箱在生产和使用中存在的一个突出问题是棱边的连接。传统的纸护角在蜂窝纸板箱生产过程中通过粘接方式进行连接，生产工艺较为复杂，且粘接牢固度难以控制，造成蜂窝纸板箱质量不稳定。在重型包装中还需辅其他加固件、连接件进行连接，使用不方便，且强度不大。因此需要新型的护角代替纸护角。

塑料护角采用卡扣结构对蜂窝纸板进行连接，代替传统的粘接方式。这样可优化纸箱生产工艺,降低劳动强度,提高蜂窝纸板箱的强度。塑料护角的结构特点使其具有可拆卸性,并且可以反复使用,从而降低蜂窝纸板箱整体成本。塑料护角硬度大于纸护角,放置在纸箱内外两侧,能够保护纸箱。

卡扣是一种非常简单、经济和快速连接两个不同组成部件的连接结构。所有类型的卡扣都有一个共同的设计原则,即一个突出部分组件在连接操作过程中产生小变形,然后与一个倒钩组件相互卡紧,最后卡扣的突出部分返回一个无应力状态。突出部分组件又称为锁紧件,根据锁紧件的不同卡扣可分为悬臂梁卡扣、平面型卡扣、止逆型卡扣、扭转型卡扣和圆环型卡扣,其中悬臂梁卡扣是最常见的一种。

二、纸护角

纸护角又称作边缘板,是目前国际上最流行的用于包装物资的材料之一,用来代替木质结构包装及其他笨重的包装方式。常见的纸护角是由纱管纸和牛卡纸经浸槽涂胶之后,经成套护角机定型热压而成,成品的两端面光滑平整且无明显的毛刺,常见的折弯纸护角有 L 型和 U 型两款,其尺寸范围很大,其中宽度范围为 30~100 mm,厚度范围为 2.5~8.0 mm,长度可根据实际包装的要求任意裁切,也可以根据客户的要求冲压成其所需型号,亦可加印标识,是理想的新型绿色环保包装材料。纸护角在包装中能够起到很重要的作用,与托盘配合使用时能加固托盘的整体包装,防止物资倾斜倒塌;放于纸箱内部四角处,能够增强纸箱的抗压强度和堆码强度,从而使包装更加牢固。常见纸护角类型如图 6-22 所示。

(a) (b)

图 6-22 常见纸护角类型

(a) 揭角纸护角;(b) 条形纸护角

不同尺寸规格的纸护角力学性能不同,不同材质制作而成的纸护角力学性能也不尽相同。有研究人员对纸护角的抗压性能做了研究,并得出纸护角抗压性能的计算公式,平均误差只有3%。

第五节 衬垫

物资运输过程中,为了更好地支撑物资并起到防滑作用,经常会采用衬垫材料进行防护。衬垫材料主要包括木制衬垫、稻草制品衬垫和橡胶垫等传统衬垫材料,随着技术的发展,出现了防滑纸、支撑盘等新型衬垫材料。

一、传统衬垫材料

(一)木制衬垫

木制衬垫材料主要包括垫木和隔木。垫木用于支撑物资并将其重量合理分布在车地板上,分为横垫木和纵垫木两种。隔木是物资分层装载时,铺垫在物资层间用于防止物资滑动的加固材料。垫木的宽度不得小于高度,横垫木和隔木的长度一般不应小于物资装载宽度,但不大于车辆的宽度。

(二)稻草制品衬垫

稻草制品衬垫材料主要包括条形草支垫、稻草绳把和稻草垫,既可置于物资和车地板间,也可置于物资层间,仅限一次性使用。条形草支垫和稻草绳把既可用于支撑物资,也可用于防滑;稻草垫只用于防滑。稻草制品衬垫材料用于支撑物资和防滑时,压实后高度不得小于40 mm,仅用于防滑时,压实后厚度不得小于10 mm。

(三)橡胶垫

橡胶垫可用作衬垫、防滑材料,一般置于物资与车地板间或是物资层间,要求抗压强度高,硬度适中。橡胶垫还可以用于防磨和缓冲。用作防磨材料时,置于拉牵加固材料与物资、车辆棱角接触处,要求扯断强度高。用作缓冲材料时,一般置于物资与阻挡加固材料间。

二、新型衬垫材料

(一)防滑纸

防滑纸作为一种新兴环保的包装材料,是一种全木浆卡纸材质,双面带有水性特殊防滑涂层材料的纸。双面防滑涂层增大了纸面的摩擦，有效地起到了防滑作用。防滑纸的克重一般为 100 g、220 g、300 g、400 g 等，尺寸小于托盘尺寸 3~5 cm，也可以配合自动化供应卷料，方便人工和机器码垛。

防滑纸源自欧美国家对环保的关注，在众多包装物资中，物资托盘稳定加固使用缠绕膜、打包带的较多。但是缠绕膜、打包带使用过后如不及时做好回收，会造成塑料垃圾。塑料垃圾在自然中分解的速度十分缓慢，这样对生态环境造成了一定的影响。而防滑纸的出现在包装的环保路上做出了巨大的贡献，也改善了托盘物资码垛的稳定性和安全性。同时从包装时间、包装成本上也做了优化。

防滑纸的作用是放置在物资和物资之间，或者物资和托盘之间增大摩擦，防止物资在搬运或者运输中滑落及倒塌，从而使托盘保持整齐的码垛，减少物资的损坏概率；以及增加物资码垛的高度，从而使仓储空间利用率更高；也可以作为物资的二次包装，使用范围较广泛，其优势是低成本、高性能。

1. 防滑纸的生产工艺流程

（1）生产过程从将大纸卷转换为双面涂层防滑表面开始。

（2）大纸卷在涂布机上进行双面涂布。

（3）防滑液体通过涂布头顶部和底部沉积在纸上，然后通过干燥设备干燥并在生产线末端复卷。

（4）在涂层过程结束时，大卷（处理过的）被转移到切纸机上，即将物资切割成指定尺寸。

2. 防滑纸的性能区别

根据防滑纸的涂层性能来分，分为 SATBULON 系列和 SATBUSTOP 系列，主要区别在于防滑垫配合物资使用时托盘的倾斜角，SATBULON 的倾斜角度可以达到 42°，SATBUSTOP 系列的防滑垫倾斜角度可以达到 65°。托盘包装物资所使用的膜需要达到倾斜角 27°测试场景如图 6 – 23 所示。防滑纸 SATBULON 系列和 SATBUSTOP 系列都能收缩膜类托盘加固的倾斜角度，而这一区别主要源自防滑垫物资涂层，不同的倾斜角度所喷涂的涂层是不一样的。

图 6-23 倾斜角 27°测试场景

通常，木托盘以及纸箱包装物资均可以使用 SATBULON 系列防滑纸，如是塑料托盘、塑料桶以及金属桶装物品，建议使用 SATBUSTOP 系列防滑纸，这样可以有效地避免物资在运输中出现滑动货损的情况。图 6-24 所示为托盘货使用防滑垫物急刹车前后对比。

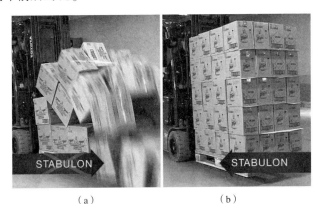

(a) (b)

图 6-24 托盘货使用防滑垫物急刹车前后对比

(a) 使用前；(b) 使用后

3. 防滑纸的厚度

因物资包装的多样性，防滑纸的厚度选型上会有区别，目前常规的厚度克重为 100 g、220 g、300 g；100 g 防滑纸主要适用于纸箱包装物资、袋装物资之间。

随着全球经济的发展，防滑垫应用的场景也越来越广，既可以有效地提高搬运、存储、运输等物流作业的安全性，也可以减少物流环节的货损问题，提高车辆的装载率，优化了物资的二次包装，节省了包装成本。

(二) 支撑盘

支撑盘是一种可调节的缝隙填充系统，可避免物资在运输过程中摇晃、倾倒,从而保护物资的安全。传统的木条支架等缝隙填充方式每次都需要现场定制,不仅费时费工,而且由于其不可伸缩的缺点,随着物资运输过程的颠簸还有再次产生缝隙的可能性。空气填充系统虽解决了这些痛点,但针对超低温环境、物资表面不平整、不规则或有毛刺等场景时也会存在一定风险,且当运输过程温差较大时,空气的热胀冷缩会导致其内压的动态变化。支撑盘适用多种缝隙、操作迅速、可重复使用、调节杆可以给予物资足够的支撑力等方面。其克服了传统缝隙填充物资的局限性,是空气填充系统一个很好的补充,支撑盘如图6-25所示。

图6-25 支撑盘

支撑盘具有如下优点:

(1) 可调节宽度,适用多种缝隙。

(2) 操作简单,几秒内快速部署。

(3) 拆装简便,可重复使用,低碳环保。

(4) 自动锁紧,适应不同场合。

针对常规物资,支撑盘形状如图6-26所示;针对异形物资,支撑盘形状如图6-27所示。

图6-26 常规支撑盘

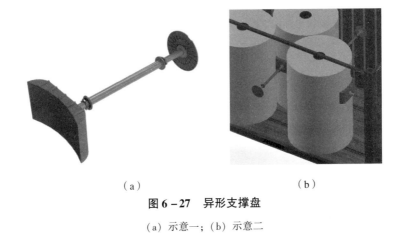

图 6 – 27　异形支撑盘

(a) 示意一；(b) 示意二

另外，支撑盘可以加入力学监测传感器材，实现运输过程中物资力学状态的实时监控，为物资安全运输提供物联支持。

第七章
运输固定防护器材试验

运输固定防护器材在投入市场前,需要经过严格的试验检验,合格后才能交付使用。运输固定防护器材试验不仅包括捆扎器材试验、防护器材试验,而且包括运输过程中集装件的整体试验。合理的试验方法是运输固定防护器材质量的重要保证,而正确地开展试验也是关键一环。

第一节 钢性捆扎带试验

钢性捆扎带试验目的为考核"钢性捆扎带"各项技术指标是否达到应用性能规定要求。试验主要参照如下标准要求:GB/T 10125—2012《人造气氛腐蚀试验 盐雾试验》、GB/T 228.1—2010《金属材料拉伸试验》、GB/T 235—2013《金属材料 薄板和薄带反复弯曲试验方法》、GB/T 25820—2018《包装用钢带》、GB/T 7141—2008《塑料热老化试验方法》、GJB 150.3A—2009《军用装备实验室环境试验方法 第3部分:高温试验》、GJB 150.4A—2009《军用装备实验室环境试验方法 第4部分:低温试验》。试验所用的设施、设备、仪器和仪表应符合相应的国家军用标准、国家标准的要求,经校验、计量检定合格并在有效期内。

一、试验内容

钢性捆扎带试验的项目、方法和标准如表7-1所示。

表7-1 试验项目、方法和标准

序号		试验项目	试验方法和标准
1	钢性捆扎带	宽度偏差	GB/T 25820—2018《包装用钢带》
2		厚度偏差	
3		抗拉强度	GB/T 228.1—2010《金属材料拉伸试验》
4		断后伸长率	
5		反复弯曲次数	GB/T 235—2013《金属材料 薄板和薄带反复弯曲试验方法》
6		涂镀层	GB/T 25820—2018《包装用钢带》
7		耐盐雾性能	GB/T 10125—2012《人造气氛腐蚀试验 盐雾试验》
8		表面质量	GB/T 25820—2018《包装用钢带》
9		高温使用试验（50 ℃）	GJB 150.3A—2009《军用装备实验室环境试验方法 第3部分：高温试验》
10		低温使用试验（-40 ℃）	GJB 150.4A—2009《军用装备实验室环境试验方法 第4部分：低温试验》
11		老化试验	GB/T 7141—2008《塑料热老化试验方法》

二、试验样品量

每批钢性捆扎带取样数量如表7-2所示。

表 7-2 每批钢性捆扎带取样数量

序号	试验项目	取样数量	取样方法	试验方法
1	拉伸试验	每批 1 个	携带同一批号的成品卷上任意位置取样	GB/T 228.1—2010
2	尺寸、外形	逐批		GB/T 25820—2018 7.1 和附录 B
3	表面质量	逐批		目视
4	涂镀层厚度	逐批		适宜的量具

三、具体试验方法

（一）宽度偏差

试验依据 GB/T 25820—2018《包装用钢带》进行。其中，捆扎带宽度用游标卡尺测量；样品长度不小于 100 mm，测量三个点，得出三个测试值；取测试值算术平均值，即捆扎带宽度值。

（二）厚度偏差

试验依据 GB/T 25820—2018《包装用钢带》进行。其中，捆扎带厚度尺寸用外径千分尺测量；样品长度不小于 100 mm，测量三个点，得出三个测试值；取测试值算术平均值，即捆扎带厚度值。

（三）抗拉强度

试验依据 GB/T 228.1—2010《金属材料拉伸试验》，利用拉伸试验机进行。将试样放到夹具中，务必使试样的长轴线与试验机的轴线成一条直线。当使用夹具对中销时，为得到准确对中，应在紧固夹具前稍微绷紧试样，然后平稳而牢固地夹紧夹具，以防止试样滑移。记录试样断裂后拉伸试验机显示力的最大值，根据公式计算得出相对应的应力，即该试样抗拉强度。

（四）断后伸长率

试验依据 GB/T 228.1—2010《金属材料拉伸试验》，利用拉伸试验机进行。

1. 试验取样

捆扎带拉伸试验的试样采用不经机械加工的全矩形截面形状，取 $L_0 = 30$，用游标卡尺的内量爪进行测量。

2. 原始标距的标记

应用小标记、细划线或细墨线标记原始标距，但不得用引起过早断裂的缺口做标记，如果原始标距的计算值与其标记值之差小于 10%L，可将原始标距的计算值按 GB/T8170 修约至最接近 5 mm 的倍数，原始标距的标记应准确到 ±1%。如平行长度 L, 比原始标距长许多，例如不经机械加工的试样，可以标记一系列套叠的原始标距。有时可以在试样表面划一条平行于试样纵轴的线，并在此线上标记原始标距。

3. 计算断后伸长率

为了测定断后伸长率，应将试样断裂的部分仔细地配接在一起使其轴线处于同一直线上，并采取特别措施确保试样断裂部分适当接触后测量试样断后标距。这对小横截面试样和低伸长率试样尤为重要。

按下列公式计算断后伸长率：

$$A = \frac{L_u - L_0}{L_0} \times 100\% \qquad (7-1)$$

式中，L_0 为原始标距（mm）；L_u 为断后标距（mm）。

应使用分辨力足够的量具或测量装置测定断后伸长量。

（五）反复弯曲次数

试验依据 GB/T 235—2013《金属材料　薄板和薄带反复弯曲试验方法》，利用反复弯曲试验的试验机进行。

1. 试验取样

（1）试样厚度应为物资的厚度，并保留两侧原表面。

（2）机械加工的试样其宽度应为 20~25 mm，对于试样宽度大于 25 mm 的，可采用其他宽度试样；对于宽度小于 20 mm 的薄带物资，试样宽度应为原物资的全宽度，试样长度约 150 mm。

（3）至少选取三个试样。

2. 试验流程

（1）试验一般应在 10~35 ℃ 的室温范围内进行，对温度要求严格的试验，试验温度应为 (23±5)℃。

（2）弯曲臂处于垂直状态，夹紧试样下端，试样上端穿过拨杆狭缝。将试样从起始位置向右（左）弯曲90°，然后返回至起始位置，作为第一次弯曲，再由起始位置向左（右）弯曲90°再返回至起始位置，作为第二次弯曲，反复弯曲试验操作过程如图7-1所示，如此依次连续进行反复弯曲。

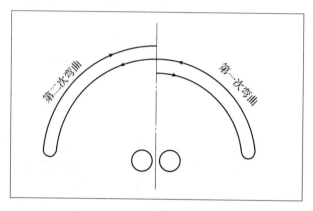

图7-1 反复弯曲试验操作过程

（3）弯曲试验应以每秒不超过一次的均匀速率连续进行，弯曲时应平稳无冲击。

（4）为了确保试验时试样与圆柱支辊的圆弧面连续接触，可对试样施加一定的张紧力。

（5）连续试验至相关物资标准中规定的弯曲次数，或者连续试验至试样完全断裂为止。

（6）试样断裂的最后一次弯曲不计入弯曲次数。

3. 数据处理与分析

得到并记录每个试样的弯曲次数后，取测试值算术平均值，即该材料反复弯曲次数。

（六）涂镀层

试验依据GB/T 25820—2018《包装用钢带》进行。涂漆捆扎带的漆膜厚度和镀锌钢带的镀层厚度用相应精度的测量仪器测量，其测量部位应在距捆扎带边缘不小于3 mm处，间隔大致相等，且长度不小于100 mm。每面各测三个点，取6个测试值的算术平均值，即漆膜厚度或镀锌层厚度。

(七) 耐盐雾性能

试验依据 GB/T 10125—2012《人造气氛腐蚀试验 盐雾试验》进行。

1. 试验溶液配制

本试验所用试剂采用化学纯或化学纯以上的试剂。在温度为 (25 ± 2)℃时电导率不高于 20 μs/cm 的蒸馏水或去离子水中溶解的氢化钠,配制浓度为 (50 ± 5) g/L。

所收集的喷雾液浓度应为 (50 ± 5) g/L。在 25 ℃时,配制的溶液密度在 1.029~1.036 范围内。试验溶液的 pH 值应调整至使盐雾箱收集的喷雾溶液的 pH 值为 6.5~7.2。pH 值应在 (25 ± 2)℃用酸度计测量,也可用测量精度不大于 0.3 的精密 pH 试纸进行日常检测;超出范围时,可加入分析纯盐酸、氢氧化钠或碳酸氢钠来进行调整。

2. 中性盐雾试验(NSS 试验)

(1) 参比试样。

参比试样采用四块或六块符合 ISO 3574 的 CR4 级冷轧碳钢板,其板厚为 (1 ± 0.2) mm,试样尺寸为 150 mm×70 mm;表面应无缺陷,即无孔隙、划痕及氧化色;表面粗糙度 $Ra=(0.8\pm0.3)$ μm。从冷轧钢板或带上截取试样。

参比试样经小心清洗后立即投入试验。除按规定之外,还应清除一切尘埃、油或影响试验结果的其他外来物质。

采用清洁的软刷或超声清洗装置,用适当有机溶剂(沸点在 60~120 ℃的碳氢化合物)彻底清洗试样,清洗后,用新溶剂漂洗试样,然后干燥。

清洗后的试样吹干称重,精确到 ±1 mg,然后用可剥性塑料膜保护试样背面。试样的边缘也可用可剥性塑料膜进行保护。

(2) 参比试样放置。

试样放置在箱内四角(如果是 6 块试样,那么将它们放置在包括四角在内的 6 个不同的位置上),未保护一面朝上并与垂直方向成 20°±5°的角度。

用惰性材料(如塑料)制成或涂覆参比试样架。参比试样的下边缘应与盐雾收集器的上部处于同一水平。试验时间为 48 h。

在验证过程中与参比试样不同的样品不应放在试验箱内。

(3) 质量损失。

试验结束后应立即取出参比试样,除掉试样背面的保护膜,按 ISO 8407 规定的物理及化学方法去除腐蚀产物。在 23 ℃下于 20%（质量分数）分析纯级别的柠檬酸二铵水溶液中浸泡 10 min 后,在室温下用水清洗试样,再用乙醇清洗,干燥后称重。

试样称重精确到 ±1 mg。通过计算参比试样暴露面积,得出单位面积质量损失。

3. 试验分析

捆扎带的耐盐雾性能应满足 24 h 内不出现红色锈斑。

（八）表面质量

试验依据 GB/T 25820—2018《包装用钢带》进行。捆扎带的外观色泽及表面质量可用目视检查。检查标准如下：

（1）捆扎带表面应光滑,允许有不大于厚度允许公差之半的轻微少量凹面、凸起、纵向划伤。

（2）钢带边缘不应有毛刺、裂边、切割不齐。

（3）由于连续生产过程中捆扎带表面的局部缺陷不易被发现和去除,捆扎带允许带缺陷交货,捆扎带交货时,其缺陷部分不应超过一卷总长度的 4%。

（九）高温使用试验

试验依据 GJB 150.3A—2009《军用装备实验室环境试验方法 第 3 部分：高温试验》,利用高温试验箱进行。恒温储存的试验流程如下：

（1）使试件处于储存技术状态。

（2）将试验箱内的环境调节到规定的试验条件温度 50 ℃,并在该条件下使试件温度达到稳定。

（3）在试件温度达到稳定后再继续保持试验温度 48 h,以确保测量不到的内部元（部）件的温度真正达到稳定。若内部元（部）件的温度无法测量,则应根据热分析确定额外的热浸时间,以确保整个试件的温度都达到稳定。

（4）在恒定温度暴露结束后,将试验箱内的空气温度调节到标准大气条件,并保持在该标准大气条件下,直至试件温度稳定。

（5）对试件进行目视检查和工作性能检测,测量物资宽度、长度变化率及使用性,记录结果,并与试验前数据进行比较。

（十）低温使用试验

试验依据 GJB 150.4A—2009《军用装备实验室环境试验方法 第 4 部分：低温试验》，利用低温试验箱进行。试验流程如下：

（1）试件装入试验箱后，调节试验箱内空气温度到技术文件中规定的低温工作温度 -40 ℃，在试件达到温度稳定后保持此温度 24 h。

（2）在试验箱条件允许的情况下，对试件进行全面的目视检查，记录检查结果。

（3）按技术文件对试件进行工作性能检测，记录检测结果。

（4）将试验箱内的空气温度调节到标准大气条件下的温度，保持此温度直到试件达到温度稳定。

（5）对试件进行全面的目视检查，试验后测量物资宽度、长度变化率及使用性，记录检测结果，并与试验前数据进行比较。

（十一）老化试验

试验依据 GB/T 7141—2008《塑料热老化试验方法》，利用热老化试验箱进行，推算使用年限。

1. 试验取样

所需试样的数量和类型应符合检测特定性能，在所选的每个周期和温度下每种材料至少暴露三个平行试样。

2. 试验步骤

第一步，当在单一温度下进行试验时，所有材料应在同一装置中同时暴露。

第二步，选择一系列暴露温度，可以从热老化周期表中选择暴露温度。

第三步，根据适用的试验方法测试一组非暴露试样的选定性能，包括状态调节。

第四步，将试样安装在试样架上，并将试样架放在热老化试验箱内确保试样的两面均暴露在气流中。

第五步，在规定的温度下将留存的系列试样在选定的时间区间内暴露。

3. 结果分析

绘制所有采用温度下暴露时间对被测性能的函数曲线，使用回归分析确定暴露时间的对数与被测性能的关系，以达到性能变化预定水平所需时间的对数与每次暴露所用绝对温度倒数的函数绘制曲线。

使用达到规定性能变化水平所需时间的对数与绝对温度倒数的函数方程，来确定在所有相关方商定的预选温度下达到此性能变化的时间。

第二节　柔性捆扎带试验

柔性捆扎带试验目的为考核"柔性捆扎带"各项技术指标是否达到应用性能规定要求。试验主要参照以下标准要求：GB/T 1040—2006《塑料拉伸性能的测定》、GB/T 2406.2—2009《塑料用氧指数法测定燃烧行为》、GB/T 7141—2008《塑料热老化试验方法》、GJB 150.3A—2009《军用装备实验室环境试验方法　第3部分：高温试验》、GJB 150.4A—2009《军用装备实验室环境试验方法　第4部分：低温试验》、QB/T 3811—1999《塑料打包带》。试验所用的设施、设备、仪器和仪表应符合相应的国家军用标准、国家标准的要求，经校验、计量检定合格并在有效期内。

一、试验内容

柔性捆扎带的试验项目、方法和标准如表7-3所示。

表7-3　试验项目、方法和标准

序号	试验项目		试验方法和标准
1	柔性捆扎带	宽度偏差	QB/T 3811—1999《塑料打包带》
2		厚度偏差	QB/T 3811—1999《塑料打包带》
3		断裂拉力	GB/T 1040—2006《塑料拉伸性能的测定》
4		断裂伸长率	
5		偏斜度	QB/T 3811—1999《塑料打包带》
6		阻燃性（氧指数）	GB/T 2406.2—2009《塑料用氧指数法测定燃烧行为》
7		高温使用试验（50℃）	GJB 150.3A—2009《军用装备实验室环境试验方法　第3部分：高温试验》
8		低温使用试验（-40℃）	GJB 150.4A—2009《军用装备实验室环境试验方法　第4部分：低温试验》
9		老化试验	GB/T 7141—2008《塑料热老化试验方法》

二、试验样品量

随机取样 5 卷,在每卷外端除去 3 m 后,分别截取 3 m 长的样带 5 根。

三、具体试验方法

(一) 宽度偏差

试验依据 QB/T 3811—1999《塑料打包带》进行。分别在 5 根样带上截取 20 mm 长的试样 5 个,取用精度 0.02 mm 的游标卡尺,每个试样测两处,共 10 处,记录 10 个测定值,取其最大偏差值作为宽度偏差,精确到 0.1 mm。

(二) 厚度偏差

试验依据 QB/T 3811—1999《塑料打包带》进行。分别在 5 根样带上截取 20 mm 长的试样 5 个,使用精度 0.02 mm 的游标卡尺,测量每个试样中间部位的厚度(包括花纹)。每个试样测两处,共 10 处,记录 10 个测定值,取其最大偏差值作为厚度偏差,精确到 0.1 mm。

(三) 断裂拉力

试验依据 GB/T 1040—2006《塑料拉伸性能的测定》,利用拉伸试验机进行。

1. 试验取样

取 5 个宽度为 10~25 mm,长度不小于 150 mm 的长条试样,试样中部应有间隔为 50 mm 的两条平行标线,试样图如图 7-2 所示。

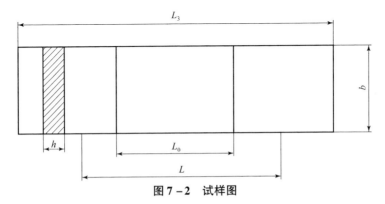

图 7-2 试样图

图 7-2 中,b 为宽度:10~25 mm;h 为厚度:≤1 mm;L_0 为标距长度:50 mm ± 0.5 mm;L 为夹具间的初始距离:25 mm ± 0.25 mm;L_3 为总长度:≥150 mm。

2. 夹持

将试样放到夹具中,务必使试样的长轴线与试验机的轴线成一条直线。当使用夹具对中销时,为得到准确对中,应在紧固夹具前稍微绷紧试样,然后平稳而牢固地夹紧夹具,以防止试样滑移。

3. 数据处理

拉伸试验机拉伸速度为 100 mm/min,记录试样断裂时拉伸试验机显示力大小,取 5 个试样测试结果的算术平均值,精确到 0.01 kN。

(四) 断裂伸长率

试验依据 GB/T 1040—2006《塑料拉伸性能的测定》第 19 条,利用拉伸试验机进行。

1. 试验取样

取 5 个宽度为 10~25 mm,长度不小于 150 mm 的长条试样,试样中部应有间隔为 50 mm 的两条平行标线,试样图如图 7-2 所示。

2. 原始标距的标记

应用小标记、细划线或细墨线标记原始标距,但不得用引起过早断裂的缺口做标记,如果原始标距的计算值与其标记值之差小于 10% L,可将原始标距的计算值按 GB/T8170 修约至最接近 5 mm 的倍数,原始标距的标记应准确到 ±1%,有时可以在试样表面划一条平行于试样纵轴的线,并在此线上标记原始标距。

3. 夹持

将试样放到夹具中,务必使试样的长轴线与试验机的轴线成一条直线。当使用夹具对中销时,为得到准确对中,应在紧固夹具前稍微绷紧试样,然后平稳而牢固地夹紧夹具,以防止试样滑移。

4. 计算断后伸长率

取 5 个试样测试结果的算术平均值,精确到 1%。

为了测定断后伸长率,应将试样断裂的部分仔细地配接在一起使其轴线处于同一直线上,并采取特别措施确保试样断裂部分适当接触后测量试样断后标距。这对小横截面试样和低伸长率试样尤为重要,按下列公式计算断后伸长率:

$$A = \frac{L_a - L_0}{L_0} \times 100\% \tag{7-2}$$

式中，L_0 为原始标距（mm）；L_a 为断后标距（mm）。

应使用分辨力足够的量具或测量装置测定断后伸长量（$L_a - L_0$），并准确到 ±0.25 mm。

（五）偏斜度

试验依据 QB/T 3811—1999《塑料打包带》进行。

（1）分别在 5 根样带上截取 1.2 m 长的试样 5 个。

（2）取透明有机玻璃板和精度为 1 mm 的直尺。

（3）固定试样一端，自由平放，用透明有机玻璃板压平，用直尺测量试样最大偏斜距离。

（4）计算 5 个试样的偏斜度的算术平均值为试样的偏斜度，精度为 1 mm。

（六）阻燃性（氧指数）

试验依据 GB/T 2406.2—2009《塑料用氧指数法测定燃烧行为》进行测试。

1. 试验取样

应按材料标准进行取样，所取的样品至少能制备 15 根试样。

2. 试验流程

（1）试验装置应放置在温度（23±2）℃的环境中。

（2）选择起始氧浓度，可根据类似材料的结果选取。

（3）确保燃烧筒处于垂直状态。将试样垂直安装在燃烧筒的中心位置，使试样的顶端低于燃烧筒顶口至少 100 mm，同时试样最低点的暴露部分要高于燃烧筒基座的气体分散装置的顶面 100 mm。

（4）调整气体混合器和流量计，使氧/氮气体在（23±2）℃下混合，氧浓度达到设定值，并以（40±2）mm/s 的流速通过燃烧筒。在点燃试样前至少用混合气体冲洗燃烧筒 30 s。确保点燃及试样燃烧期间气体流速不变。

（5）点燃试样，将火焰的最低部分施加于试样的顶面，如需要，可覆盖整个顶面，但不能使火焰对着试样的垂直面或棱。施加火焰 30 s，每隔 5 s 移开一次，移开时恰好有足够的时间观察试样的整个顶面是否处于燃烧状态。在每增加 5 s 后，观察到整个试样顶面持续燃烧，立即移开点火器，此时试样被点燃并开始记录燃烧时间和观察燃烧长度。

3. 数据处理与结果分析

记录氧浓度，记录最后氧浓度值和差值，计算氧指数 OI，以体积分数表示，由下式计算：

$$OI = c_f + kd \tag{7-3}$$

式中，c_f 为氧浓度值（%）；d 为氧浓度的差值（%）；k 为计算系数，它的值和符号取决于试样反应类型。

（七）高温使用试验

试验依据 GJB 150.3A—2009《军用装备实验室环境试验方法　第 3 部分：高温试验》进行，试验步骤如下：

（1）使试件处于储存技术状态。

（2）将试验箱内的环境调节到规定的 50 ℃试验条件，并在该条件下使试件温度达到稳定。

（3）在试件温度达到稳定后再继续保持试验温度 48 h，以确保试样温度真正达到稳定。

（4）在恒定温度暴露结束后，将试验箱内的空气温度调节到标准大气条件，并保持在该标准大气条件下，直至试件温度稳定。

（5）对试件进行目视检查和工作性能检测，记录试样宽度、长度变化率及使用性。

（八）低温使用试验

试验依据 GJB 150.4A—2009《军用装备实验室环境试验方法　第 4 部分：低温试验》进行，试验步骤如下：

（1）使试件处于储存技术状态。

（2）将试验箱内的环境调节到规定的 -40 ℃试验条件，并在该条件下使试件温度达到稳定。

（3）在试件温度达到稳定后再继续保持试验温度 24 h，以确保试样温度真正达到稳定。

（4）在恒定温度暴露结束后，将试验箱内的空气温度调节到标准大气条件，并保持在该标准大气条件下，直至试件温度稳定。

（5）对试件进行目视检查和工作性能检测，记录试样宽度、长度变化率及使用性。

(九) 老化试验

试验依据 GB/T 7141—2008《塑料热老化试验方法》，利用热老化试验箱进行，推算使用年限。

1. 试验取样

所需试样的数量和类型应符合检测特定性能，在所选的每个周期和温度下每种材料至少暴露三个平行试样。

2. 试验步骤

第一步，当在单一温度下进行试验时，所有材料应在同一装置中同时暴露。

第二步，选择一系列暴露温度，可以从热老化周期表中选择暴露温度。

第三步，根据适用的试验方法测试一组非暴露试样的选定性能，包括状态调节。

第四步，将试样安装在试样架上，并将试样架放在热老化试验箱内确保试样的两面均暴露在气流中。

第五步，在规定的温度下将留存的系列试样在选定的时间区间内暴露。

3. 结果分析

绘制所有采用温度下暴露时间对被测性能的函数曲线，使用回归分析确定暴露时间的对数与被测性能的关系，以达到性能变化预定水平所需时间的对数与每次暴露所用绝对温度倒数的函数绘制曲线。

使用达到规定性能变化水平所需时间的对数与绝对温度倒数的函数方程，来确定在所有相关方商定的预选温度下达到此性能变化的时间。

第三节 缓冲气袋试验

缓冲气袋试验目的为考核"缓冲气袋"各项技术指标是否达到应用性能规定要求。试验主要参照以下标准要求：GB/T 1038—2000《塑料薄膜和薄片气体透过性试验方法（压差法）》、GB/T 1040—2006《塑料拉伸性能的测定》、GB/T 2406.2—2009《塑料用氧指数法测定燃烧行为》、GB/T 31729—2015《塑料薄膜单位面积质量试验》、GB/T 6673—2001《塑料薄膜与薄片长度和宽度的测定》、GB/T 7141—2008《塑料热老化试验方法》、GJB 150.3A—2009《军用装备实验室环境试验方法 第3部分：高温试验》、GJB 150.4A—2009《军用装备实验室环境试验方法 第4部分：低温试验》、BB/T 0057—2010《运输用可充气填充袋》、BB/T 0041—2007《包装用多层共挤阻隔膜通则》、QB/T 2358—1998《塑料薄膜包装袋热合强度试验方法》。试验所用的设施、设备、仪器和仪表应符合相应的国家军用标准、国家标准的要求，经校验、计量检定合格并在有效期内。

一、试验内容

缓冲气袋试验项目、方法和标准如表 7 – 4 所示。

表 7 – 4　试验项目、方法和标准

序号		试验项目	试验方法和标准
1	缓冲气袋	长度偏差	GB/T 6673—2001 《塑料薄膜与薄片长度和宽度的测定》
2		宽度偏差	
3		抗拉强度 （外袋、内袋） （纵向、横向）	GB/T 1040—2006 《塑料拉伸性能的测定》
4		内袋（材料） 氧气透过率	GB/T 1038—2000 《塑料薄膜和薄片气体透过性试验方法（压差法）》
5		热合强度	QB/T 2358—1998 《塑料薄膜包装袋热合强度试验方法》
6		抗刺穿性能 （外袋、内袋）	BB/T 0041—2007 《包装用多层共挤阻隔膜通则》
7		工作压力	BB/T 0057—2010 《运输用可充气填充袋》
8		爆破压力	BB/T 0057—2010 《运输用可充气填充袋》
9		外袋材料定量	GB/T 31729—2015 《塑料薄膜单位面积质量试验》

续表

序号	试验项目		试验方法和标准
10	缓冲气袋	阻燃性（氧指数）	GB/T 2406.2—2009《塑料用氧指数法测定燃烧行为》
11		高温使用试验（50 ℃）	GJB 150.3A—2009《军用装备实验室环境试验方法 第3部分：高温试验》
12		低温使用试验（-40 ℃）	GJB 150.4A—2009《军用装备实验室环境试验方法 第4部分：低温试验》
13		老化试验	GB/T 7141—2008《塑料热老化试验方法》

二、试验样品量

缓冲气袋试验样品量如表7-5所示。

表7-5 缓冲气袋试验样品量

序号	样品	样品数量
1	缓冲气袋材料	1批
2	缓冲气袋成品	20个

三、具体试验方法

（一）长度偏差

试验依据 GB/T 6673—2001《塑料薄膜与薄片长度和宽度的测定》进行，测量长度精确至0.1 m。

1. 试验装置

平面：宽度大于100 mm，其横向刻有1 mm分度的100 mm的标尺或平面宽度大于100 mm 和刻有 1 mm 分度的标尺。

放大镜：10倍放大率镜面上有标度尺。

2. 测量

标尺上的零标记对准材料左纵向边，用放大镜检查其是否完全调准。将放大镜移动到材料右边，检查材料对边的位置，以校正其在平面基准刻度上的位置。读取与材料右边相距最近的最后一个毫米数值，使放大镜上标度尺的零刻度与基准刻度上所读取的最后一个毫米数值重合，用放大镜镜面标度尺测出重合点与材料右边缘之间的宽度，刻度为 0.1 mm。

（二）宽度偏差

试验依据 GB/T 6673—2001《塑料薄膜与薄片长度和宽度的测定》进行。

1. 试验装置

平面：其宽度至少与被测材料相同。

直尺：刻度划分为 1 mm。

2. 测量

将材料放置在平面上，直尺放在材料上与材料纵向成直角，直尺上的零刻度对准材料左纵向边，测量材料右边在直尺上的确切位置，精确至 1 mm，并记录结果。

（三）抗拉强度（外袋、内袋）（纵向、横向）

试验依据 GB/T 1040—2006《塑料拉伸性能的测定》，利用拉伸试验机进行，拉伸速度为 500 mm/min。

1. 试样的形状和尺寸

试样形状如图 7-3 所示，在每个试样中部距离标距每端 5 mm 以内测量宽度 b 和厚度 h。宽度 b 精确至 0.1 mm，厚度 h 精确至 0.02 mm。

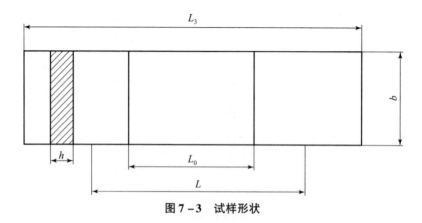

图 7-3 试样形状

图 7-3 中，b 为宽度：10~25 mm；h 为厚度：≤1 mm；L_0 为标距长度：$(50±0.5)$ mm；L 为夹具间的初始距离：$(25±0.25)$ mm；L_3 为总长度：≥150 mm。

2. 试验方法

将试样放到夹具中，务必使试样的长轴线与试验机的轴线成一条直线。当使用夹具对中销时，为得到准确对中，应在紧固夹具前稍微绷紧试样，然后平稳而牢固地夹紧夹具，以防止试样滑移。

3. 数据记录

记录试验过程中试样承受的负荷及与之对应的标线间或夹具间距离的增量，此操作最好采用能得到完整应力-应变曲线的自动记录系统。

(四) 内袋（材料）氧气透过率

试验依据 GB/T 1038—2000《塑料薄膜和薄片气体透过性试验方法（压差法）》进行。

1. 试验仪器

透气仪：由上下两部分组成，如图 7-4 所示。当装入试样时，上部为高压室，用于存放试验气体。下部为低压室，用于储存透过的气体并测定透气过程前后压差，以计算试样的气体透过量。上下两部分均装有试验气体的进出管。

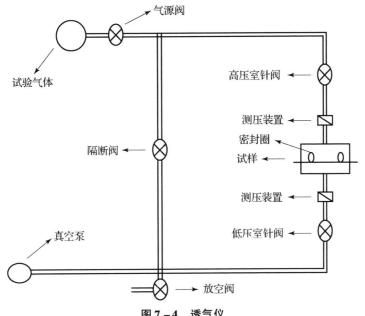

图 7-4 透气仪

测压装置：高、低压室应分别有一个测压装置，低压室测压装置的准确度应不低于 6 Pa。

真空泵：应能使低压室中的压力不大于 10 Pa。

2. 试样选取

试样应具有代表性，应没有痕迹或可见的缺陷，试样一般为圆形，其直径取决于所使用的仪器，每组试样至少为三个。应在 GB/T 2918—2018《塑料 试验状态调节和试验的标准环境》中规定的 (23 ± 2)℃环境下将试样放在干燥器中进行 48 h 以上状态调节或按物资标准规定处理。

3. 方法与步骤

（1）按 GB/T 6672—2001《塑料薄膜和薄片厚度测定机械测量法》测量试样厚度，至少测量 5 个点，取算术平均值。

（2）在试验台上涂一层真空油脂，若油脂涂在空穴中的圆盘上，应仔细擦净；若滤纸边缘有油脂时，应更换滤纸。

（3）关闭透气室各针阀，开启真空泵。

（4）在试验台中的圆盘上放置滤纸后，放上经状态调节的试样。

（5）打开高压室针阀及隔断阀，开始抽真空直至 27 Pa 以下，并继续脱气 3 h 以上，以排除试样所吸附的气体和水蒸气，关闭隔断阀打开试验气瓶和气源开关向高压室充试验气体，高压室的气体压力应在 $(1.0\sim1.1)\times10^{15}$ Pa 范围内，压力过高时，应开启隔断阀排出。

（6）对携带运算器的仪器，应首先打开主机电源开关及计算机电源开关，通过键盘分别输入各试验台样品的名称、厚度、低压室体积参数和试验气体名称等，准备试验。

（7）关闭高、低压室排气针阀，开始透气试验。

（8）为剔除开始试验时的非线性阶段，应进行 10 min 的预透气试验。随后开始正式透气试验，记录低压室的压力变化值 Δp 和试验时间 t。

（9）继续试验直到在相同的时间间隔内压差的变化保持恒定，达到稳定透过，至少取三个连续时间间隔的压差值，求其算术平均值，以此计算该试样的气体透过量及气体透过率。

4. 计算结果

气体透过量 Q_g 按下式进行计算：

$$Q_g = \frac{\Delta p}{\Delta t} \times \frac{V}{S} \times \frac{T_0}{p_0 T} \times \frac{24}{p_1 - p_2} \tag{7-4}$$

式中，Q_g 为材料的气体透过量；$\Delta p/\Delta t$ 为在稳定透过时，单位时间内低压室气体压力变化的算术平均值；V 为低压室体积；S 为试样的试验面积；T 为试验温度；$p_1 - p_2$ 为试样两侧的压差；T_0、p_0 为准状态下的温度（273.15 K）和压力（1.0133×10^5 Pa）。

气体透过率 p_g 按下式进行计算：

$$p_g = \frac{\Delta p}{\Delta t} \times \frac{V}{S} \times \frac{T_0}{p_0 T} \times \frac{D}{p_1 - p_2} \tag{7-5}$$

式中，p_g 为材料的气体透过率；$\Delta p/\Delta t$ 为在稳定透过时，单位时间内低压室气体压力变化的算术平均值；T 为试验温度；D 为试验厚度。

试验结果以每组试样的算术平均值表示。

（五）热合强度

试验依据 QB/T 2358—1998《塑料薄膜包装袋热合强度试验方法》进行。

1. 设备与量具

拉力试验机：实测示值应在表盘满刻度的 15%~85%，读数示值误差应在 ±1% 之内。

游标卡尺：精确度为 0.02 mm。

直尺：精确度为 1 mm。

2. 试样的形状与尺寸

试样宽度为（15±0.1）mm，展开长度为（100±1）mm，从每个热合部位裁取试样 10 条，至少从三个缓冲气袋上裁取。

如图 7-5 所示，分别在塑料薄膜包装袋的侧面、背面、顶部和底部，与热合部位成垂直方向上任取试样，各自作为包装袋侧面、背面、顶部和底部的热合试样。

若展开长度不足（100±1）mm 时，可按图 7-6 所示，用粘接带粘接与袋相同的材料，使试样展开长度满足（100±1）mm 要求。

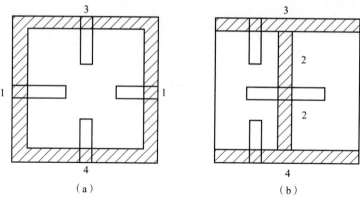

图 7-5 试样取样方法

（a）四面热合袋；（b）工型热合袋

1—侧面热合；2—背面热合；3—顶部热合；4—底部热合

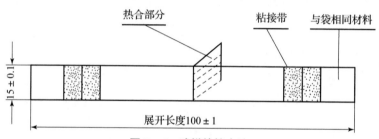

图 7-6 试样粘接方法

试样宽度使用游标卡尺测量，试样长度使用直尺测量。

3. 试验方法与步骤

将经过状态调节后的试样，以热合部位为中心，打开呈180°，把试样的两端夹在试验机的两个夹具上，试样轴线应与上下夹具中心线相重合，并要求松紧适宜，以防止试验前试样滑脱或断裂在夹具内。夹具间距50 mm，试验速度为（300±20）mm/min，读取试样断裂时的最大载荷。若试样断在夹具内，则此试样作废，另取试样补做。

4. 计算

试验结果以10个试样的算术平均值作为该部位的热合强度，单位以N/15 mm表示，取三位有效数字。

（六）抗刺穿性能（外袋、内袋）

试验依据 BB/T 0041—2007《包装用多层共挤阻隔膜通则》附录A进行。

1. 试验装置

试验装置如图 7-7 所示。

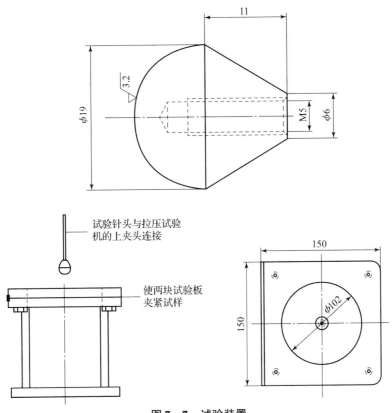

图 7-7 试验装置

2. 取样

至少取 5 个试样，尺寸为 180 mm×180 mm。

3. 试验方法与步骤

第一步，校准试验仪器，首先将夹具卡钳固定在拉压试验机的下十字头上，然后将刺针固定在上十字头上，并使夹具卡钳中心点与刺针处于同一轴线上。

第二步，将试样放置到夹具的两块夹板中间，并用螺丝将试样夹紧。

第三步，将刺针与试样表面处于零接触状态，然后仪器清零，准备开始试验。

第四步，启动仪器，将刺针以（250±12.5）mm/min 的速度进行刺穿试验，直到刺针完全穿透共挤膜瞬间为止。当共挤膜在其他位置破裂时，则该试样作废。

4. 试验结果记录与处理

记录试样的破裂力值（N）和在膜破裂瞬间时的延伸量（mm）。

（七）工作压力

试验依据 BB/T 0057—2010《运输用可充气填充袋》进行。

1. 试验设备

具有固定缝隙的两块相互平行平板，试验时不移动，不变形，且平板的尺寸要足够大，使试验样品不至于露出。

2. 试验方法

将袋体宽度小于或等于 800 mm 的试验样品放置于 200 mm 宽缝隙的装置内；袋体宽度大于 800 mm 的试验样品放置于 300 mm 宽缝隙的装置内。将试验样品充气至 0.05 MPa，保持在装置内 19 天后，测量样品的气压，并计算损失气压。

（八）爆破压力

试验依据 BB/T 0057—2010《运输用可充气填充袋》进行。

1. 试验设备

具有固定缝隙的两块相互平行平板，试验时不移动，不变形，且平板的尺寸要足够大，使试验样品不至于露出。

2. 试验方法

将试验样品充气至 0.12 MPa，保持此气压 60 s 后，观察样品是否爆破，或记录爆破时的压力值。

（九）外袋材料定量

试验依据 GB/T 31729—2015《塑料薄膜单位面积质量试验》进行。沿试样中间部位均匀取样，至少制备 5 片试样。试样形状一般为正方形，尺寸为 100.0 mm×100.0 mm，尺寸偏差 ±0.2 mm。

（十）阻燃性（氧指数）

试验依据 GB/T 2406.2—2009《塑料用氧指数法测定燃烧行为》进行。

1. 试验设备

试验燃烧筒：由一个垂直固定在基座上，并可导入含氧混合气体的耐热玻璃筒组成。

试样夹：用于燃烧筒中央垂直支撑试样。

气源：可采用纯度（质量分数）不低于98%的氧气和/或氮气，和/或清洁的空气（体积分数20.9%的氧气）作为气源。

气体测量和控制装置：应提供检测方法，确保进入燃烧筒内混合气体的温度为（23±2）℃。

点火器：由一根末端直径为（2±1）mm能插入燃烧筒并喷出火焰点燃试样的管子构成。火焰的燃料应为未混有空气的丙烷。

计时器：测量时间可达5 min，准确度±0.5 s。

排烟系统：有通风和排风设施，能排除燃烧筒内的烟尘或灰粒，但不能干扰燃烧筒内气体流速和温度。

2. 取样

应按材料标准进行取样，所取的样品至少能制备15根试样（也可按GB/T 2828.1—2003《计数抽样检验程序》或ISO 2859—2：1985《计数抽样检验程序》进行）。

3. 试验方法与步骤

（1）试验装置应放置在温度为（23±2）℃的环境中。

（2）氧/氮气体在该温度下混合，氧浓度达到设定值，并以（40±2）mm/s的流速通过燃烧桶。

（3）点燃试样，记录氧浓度，记录最后氧浓度值和差值。

4. 结果的计算与分析

氧指数OI：以体积分数表示，由下式计算：

$$OI = c_f + kd \tag{7-6}$$

式中，c_f 为氧浓度值（%）；d 为氧浓度的差值（%）；k 为计算系数，它的值和符号取决于试样反应类型。

（十一）高温使用试验

试验依据GJB 150.3A—2009《军用装备实验室环境试验方法 第3部分：高温试验》进行，试验步骤如下：

（1）使试件处于储存技术状态。

（2）将试验箱内的环境调节到规定的50℃试验条件，并在该条件下使试件温度达到稳定。

（3）在试件温度达到稳定后再继续保持试验温度48 h，以确保试样温度真正达到稳定。

（4）在恒定温度暴露结束后，将试验箱内的空气温度调节到标准大气条件，并保持在该标准大气条件下，直至试件温度稳定。

（5）对试件进行目视检查和工作性能检测，记录试样宽度、长度变化率及使用性。

（十二）低温使用试验

试验依据GJB 150.4A—2009《军用装备实验室环境试验方法 第4部分：低温试验》进行，试验步骤如下：

（1）使试件处于储存技术状态。

（2）将试验箱内的环境调节到规定的-40 ℃试验条件，并在该条件下使试件温度达到稳定。

（3）在试件温度达到稳定后再继续保持试验温度24 h，以确保试样温度真正达到稳定。

（4）在恒定温度暴露结束后，将试验箱内的空气温度调节到标准大气条件，并保持在该标准大气条件下，直至试件温度稳定。

（5）对试件进行目视检查和工作性能检测，记录试样宽度、长度变化率及使用性。

（十三）老化试验

试验依据GB/T 7141—2008《塑料热老化试验方法》进行，推算使用年限。

1. 试验取样

所需试样的数量和类型应符合检测特定性能，在所选的每个周期和温度下每种材料至少暴露三个平行试样。

2. 试验步骤

第一步，当在单一温度下进行试验时，所有材料应在同一装置中同时暴露。

第二步，选择一系列暴露温度，可以从热老化周期表中选择暴露温度。

第三步，根据适用的试验方法测试一组非暴露试样的选定性能，包括状态调节。

第四步，将试样安装在试样架上，并将试样架放在热老化试验箱内，确保试样的两面均暴露在气流中。

第五步，在规定的温度下将留存的系列试样在选定的时间区间内暴露。

3. 结果分析

绘制所有采用温度下暴露时间对被测性能的函数曲线，使用回归分析确定暴露时间的对数与被测性能的关系，以达到性能变化预定水平所需时间的对数与每次暴露所用绝对温度倒数的函数绘制曲线。

使用达到规定性能变化水平所需时间的对数与绝对温度倒数的函数方程，来确定在所有相关方商定的预选温度下达到此性能变化的时间。

第四节 瓦楞纸板试验

一、瓦楞纸板厚度试验

瓦楞纸板厚度试验原理是瓦楞纸板试样在规定的压力下，在厚度计两平行平面之间测量的距离。

（一）试验仪器

厚度计具有一个圆形底盘和一个与该底盘同心圆的柱状轴向活动平面，底盘和活动平面的接触面积都是（10±0.2）cm^2，测量平面间的不平行度应在圆形底盘直径的 1/1 000 以内。柱状活动平面施加的压力为（20±0.5）kPa。仪器足够准确，所测数据精确至 0.05 mm。

（二）试样的制备

选择足够大的待测瓦楞纸板，切取面积为 500 cm^2（200 mm×250 mm）的试样，以保证读取 10 个有效数据。不得从同一张样品上切取多于两个试样，试样上不得有损坏或其他不合格规定之处，一般不得有机械加工的痕迹。

（三）试验步骤

在标准大气环境下进行测试，每个试样在不同的点测量两次。将试样水平地放入仪器的两个平面之间，试样的边缘与圆形底盘边缘之间的最小距离不小于 50 mm，测量时应轻轻地以 2~3 mm/min 的速度将活动平面压在试样上，以避免产生任何冲击作用,并保证试样与厚度仪测量平面的平行。当示值稳定但要在纸板被"压陷"下去前读数。读数时不许将手压在仪器上和试样上。重复上述步骤测试其余的 4 个试样。

(四) 试验结果

记录全部测量数值的平均值,以 mm 为单位,准确至 0.05 mm,计算其标准差(以 95% 的置信度)。将计算结果与标准值进行对比,符合要求的物资为合格品。

二、瓦楞纸板耐破强度试验

耐破强度是在试验条件下,瓦楞纸板在单位面积上所能承受的垂直于试样表面的均匀增加的最大压力。将试样置于胶膜之上,用试样夹夹紧,然后均匀地施加压力,使试样与胶膜一起自由凸起,直至试样破裂为止。试样耐破度是施加液压的最大值。

(一) 试验仪器

1. 试样夹盘系统

上夹盘直径和下夹盘孔直径 (31.5 ± 0.5) mm。上下夹环应同心,其最大误差不得大于 0.25 mm。两夹环彼此平行且平整,测定时接触面受力均匀。

测定时为防止试样滑动,试样夹盘应具有不低于 690 kPa 的夹持力。但这样的压力一般会使试样的瓦楞压塌,应在报告中注明。

2. 胶膜

胶膜是圆形的,由弹性材料组成。胶膜被牢固地夹持着,它的上表面比下夹环的顶面约低 5.5 mm。

胶膜材料和结构应使胶膜凸出下夹盘的高度与弹性阻力相适应,即凸出高度为 10 mm 时,其阻力范围为 170 ~ 220 kPa;凸出 18 mm 时,其阻力范围为 250 ~ 350 kPa。

(二) 试样的制备

试样面积必须比耐破度测定仪的夹盘大,试样不得有水印、折痕或明显的损伤。在试验中不得使用曾被夹盘压过的试样。

（三）试验步骤

开启试样的夹盘，将试样夹紧在两试样夹盘的中间，然后开动测定仪，以（170±15）mL/min 的速度逐渐增加压力。在试样爆破时，读取压力表上指示的数值。然后松开夹盘，使读数指针退回到开始位置。当试样有明显滑动时应将数据舍弃。

（四）试验结果

以正反面各 10 个贴向胶膜的试样进行测定，以所有测定值的算术平均值（kPa）表示。试验结束后记录纸板正反面耐破度的平均值，保留三位有效数字。

三、瓦楞纸板边压强度试验

将矩形的瓦楞纸板试样置于压缩试验仪的两压板之间，并使试样的瓦楞方向垂直于压缩试验仪的两压板，然后对试样施加压力，直至试样压溃为止。测定每一试样所能承受的最大压力。本方法适用于单楞（三层）、双楞（五层）、三楞（七层）瓦楞纸板边压强度的测定。

（一）试验仪器

1. 固定压板式电子压缩试验仪

该压缩仪是采用一块固定压板和另一块直接刚性驱动压板操作的，动压板的移动速度为（12.5±2.5）mm/min。压板尺寸应满足试样的选定尺寸，使试样不致超出压板之外。压板还应满足如下要求：

(1) 压板的平行度偏差不大于 1:1 000。

(2) 横向窜动不超过 0.05 mm。

2. 弯曲梁式压缩仪

该压缩仪是根据梁弯曲的工作原理，对上下压板的要求与固定压板式电子压缩仪相同。测试时，压溃瞬间的刻度应在仪器可能测量的挠度量程的 20%～80% 范围内；当压板开始接触到试样时，压板压力增加的速度应为（67±13）N/s。

3. 切样装置

可以使用带锯或刀子，也可使用模具准备试样，但必须切出光滑、笔直且垂直于纸板表面边缘的试样。

4. 导块

两块打磨平滑的长方形金属块,其截面大小为 20 mm × 20 mm,长度小于 100 mm;导块用于支持试样,并使试样垂直于压板。

(二) 试样的制备

切取瓦楞方向为短边的矩形试样,其尺寸为 (25±0.5) mm × (100±0.5) mm,试样上不得有压痕、印刷痕迹和损坏。除非经双方同意,至少需切取 10 个试样。

(三) 试验步骤

在标准大气条件下进行裁样和试验。将试样置于下压板的正中,使试样的短边垂直于两压板,再用导块支持试样,使其端面与两压板之间垂直,两导块彼此平行且垂直于试样的表面。开动试验仪,施加压力。当加压接近 50 N 时移开导块,直至试样压溃。记录试样所能承受的最大压力,精确至 1 N。按上述步骤测试剩余的试样。

垂直边缘抗压强度按下式进行计算,以 N/m 表示:

$$R = \frac{F \times 10^3}{L} \tag{7-7}$$

式中,R 为垂直边缘抗压强度(N/m);F 为最大压力(N);L 为试样长边的尺寸(mm)。

(四) 试验结果

记录所有试验结果的算术平均值。对照标准考核物资是否合格。

四、瓦楞纸板黏合强度试验

将针形附件(剥离架)插入试样的楞纸和面(里)纸之间(或楞纸和中纸之间),然后对插有试样的针形附件(剥离架)施压,使其做相对运动,测定其被分离部分分开所需的最大力。本方法适用于测定各种类型的瓦楞纸板的黏合强度。

(一) 试验仪器

1. 压缩试验仪

压缩试验仪应符合 GB/T 22876—2008《纸、纸板和瓦楞纸板压缩试验仪的描述和校准》的规定。

2. 裁样装置

裁样装置可使用电动、气动或手动的制样刀，但试样切边应整齐，并与瓦楞纸板面垂直。

3. 剥离架

剥离架是由上部分附件和下部分附件组成，是对试样各黏合部分施加均匀压力的装置。每部分附件由等距插入瓦楞纸板楞间空隙的针式件和支撑件组成，如图7-8所示。

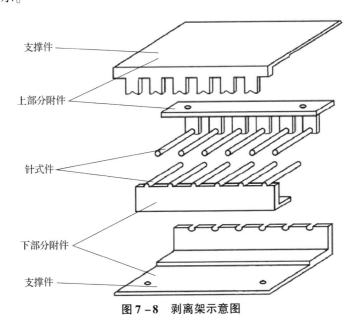

图7-8 剥离架示意图

支撑件支架顶端应具有支撑支持针及压力针的等距小孔或凹槽。针式件和支撑件的平行度偏差应小于1%。按照试样楞型的不同，选用符合表7-6规定的适当插针，其他楞型可选择与楞型匹配的插针直径和针数。所有插针均应呈直线，不应有弯曲的现象。

表7-6 瓦楞纸板插针规格

项目		A楞	C楞	B楞	E楞
上部分附件 压力针	针数/支	4	4	6	6
	针的有效长度/mm	30±1			
	针的直径/mm	3.5±0.1	3.0±0.1	2.0±0.1	1.0±0.1

续表

项目		A楞	C楞	B楞	E楞
上部分附件 支持针	针数/支	5	5	7	7
	针的有效长度/mm	40±1			
	针的直径/mm	3.5±0.1	3.0±0.1	2.0±0.1	1.0±0.1
注：针的有效长度是指支持针或压力针放置在支撑架上时的净长度					

（二）试样的制备

从样品中切取10个（单瓦楞纸板）、20个（双瓦楞纸板）或30个（三瓦楞纸板）（25±0.5）mm×（100±1）mm的试样，瓦楞方向应与短边的方向一致。

（三）试验步骤

根据试样黏合面楞型选择合适的剥离架。按试样被测面楞距不同调整好剥离架附件插针的针距，如图7-9所示将试样装入剥离架，然后将其放在压缩试验仪下压板的中心位置。

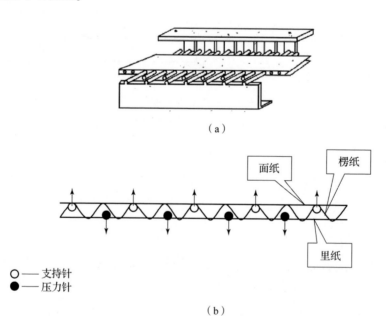

图7-9 插针示意图

(a) 压力针（上）与支持针（下）；(b) 压力针与支持针正面图

开动压缩试验仪，以（12.5±2.5）mm/min 的速度对装有试样的剥离架施压，直至楞峰和面纸（或里/中纸）分离为止。记录显示的最大力，精确至 1 N。

对于单瓦楞纸板，应分别测试面纸与楞纸、楞纸与里纸的分离力各 5 次，共测 10 次；双瓦楞纸板则应分别测试面纸与楞纸 1、楞纸 1 与中纸、中纸与楞纸 2、楞纸 2 与里纸的分离力各 5 次，共测 20 次；三瓦楞纸板共应测试 30 次。

分别计算各黏合层测试分离力的平均值，然后按下式计算各黏合层的黏合强度，最后以各黏合层黏合强度的最小值作为瓦楞纸板的黏合强度，结果修约至三位有效数字。

$$P = \frac{F}{(n-1)L} \qquad (7-8)$$

式中，P 为黏合强度（N/m）；F 为各黏合层测试分离力的平均值（N）；n 为插入试样的针根数；L 为试样短边的长度，即 0.025 m。

（四）试验结果

记录试验结果，与相关黏合强度指标进行对比，分析是否符合要求。

第五节　运输固定防护试验

为了进一步测试物资运输过程中包装件的基本性能，检验运输包装件对运输环境的适应能力以及包装对内装物的保护能力，开展运输包装件试验。

一、斜面冲击试验

斜面冲击试验适用于评定运输包装件在水平冲击时承受冲击的能力，以及包装对内装物的保护能力。

（一）试验设备要求

试验所用的斜面冲击试验机由钢轨、台车、冲击板、牵引和释放装置等构成。斜面冲击试验示意图如图 7-10 所示。

1. 钢轨

两根相互平行的平直钢轨，固定在与水平面成 10°±1° 的平面上，表面平整光滑。

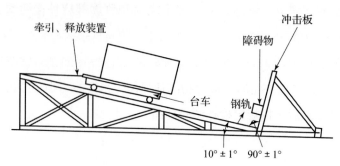

图 7-10 斜面冲击试验示意图

2. 台车

台车装有直径不小于 75 mm 的钢轮，滚动良好。台车能在钢轨上自由运动，除正常的滚动摩擦力外无其他阻力。

台面应平整，具有足够的面积，以满足放置试验样品的要求，可用硬木或硬质胶合板制成。

3. 冲击板

冲击板安装在钢轨末端与钢轨连接牢固，其表面与台车运动方向呈 90°±1°，冲击时，冲击板不得有明显的位移。

冲击板用硬木制成，其厚度应能承受冲击而不破裂或过分变形，表面应平整。

4. 牵引和释放装置

牵引装置应能使装有试验样品的台车固定在钢轨的任意预定位置。

释放装置应能使装有试验样品的台车在钢轨的任意预定位置释放。

5. 障碍物

截面积为 100 mm×100 mm 的硬木，长度应满足试验样品特殊部位的尺寸。

（二）试验程序

（1）将试验样品按规定的放置状态放在台车上，受冲击的面或棱应超出台车端面约 50 mm，并使其冲击时与冲击板表面充分接触。棱冲击时，试验样品重心与受冲击棱构成的平面应与冲击板表面垂直。

（2）将台车牵引到钢轨的预定位置，然后释放。试验样品冲击到冲击板上。除另有规定外，冲击时的速度应控制在 2.2 m/s。

(3) 除另有规定外,试验样品的每个端面和侧面都应冲击两次,记下冲击时的速度。

(4) 如果要求把冲击力集中于试验样品的某一特殊部位,可在冲击板所要求的部位安装障碍物。冲击时,障碍物的任何部位都不能与小车撞击。

(5) 冲击试验后,按规定检查试验样品。

(三) 试验报告

试验报告应包括下述内容:

(1) 说明试验中是否采用了障碍物及试验样品的受冲击部位。

(2) 冲击的次序和次数。

二、可控水平冲击试验

可控水平冲击试验适用于评定运输包装件在水平冲击时承受冲击的能力,以及包装对内装物的保护能力。

(一) 试验设备要求

水平冲击试验机由钢轨、台车、冲击座、脉冲程序装置和动力装置等组成。水平冲击试验示意图如图 7 – 11 所示。

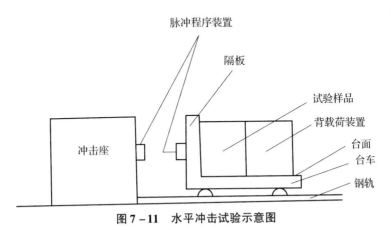

图 7 – 11 水平冲击试验示意图

1. 钢轨

两根平直钢轨固定在水平面上,表面应平整光滑。

2. 台车

台面应有足够的强度、刚度和面积,以满足放置试验样品和背载荷装置的需要。

台面的冲击端应有一隔板，隔板与台面呈 $90°±1°$，隔板与台面连接应有足够的强度与刚度。

台车应装有钢轮或滚轮，使台车在钢轨上运动时，除正常的滚动摩擦力外，无其他阻力。

3. 冲击座

冲击座应有一定的重量和刚度，能安装脉冲程序装置。

4. 脉冲程序装置

脉冲程序装置应安装在隔板、冲击座的规定位置，这种装置可以采用液压件、弹簧或缓冲材料等形式。

5. 动力装置

应能使装有试验样品的台车固定在钢轨的任意预定位置，并能按要求释放；允许采用气压、液压、机械等任一种方法，使台车运动，也可以采用与水平呈 $10°$ 倾斜的轨道使台车运动；应装有防止台车二次冲击的制动装置。

6. 背载荷装置

可采用与试验样品相同的运输包装件作为背载荷装置，也可采用专用的背载荷装置。背载荷装置与试验样品相接触面的面积应等于或大于试验样品被接触面的面积。

7. 测试系统

测试系统由加速度传感器、信号放大器、显示或记录装置组成。要求能显示或记录试验样品冲击时的冲击加速度 – 脉冲持续时间的曲线。

(二) 试验程序

1. 确定试验参数

根据试验样品的流通环境、物资标准或技术要求确定试验参数及冲击波形。

2. 预试验

用重量相当的模拟物做预试验，以正确选择脉冲程序装置，使台车按规定的试验参数进行冲击。如以前的经验已能正确选用脉冲程序装置，则不必进行预试验。

3. 正式试验

（1）将试验样品放置在台车的台面轴向的中心位置上，受冲击的面或棱紧靠隔板，棱受冲击时，试验样品的重心与受冲击棱构成的平面应与隔板垂直。

（2）面受冲击时，紧靠试验样品放置背载荷装置。棱受冲击或试验样品为托盘包装时，不使用背载荷装置。

（3）为防止试验样品冲击前在台车上移动而离开隔板，及冲击后倾翻或掉离台车，可用绳索将试验样品及背载荷装置做适当的定位。定位方式应不损坏试验样品，不影响冲击时背载荷对试验样品的作用。

（4）按确定的试验参数进行冲击试验，并对冲击加速度、冲击脉冲持续时间做好记录。

（5）除另有规定外，试验样品的两个端面和两个侧面应各冲击两次。

（6）冲击试验后，按规定检查试验样品。

（三）试验报告

试验报告应包括下述内容：

（1）背载荷装置及试验样品固定捆扎情况。

（2）冲击加速度、冲击波形、脉冲持续时间等试验参数。

（3）冲击部位、次序和次数。

三、吊摆冲击试验

吊摆冲击试验适用于评定大型运输包装件在水平冲击时承受冲击的能力，以及包装对内装物的保护能力。

（一）试验设备要求

吊摆冲击试验设备由摆动平板和冲击座组成。吊摆冲击试验示意图如图 7 – 12 所示。

1. 摆动平板

摆动平板用四根吊索（绳子或钢索）悬吊，吊索应相互平行，悬吊处离地面至少 4 m。摆动平板的面积应满足放置试验样品的要求。

摆动平板自由悬吊时，其上表面距地面 220 mm，靠冲击座的前端面距冲击面 75 mm。

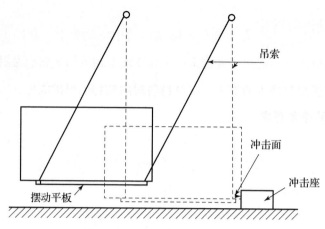

图 7–12　吊摆冲击试验示意图

2. 冲击座

冲击座应满足下列要求：冲击面与地面垂直，高 450 mm，宽度应大于试验样品受冲击部位的尺寸；用硬质水泥板、石墙或硬度相似的其他材料制成；应有足够的强度，冲击时不得有明显位移。

（二）试验程序

（1）将试验样品放在摆动平板上，受冲击的部位伸出摆动平板前端面，使其在摆动平板自由悬吊时，正好与冲击面接触。

（2）将摆动平板往后拉，使试验样品的重心提高到规定高度。然后释放，使其自由摆动，使试验样品受冲击部位与冲击面相撞。除另有规定外，摆动平板后拉提升的垂直高度应为 250 mm，这一高度可控制试验样品产生 2.2 m/s 的冲击速度。

（3）除另有规定外，试验样品水平方向尺寸小于 2.9 m 的每个侧面和端面都应进行一次冲击。

（4）冲击试验后，按规定检查试验样品。

（三）试验报告

试验报告应包括下述内容：

（1）摆动平板提升的垂直高度。

（2）冲击的部位、次序和次数。

四、正弦定频振动试验

正弦定频振动试验适用于评定未固定在车厢底板上的运输包装件运输时,在正弦振动下承受反复冲击的能力,以及包装对内装物的保护能力。

(一) 试验设备要求

1. 振动台

振动台应具有合适的面积以及足够的强度、刚度和承载能力。振动时台面保持水平,垂直方向的振动波形近似正弦曲线。

2. 限位装置

限位装置指既能防止试验样品振动时从台面上掉下,又不影响试验样品垂直运动的围框、挡板或其他阻挡物。

(二) 试验程序

(1) 将试验样品按实际运输状态放置在台面上,不做固定。若运输时运输包装件有几种放置状态,试验时按时改变试验样品的放置状态,并使每种放置状态的振动时间相等,除非试验样品损坏。仅有一种放置状态的试验样品总的振动时间为 120 min,有几种放置状态的试验样品总的振动时间为 180 min。

(2) 将限位装置固定在台面上,调整限位装置,使试验样品的中心能在各水平方向 12 mm 范围内做无约束运动。

(3) 根据试验设备情况,选择下列两种方法之一进行试验,直到完成规定时间。

①使振动台在 3~5 Hz 范围内振动,峰值加速度为 $1.0g$。

②对于不能直接控制峰值加速度的振动台,将振动台的振幅固定在 12.5 mm(全振幅 25 mm),初始频率为 3 Hz,然后缓慢增加,直到试验样品振离台面(用 1.5 mm 厚的塞尺能瞬时地自由插入试验样品与台面之间的任何一个位置)。

(4) 振动试验后,按规定检查试验样品。

(三) 试验报告

试验报告应说明试验时的振动频率和峰值加速度或振幅,试验样品是否振离台面。

五、正弦变频振动试验

正弦变频振动试验适用于评定对振动敏感且固定在车厢底板上的运输包装件运输时,承受正弦变频振动的能力,以及包装对内装物的保护能力。

(一) 试验设备要求

1. 振动台

振动台应具有合适的面积以及足够的强度、刚度和承载能力。振动时台面保持水平,垂直方向的振动波形近似正弦曲线。

2. 固定装置

应能将试验样品牢固地固定在台面上。固定装置和台面的固有频率应尽量避开试验频率范围,若不可避免,应将固有频率记下。

(二) 试验样品要求

根据需要,在试验样品的特定部位安装加速度传感器,以测定特定部位的加速度响应值。

(三) 试验程序

(1) 将试验样品按实际运输状态放置并牢固地固定在台面上,保证试验样品与台面接触的任何部位在振动时均不能跳离台面。若运输时运输包装件有几种放置状态,试验时应按时改变试验样品的放置状态,使每种放置状态振动 120 min。

(2) 除另有规定外,应根据试验设备情况选择下列两种方法之一进行试验。

①对于频率和振幅可无级变化的试验设备,以每分钟 1/2 倍频程的速度扫频,最大试验频率应根据试验样品的质量确定(见表 7-7)。

②对于频率和振幅只能逐级变化的试验设备,将振幅设定在 12.5 mm,在频率为 2 Hz、3 Hz 和 5 Hz 各点分别振动 5 min,再按表 7-8 的试验参数振动 105 min。振动的频率可在表 7-8 的"扫频范围"和"恒定"值中任选一种。

表 7-7 试验最大频率

试验样品质量/kg	最大试验频率/Hz
≤70	300
70~135	570 - 3.85 × 试验样品质量 (kg)
≥135	50

表7-8 变频振动试验参数

全振幅	频率/Hz		振动最低持续时间/s
	扫频范围	恒定	
17.1	5~8	6	70
7.5	8~11	9	70
3.3	11~17	14	70
1.4	17~27	22	70
0.9	—	33	70
0.9	27~50	—	105
0.9	—	50	70
0.9	50~27	—	105
0.9	—	33	70
1.4	27~17	22	70
3.3	17~11	14	70
7.5	11~8	9	70
17.1	8~5	6	70

（3）记录和监测安装在试验设备和试验样品上的加速度传感器的输出值，记下任何共振显示。

（4）除另有规定外，在试验样品发生共振时，应在每个共振频率处另外增加振动15 min。

（5）振动试验后，按规定检查试验样品。

（四）试验报告

试验报告应包括下列内容：

（1）加速度传感器的安装位置及测得的加速度响应值。

（2）试验样品的共振频率及其振动时间。

六、随机振动试验

随机振动试验适用于评定运输包装件运输时承受随机振动的能力，以及包装对内装物的保护能力。

(一) 试验设备要求

1. 振动台

振动台应具有合适的面积以及足够的强度、刚度和承载能力。振动时台面应水平，能按随机振动控制器的输出谱线进行振动。

2. 随机振动控制器

使振动台按设定的谱线和容差范围进行振动，并能测量振动台的激励功率谱密度。

3. 限位装置

限位装置指既能防止试验样品在振动时从台面上掉下，又不影响试验样品垂直运动的围框、挡板或其他阻挡物。

(二) 试验程序

(1) 将试验样品按预定状态放置在台面上，并根据运输包装件实际运输状况对试验样品进行约束或固定，对需要固定的试验样品应使用固定装置。

(2) 除另有规定外，应按图 7-13 ~ 图 7-15 的试验参数进行试验，并根据试验设备情况选择下列两种方法之一进行试验。除另有规定外，PSD 容差为 ±3 dB，允许有超出容差范围的频段，但累计超差频段不得超过 80 Hz，最大偏差为 ±6 dB。

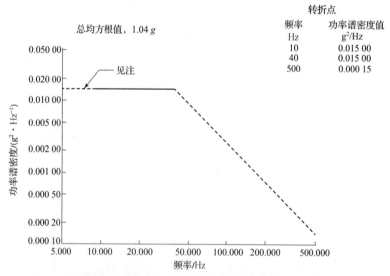

注：如试验样品的共振频率在10 Hz以下，曲线可以延伸至最低共振频率。

图 7-13 公路运输环境垂直轴

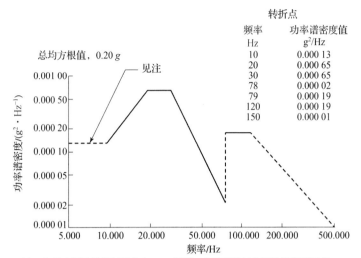

注：如试验样品的共振频率在10 Hz以下，曲线可以延伸至最低共振频率。

图 7-14　公路运输环境横侧轴

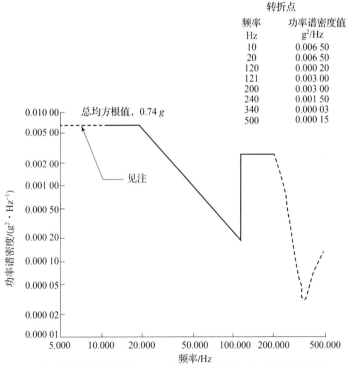

注：如试验样品的共振频率在10 Hz以下，曲线可以延伸至最低共振频率。

图 7-15　公路运输环境纵向轴

①自动补偿法。通过随机振动控制器设定和控制 PSD（功率谱密度）数据。对于不同的振动台和试验样品，驱动信号应进行补偿，补偿后的信号自动校正。

启动振动台，启动时的初始值应比设定的试验强度值至少低 6 dB，然后逐渐增加到设定的试验强度值。

②手动补偿法。通过手动补偿闭环控制系统设定和控制 PSD 数据，操作者用手动调节，不断监控试验，以便闭合振动控制环路。

启动振动台，启动时的初始值应比设定的试验强度值至少低 6 dB，然后逐渐增加到设定的试验强度值。当达到设定的试验强度值时，应定期观察随机振动控制器的监测结果并做补偿调节。

（3）试验时间应根据运输包装件的实际运输距离确定，一般每试验 60 min 相当于实际运输 1 600 km。

（4）试验时，除垂直轴必做外，横侧轴和纵向轴可根据实际情况选做。

（5）记录振动台的加速度值和试验样品特定部位的加速度响应值，记录实际振动谱线超过容差范围的频段。

（6）振动试验后，按规定检查试验样品。

（三）试验报告

试验报告应包括下列内容：

（1）加速度传感器的安装位置及测得的加速度响应值。

（2）试验样品的放置状态和固定方式。

（3）所用试验参数。

第八章
集装箱内物资固定防护

集装箱是物资运输的重要载体之一,越来越多地应用到物资运输的各个环节中。因此,集装箱物资固定防护的重要性不言而喻。集装箱内物资固定的前提是合理确定物资的重量分布、重心容许范围和重量合理分配等技术要求,通过分析常用的集装箱内物资固定防护方法,形成满足不同用户需求的集装箱内物资固定防护技术。

■ 第一节 集装箱内物资固定防护技术要求

为了确保集装箱内物资在运输途中的安全,需要在重量、高度、长度和重心等方面对物资加以注意。

一、装载物资的重量分布

集装箱内物资的重量若不能平均分布而形成集中负荷时,则对集装箱本身允许负荷造成很大影响。因此,在物资重量分布时,应满足两点要求:一是集装箱横向装满,其负荷为均布载荷;二是集装箱纵向在一定长度范围内的负荷也为均布载荷。

假设 W 为物资装载重量,W_0 为集装箱最大载重量,则装载物资重量与载货重量之比 W/W_0 与纵向装载物资重量分布长度率 l/L 的关系如图 8-1 所示。

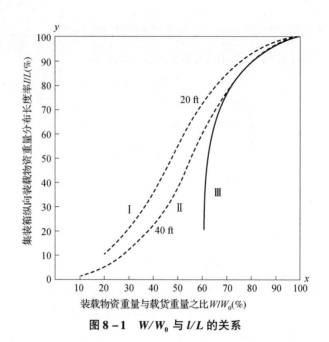

图 8-1 W/W_0 与 l/L 的关系

图中，曲线 Ⅰ、Ⅱ 分别为 20 ft 和 40 ft 集装箱在装载时，随着物资底分布长度的减少，底梁和下侧梁的合计扰度达到极限值的曲线；曲线 Ⅲ 表示下侧梁中央部分的弯矩达到极限的曲线。反之，倘若装载物资超过一定分布长度，随着物资重量的增加，如果底梁和下侧梁的合计扰度达到极限，假定物资的重量为 W，则按下测梁的弯矩极限来计算，其物资重量应为 $W + \Delta W$。由于曲线考虑的都是极限值，所以实际中如果装载物资的重量分布长度很小，则需要将物资装到曲线 Ⅰ、Ⅱ 左上方才满足条件。

二、装载物资重心容许范围

集装箱内物资重量分布长度若小于集装箱全长，或集装箱内装载物资等重心位置难以确定时，很容易引起装载过程中物资重心的偏移，这时需要确定物资的重心位置。

从集装箱搬运及其本身强度等安全角度考虑，集装箱满载的重心不应超过离集装箱长度中心 $10\%L$ 的范围以外。但如果装入物资的重量在最大载货量容许范围内时，其偏心值可略大于此数值。一般偏心以偏心率来表示其大小，见下式：

$$\alpha' = \delta l/L \tag{8-1}$$

式中,δl 为重心偏心长度(m);L 为集装箱的长度(m)。

偏心率与容许装载量之间的关系如图 8-2 所示。

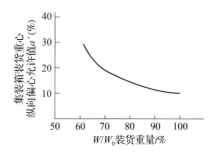

图 8-2 偏心率与容许装载量关系图

三、装载物资重量合理分配

物资装载后,集装箱车底架的工作弯曲力矩超过其最大容许弯曲力矩时称为集重装载。在装载方案确定过程中,应验证负重面的集中状况,以保证行车安全、物资的完整性和车辆的性能。

此外,装载过程中应考虑物资的体积、质量、外包装的强度以及物资的性质,把外包装坚固和质量较大的物资装在下面;外包装较为脆弱、质量较小的物资装在上面,装载时要使物资的质量在箱底上形成均匀分布。否则,有可能造成箱底脱落或底梁弯曲。假设整个集装箱的重心发生偏移,当用扩伸抓具起吊时,有可能使集装箱产生倾斜。此外,还将造成运输工具前后质量分布不均。

避免集重装载的方案有两种,一是均布载荷,二是多点集中载荷。两个方案都是从集装箱内物资的弯矩符合运输工具最大许用弯曲力矩的强度来判断其可行性。

■ 第二节 集装箱内物资固定防护常用方法

为了使集装箱内物资在运输过程中不会发生移动、倾覆或滚动,必须对箱内所装的物资进行可靠而有效的固定,以避免引起物资损伤事故。集装箱内物资固定防护一般可分为紧密装载法和个体加固法。紧密装载法要求物资之间不能有空隙,若存在空隙则必须用塞紧材料填充;个体加固法是对空隙较大无法填充时采用的加固方法,这种方法利用集装箱内的加固装置对物资进行捆绑或阻挡加固。

一、塞紧加固

当使用通用集装箱时，纵向和横向的空隙应该被合理填充，除非有其他更好的加固物资的方法。塞紧是一种比捆绑更好、更经济的方法，因为在集装箱内部对物资进行捆绑加固会耗费相当大的精力（但是就板架集装箱而言，对物资进行捆绑加固更合适）。适合塞紧空隙的物体包括木条、纸板（填充小空隙）、木板、方木和托盘（填充较大空隙），如果物资的表面光滑或可以采取措施消除突出部件，则可以使用充气垫来塞紧物资。

（一）装载小型物资时横向的塞紧

装载时遗留的间隙，应使其对称地留在箱壁两侧或中间，然后用木板或其他填充物塞紧。用木板塞紧如图 8-3 所示。

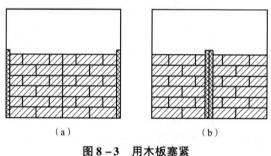

图 8-3 用木板塞紧

(a) 示意一；(b) 示意二

（二）装载大型物资时纵向的塞紧

装载大型物资时产生的空隙应该留在集装箱的中间，这样箱内物资的重量分布更加均匀，但要注意装载之前要对空隙的尺寸进行精确计算。集装箱中部的塞紧如图 8-4 所示。

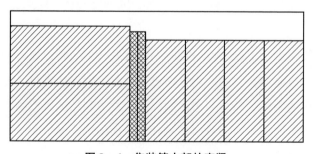

图 8-4 集装箱中部的塞紧

（三）不同强度物资间的塞紧

不同强度物资的塞紧只有在所有物资都足够坚固的情况下才能够有效实施。例如，图 8-5 中的①为易碎纸箱，②和③为坚固的木箱。图 8-5（a）虽然已经将空隙塞紧，但是在运输过程中纸箱会被挤压，不仅会对纸箱内的物资造成损坏，还会产生空隙从而对旁边的木箱造成危险。图 8-5（b）中纸箱装在两个木箱之间，产生的空隙用托盘和方木塞紧。作用于木箱上的外力通过方木传递到另一个木箱上，最后作用于箱壁上，从而防止中间的纸箱受到过大的外力。

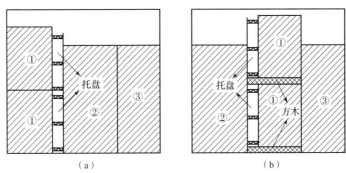

图 8-5　不同强度物资间的塞紧

（a）错误方法；（b）正确方法

（四）使用空气垫塞紧

在物资进行塞紧作业中，为了尽可能地减少木材消耗，充分利用空气垫是一种非常方便而有效的方法。而空气垫的尺寸和耐压强度有多种规格，因此使用时应根据物资重量和有关要求合理选择。

（1）在使用空气垫塞紧物资时，一般应在空气垫两侧的物资中插入胶合板或木板等，以使物资的重量能均匀地分布在气垫上。另外，空气垫的有效厚度有限，如果还存在空隙应使用其他塞紧材料填充，如图 8-6 所示。

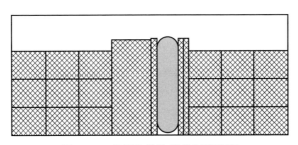

图 8-6　采用气垫和其他材料塞紧

（2）如果物资装载后留下的空隙较大，建议采用两个气垫重叠使用，尽量少用较厚的大气垫，而且最好把两个气垫分开，如图8-7所示。

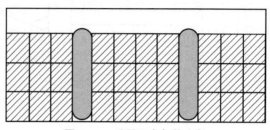

图8-7 采用两个气垫塞紧

二、阻挡加固

阻挡是一种有效的对集装箱内物资进行加固的方法，如果物资装载后纵横向余留的间隙较大，不宜使用空气垫等塞紧材料填充空隙；或者需要的加固力较大时，则应尽量使用方木、木条、托盘等进行阻挡加固。物资和物资以及物资与集装箱之间的支撑是两种常见的加固方法。其中，前者更加经济合理，因为这种方法需要的阻挡加固力通常要小一些。

箱内物资阻挡时要避免支撑在侧、端壁板和箱门板上，因为这些地方的强度较弱，不能直接承受局部的集中负荷，应尽量使其支撑在集装箱的角柱、角件、端柱和侧柱上，或者在支柱两端衬垫木板以分散载荷。

（一）集装箱箱门处进行的阻挡

在箱门处对物资进行阻挡加固有三个作用：防止物资在运输过程中因受到过大的纵向惯性力而对箱门造成损害；使物资在纵向不发生移动，避免物资之间相互碰撞；打开箱门卸载时避免物资坠落。

对于不同重量的物资要采取不同的阻挡方法，以便获取足够大的阻挡力。

1. 轻货

对于质量相对较轻的物资，可以采用斜交叉、横挡或网格的形式进行阻挡，如图8-8所示。具体操作时要注意以下几点：

（1）横向的木板要插入集装箱箱壁的凹槽内，若木板是倾斜的，要保证木板末端是斜面。

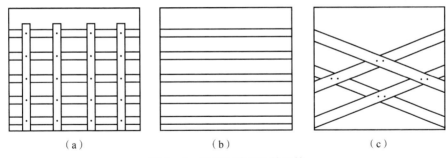

图 8-8 轻货在箱门处的阻挡

(a) 斜交叉；(b) 横挡；(c) 网格

（2）木板相交处要用钉子加固，以防止木板之间的相对移动。

（3）在物资与挡板之间使用经过批准的纤维板或多层胶合板作为缓冲材料，使物资产生的作用力均匀分布。

2. 重货

对于质量较重或很重的物资，需要用方木阻挡的方法，如图 8-9 所示。具体操作时要注意以下几点：

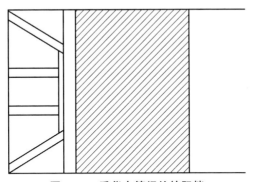

图 8-9 重货在箱门处的阻挡

（1）与物资接触的挡板要插入集装箱箱壁的凹槽内。

（2）当物资的质量很大时，需要在物资与箱门之间增加阻挡方木的数量。

（3）方木只能支撑在角柱和门槛上，箱门上禁止承受集中载荷。

（4）阻挡方木两端要使用木板固定，以防止其滑动。

（5）在物资与挡板之间使用经过批准的纤维板或多层胶合板作为缓冲材料，使物资产生的作用力均匀分布。

（二）集装箱内从横向进行的阻挡

当装箱物资宽度较大，箱内横向只能放置一件物资时，则应放在中央，保证集装箱装载后的重心不发生偏移，从两侧进行阻挡。但是，如果物资宽度较大，箱内横向只能放一件，而物资的长度又较短时，就不一定要放在箱底的中央，可以互相交叉地紧靠箱的侧壁。当然，如果横向可以装载两件物资，又要用木材阻挡时（空气垫等塞紧材料类似），最好在物资之间进行支撑，这样对木材承受的阻挡力要求要低一些。箱内横向阻挡如图 8-10 所示。

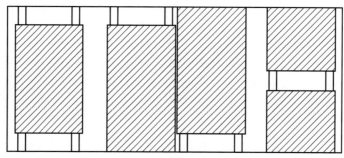

图 8-10　箱内横向阻挡

（三）集装箱内从纵向进行的阻挡

集装箱内纵向的阻挡包括物资与物资之间的阻挡以及集装箱两端的阻挡两种方法。其中，物资之间进行阻挡所需要的加固力要小，但是必须在装载前制订合理准确的装载计划，保证物资正好能够装下。箱内纵向阻挡如图 8-11 所示。

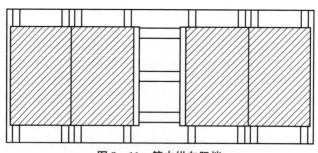

图 8-11　箱内纵向阻挡

三、捆绑加固

捆绑就是利用钢带、绳索、钢丝绳或网等索具将装入集装箱的物资与集装箱上的环、孔眼等附件进行系紧的一种固定方法。决定捆绑效果的因素主要有三个：捆绑索具的强度、栓结点的强度和拉牵的方向。对物资进行捆绑是为了防止其在纵向和横向的移动、跳动以及倾覆。捆绑索具的数量和强度取决于要加固物资的重量和拉牵的角度。

在通用集装箱内捆绑加固的作用要小一些，因为集装箱内系环的许用拉力仅为 10 kN，拉牵加固只适用于质量较轻的物资，另一个原因是箱内的空间有限，捆绑操作通常较困难。而在敞顶集装箱内加固物资时，系环的最大承载力可以达到 20 kN；板架集装箱上的捆绑设备强度很大，利用拉牵加固物资是不可缺少的。因此，捆绑加固多在板架集装箱和敞顶集装箱上使用。集装箱内对物资进行捆绑加固通常有直接拉牵、交叉拉牵和绕圈拉牵三种方法，如图 8 – 12 所示。

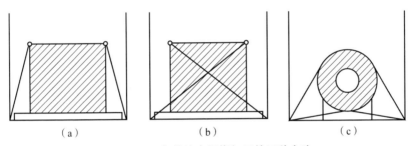

图 8 – 12　集装箱内捆绑加固的三种方法

(a) 直接拉牵；(b) 交叉拉牵；(c) 绕圈拉牵

不同的捆绑方法会产生不同的加固效果，即使同一种方法由于拉牵角度的不同，在不同方向上产生的加固力也不同。通常交叉拉牵要比直接拉牵产生更大的横向加固力，有利于防止物资的横向移动，但是在防止物资倾覆方面，直接拉牵的效果更好。绕圈拉牵不需要物资上有栓结点，但是要注意同一根绳索的两端应系在同一侧，当然系在不同的栓结点上可以充分利用系环的许用拉力，从而将加固力提高一倍。

对于没有栓结点的箱型货、捆包货和袋装托盘货等，可以采用特殊的绕圈拉牵方式，即头部绕圈拉牵，如图 8 – 13 所示。若物资是分层的，那么图 8 – 13（a）中的圈线就有进入物资之间的危险，拉牵加固就会失去作用，这时可以采用图 8 – 13（b）中所示的方法。当物资的强度较低时，需要用木板、木架或其他材料作为衬垫来配合绕圈加固。

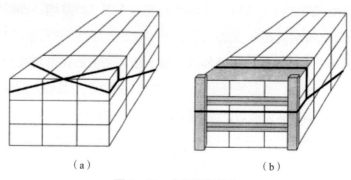

图 8-13 头部绕圈拉牵

(a) 八字形头部绕圈；(b) 有衬垫的头部绕圈交叉拉牵

四、摩擦力加固

通过增强物质与中间层以及箱底之间的摩擦力，使其大于运输过程中产生的惯性力，可以实现对物资的加固。最常用的增加摩擦力的方法是使用腰箍加固。使用这种方法的关键是在加固物资时要对捆绑索具进行预拉伸，使其对物资产生一个竖直向下的作用力（即绳索的预拉伸力），从而增大摩擦力。

在使用腰箍加固物资时要注意以下几点：

(1) 对拉牵绳索进行预拉伸时，若只从物资一侧拉伸，则另一侧的预拉伸力会小一些。为了使预拉伸力尽可能从一侧传递到另一侧，就要使绳索与物资之间的接触面尽量光滑一些。如果无法使用光滑的边护物，就有必要从两侧交替对绳索进行预拉伸。如果预拉伸力在两侧分布不均，物资在运输过程中就有可能发生移动。

(2) 为了确保物资有足够大的加固力，就必须使预拉伸力在运输过程中保持不变，因此最好使用弹性好的绳索进行腰箍加固。钢丝绳、钢带等弹性差的捆绑材料不太适合进行腰箍加固，因为运输过程中发生的振动冲击会使这些材料的预拉伸力减小到零。通过在物资边缘衬垫弹性材料可以改善这一缺点，从而有效地维持预拉伸力。

(3) 绳索的预拉伸力不能超过其最大使用力的一半。

(4) 腰箍加固只是一种能力有限的加固方法。因此，腰箍加固在特定环境下才能在通用集装箱中使用，在板架集装箱中很容易使用，但也不推荐使用。

(5) 腰箍加固虽然防止物资水平移动的能力有限，但是能一直提供一个垂向的分力，防止物资垂向移动。

(6) 超宽物资不适宜采用腰箍加固。由于超宽物资的拉牵角度很小，预拉伸力在横向的分量很大、垂向的分量很小，因此不能够产生足够大的摩擦力，只能防止物资横向移动，而无法防止纵向移动。

(7) 摩擦力加固也可以通过使用木楔，或者对物资施加一个向下的作用力来实现，如图 8-14 所示。在通用集装箱内，物资若没有栓结点就可以使用这种加固方法，但前提是集装箱能承受这种负荷。

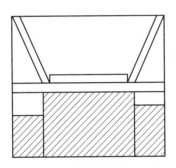

图 8-14 斜支撑摩擦力加固

(8) 根据需要产生的加固力和物资包装的强度，可以采用适合的方木和木板。需要注意的是，侧面斜支撑的倾斜角度越大，产生的垂向分力也会越大。

综上所述，在对物资进行紧密装载时，如果空隙较小，可以使用木楔或三角木；如果空隙很大，需要用木材或其他坚固的材料阻挡，这种方法可能产生很大的集中负荷，如果物资或集装箱无法承受，则应该采用其他的方法来加固。没有足够弹性的捆绑索具不能用来进行腰箍加固；有一定弹性的索具（如皮带），在使用中会由于物资的振动而逐渐丧失预拉伸力。因此，必须每隔一段时间将腰箍拉紧，但是这在通用集装箱内无法做到。因此，只有在没有其他加固方法可以使用时才可以考虑使用腰箍加固。

五、钉子加固

使用钉子固定木质结构是对物资进行加固的一种常用方法。方木和木楔是最常使用的两种结构，这些坚固的木质结构只有当钉子合理使用时才会有效。在使

用钉子加固物资时要注意以下几点:

(1) 集装箱地板的厚度通常为 25~30 mm,而大部分类型的箱底会被钉子损坏,因此这种集装箱内不能使用钉钉子的方法加固物资。在有软木板加衬的集装箱箱底可以钉钉子,如板架集装箱,但也不适合单独用来加固重型物资。可以制作一个由木板或方木构成的特制底座,然后在上面钉钉子固定物资。另外,对于金属制或玻璃钢制冷冻集装箱、通风集装箱、散货集装箱等,禁止在箱底上使用钉子。

(2) 如果这种方法只用来防止轻型物资的移动,而不是用来防止其倾覆,那么就必须使用无裂纹的、干燥的、厚度至少为 50 mm 的木材。

(3) 钉子产生的剪切强度和阻力由钉子的直径、穿透木板或方木的厚度、进入加固面的深度、钉子钉入的角度和钉子表面的特性等因素来决定。例如有螺纹的钉子比普通的圆铁钉产生的阻力更大。

根据经验,直径为 5 mm 的铁钉垂直钉入厚为 50 mm 的木楔,并进入加固面 40 mm,可以产生 4 000 N 的阻力。如果钉子沿着木楔的斜面钉入,阻力值也会减半。阻力值会受到钉子的样式和钉子之间距离的影响。通常,向物资方向倾斜的钉子用于将木楔或木板拉向物资,消除有害的空隙;向相反方向倾斜的钉子和垂直的钉子用于产生防止物资移动的阻力。钉子的具体钉法如图 8-15 所示。

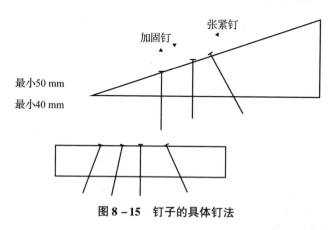

图 8-15　钉子的具体钉法

张紧钉主要用来消除物资与木楔之间的空隙,应向物资方向倾斜 30°左右。加固钉用来产生加固物资的力,应是垂直地钉入或沿着物资的方向有稍微的倾斜。切记不要太靠近木材的边缘或者钉成一排。

六、防止物资倾覆的加固

物资倾覆的稳定性可以采用稳定力矩与倾覆力矩的比值,即物资倾覆稳定系数 η 来衡量。

$$在纵向:\eta = \frac{9.8Qb}{Th}$$
$$在横向:\eta = \frac{9.8Qa}{Nh}$$
(8-2)

式中,Q 为物资质量(t);a 为物资重心所在横向垂直平面与物资倾覆点之间的距离(mm);b 为物资重心所在纵向垂直平面与物资倾覆点之间的距离(mm);T 为物资的纵向惯性力(kN);N 为物资的横向惯性力(kN);h 为物资重心自倾覆点所在水平面起算的高度(mm)。

当 $\eta \geq 1.25$ 时,箱体不会发生倾覆;$\eta < 1.25$ 时,箱体就有倾覆的可能,需要采取加固措施。

由式(8-2)可知,物资的重心越低,底面面积越大,物资就越稳定。在实际操作中,为了防止物资倾覆可以采用其他方法,如图8-16、图8-17和图8-18所示。

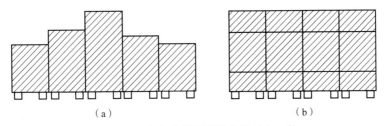

图8-16 将多件易倾覆的物资放在一起
(a)示意一;(b)示意二

当物资上没有栓结点时,可以使用头部绕圈的方法,如图8-17(c)所示。但是这种方法产生的稳定力矩要比图8-17(b)中的要小。

要特别注意的是,当使用阻挡防止物资倾覆时,应使用图8-18(a)所示的方法,不能使用图8-18(b)所示的方法。因为图8-18(b)中紧贴物资的竖直方向的木板会在外力的作用下偏离原有的位置,而且两侧斜阻挡倾斜的角度越大越危险。

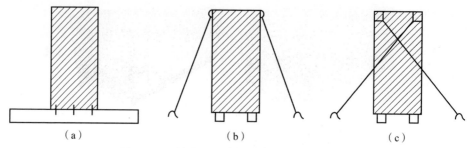

图 8-17 使用木板或绳索增大物资底面面积

（a）示意一；（b）示意二；（c）示意三

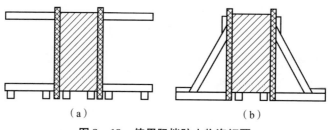

图 8-18 使用阻挡防止物资倾覆

（a）正确；（b）错误

第三节　集装箱内物资固定防护典型案例

根据集装箱内物资的重量，将固定防护方法区分为基本型、轻量型和重量型三类。本节主要介绍基本型、轻量型和重量型三类集装箱内物资固定防护一般程序、操作步骤、选用器材及具体示例，为开展集装箱内物资固定防护提供一定参考。

一、基本型固定防护案例

利用集装箱的加固环，做环抱式加固，防止物资往后移动或者倾斜。对集装箱加固锚点上环和下环进行不同加固力的定义，假设上环 MSL（最大系固负荷）值为 500 kg，下环 MSL 值为 1 000 kg，以更具有加固力的下环为设计出发点，加固产生的力大部分来自下环，这种方法称为基本型固定防护方法，如图 8-19 所示。

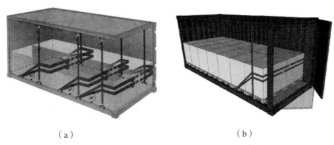

图 8-19 基本型固定防护方法示意图

(a) 示意一；(b) 示意二

(一) 基本型固定防护力学分析

作用在打包带、加固环和物资上的主要力示意图如图 8-20 所示。

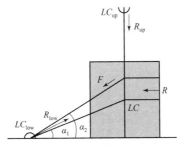

图 8-20 作用在打包带、加固带和物资上的主要力示意图

图 8-20 中，R 为集装箱内加固力（防止物资滑动/倾斜的力）；F 为斜角拉力；R_{up} 为顶部加固环受到的合力；R_{low} 为底部加固环受到的合力；α_1 为靠下的一根打包带与地面的夹角；α_2 为靠上的一根打包带与地面的夹角；LC_{low} 为底部打包挂环的强度；LC_{up} 为顶部打包挂环的强度。

在上述各部件受力强度限制条件下的 F 取值如下：

打包带最大受力为

$$F = LC \tag{8-3}$$

底部打包挂环最大受力为

$$F = \frac{LC_{low}}{2\cos\left(\dfrac{\alpha_2 - \alpha_1}{2}\right)} \tag{8-4}$$

顶部打包挂环最大受力为

$$F = \frac{LC_{up}}{\sin\alpha_1 + \sin\alpha_2} \tag{8-5}$$

可推算出如下受力数据结果：

$$R_{up} = F(\sin\alpha_1 + \sin\alpha_2)$$

$$R_y = F(\sin\alpha_1 + \sin\alpha_2)$$

$$R_h = F(\cos\alpha_1 + \cos\alpha_2)$$

$$N = \frac{2R}{a_h - a_y \mu f_\mu} \quad (8-6)$$

式中，a_h 为水平加速度；a_y 为垂直加速度；μ 为摩擦系数；f_μ 为动态摩擦系数。

（二）基本型固定防护物资重量表

表 8-1～表 8-3 可以用作快速指导选择多少个防护系统进行打包加固的捆绑指南，适用于各种不同型号物资的运输加固。根据捆绑系统的摩擦系数和平均角度计算出所能防护的物资重量。

平均角度为

$$\alpha = \frac{\alpha_1 + \alpha_2}{2} \quad (8-7)$$

基础数据为：

选用的打包带强度为 $LC = 1.3$ t；

动态摩擦系数 $f_\mu = 0.75$；

底部打包挂环最小受力为 $LC_{low} = 2$ t；

顶部打包挂环最小受力为 $LC_{up} = 0.5$ t。

表 8-1 道路运输（后向）和铁路运输（加速度 $a_h = 0.5g$，$a_y = 1.0g$）

摩擦系数	每套防护系统保护物资质量/t					
	平均角度					
	10	20	30	40	50	60
0	3.9	3.8	3.5	2.4	1.7	1.2
0.1	4.6	4.4	4.1	2.8	2	1.4
0.2	5.6	5.4	4.9	3.4	2.4	1.6
0.3	7.2	6.8	6.3	4.3	3.1	2.1
0.4	9.8	9.4	8.7	6	4.2	2.9
0.45	12.1	11.6	10.7	7.3	5.2	3.6

表8-2 道路运输（前向）（加速度 $a_h = 0.8g$, $a_y = 1.0g$）

摩擦系数	每套防护系统保护物资质量/t					
	平均角度					
	10	20	30	40	50	60
0	2.5	2.3	2.2	1.5	1	0.7
0.1	2.7	2.6	2.4	1.6	1.2	0.8
0.2	3	2.9	2.7	1.8	1.3	0.9
0.3	3.4	3.3	3	2.1	1.5	1
0.4	3.9	3.8	3.5	2.4	1.7	1.2
0.45	4.3	4.1	3.7	2.6	1.8	1.2
0.5	4.6	4.4	4.1	2.8	2	1.4
0.6	5.6	5.4	4.9	3.4	2.4	1.6
0.7	7.2	6.8	6.3	4.3	3.1	2.1

表8-3 海运（加速度 $a_h = 0.4g$, $a_y = 0.2g$）

摩擦系数	每套防护系统保护物资质量/t					
	平均角度					
	10	20	30	40	50	60
0	4.9	4.7	4.3	3.8	3.2	2.5
0.1	5.2	5	4.7	4.2	3.6	2.9
0.2	5.5	5.4	5.1	4.7	4.1	3.4
0.3	5.8	5.7	5.5	5.1	4.6	3.9
0.4	6.1	6.1	6	5.6	5.1	4.5
0.45	6.3	6.3	6.2	5.9	5.4	4.8
0.5	6.5	6.6	6.5	6.2	5.7	5.1
0.6	6.9	7.1	7	6.8	6.4	5.7
0.7	7.3	7.6	7.7	7.5	7.1	6.5

(三) 基本型固定防护操作步骤

假设陆运会有紧急刹车情况（道路运输环境极其恶劣），平均打包角度为30°，物资与集装箱地面的摩擦系数为0.3，则每3 t物资用一个防护系统。基本型固定防护操作步骤具体如下：

第一步，预埋打包带。选取加固点，在需要加固的物资位置，加固点选取离需要加固物资尾部向集装箱内部的第三个下环，穿过打包带，向外拉出，穿过挂钩带中间的孔，向外拉伸打包带至需加固物资尾部，再把每根延伸出的打包带预留1.65 m，用吸盘将打包带固定在集装箱壁上。预埋打包带示意图如图8-21所示。

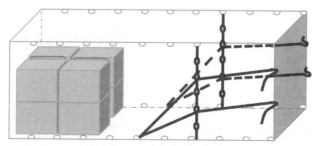

图8-21 预埋打包带示意图

第二步，装载物资。其示意图如图8-22所示。

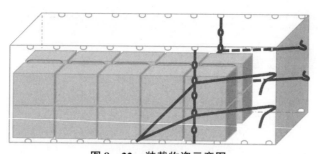

图8-22 装载物资示意图

第三步，闭合防护系统。相同高度的两根打包带与打包扣按照固定的穿法穿好，预拉紧，再用打包机收紧，打包扣闭合或打包带外层涂层刚刚起皮即表示打包带已经处于收紧状态，物资与打包带的受力点需要用纸护角等进行边角保护。其示意图如图8-23所示。

操作案例如图8-24、图8-25所示。

第八章 集装箱内物资固定防护 243

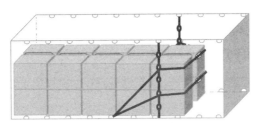

图 8-23 闭合防护系统示意图

(a)　　　　　　　　(b)

图 8-24 操作案例（一）

(a) 示意一；(b) 示意二

(a)　　　　　　　　(b)

图 8-25 操作案例（二）

(a) 示意一；(b) 示意二

（四）基本型固定防护选用器材

基本型固定防护选用器材如表 8-4 所示。

表 8-4 基本型固定防护选用器材

名称	系统强度/型号	包装	图示
打包带	2 600 kg	230 m/卷 2 卷/箱	

续表

名称	系统强度/型号	包装	图示
打包扣	CB10	125 个/箱	
挂钩	500 kg	50 条/箱	
打包工具	打包器	纸盒	

（五）基本型固定防护具体示例

1. 加固物资基本信息

物资为电子物资。

托盘尺寸为 1 000 mm × 1 200 mm，每个托盘物资重约 600 kg。

2. 物资在集装箱中的摆放方式

8 个托盘，交错摆放，物资总长度为 4.4 m，物资离集装箱门约 1.4 m。

3. 物资在集装箱中的加固方式

尾部用基本型固定防护方法加固，预埋打包带 CC105UF 及挂钩 BF35H：选取物资尾部的向集装箱内部的第三个环作为加固点，穿引出打包带，在物资齐平的尾部每根打包带预留 1.65 m，左右同等高度的打包带两对，各用一个打包扣 CB10 进行加固。

缝隙用集装箱充气袋进行填充，先放置充气袋，预拉紧打包带，再填充充气袋，最后收紧打包带，如图 8-26 所示。

图 8-26 基本型固定防护方法加固

二、轻量型固定防护案例

借鉴基本型固定防护方法,研究轻量型固定防护方法,适合 6 m 和 12 m 集装箱内的多种轻型物资,特制高强度的纸护角,更有利于单位个体体积小、纸箱、罐体及其他软性包装的加固。可加固集装箱内最高重达 11 t 的物资,专为集装箱内的轻型物资设计,具有高效、省时、经济的特性。

(一) 轻量型固定防护操作步骤

轻量型固定防护操作步骤与基本型固定防护基本类似,通常加固点选取集装箱最里面的下环及最里面倒数第二个下环。不需要用挂钩带加固,高强度的护角上有特定的开口可固定打包带,如图 8-27 所示。

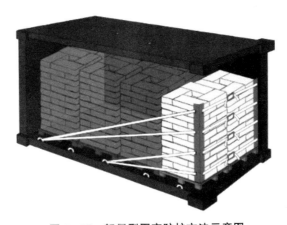

图 8-27 轻量型固定防护方法示意图

(二) 轻量型固定防护选用器材

轻量型固定防护选用器材如表 8-5 所示。

表 8 – 5 轻量型固定防护选用器材

名称	系统强度	包装	图示
打包带	6 000 kg	200 m/箱	
打包扣	6 000 kg	125 个/箱	
带孔护角板	—	8 个/捆	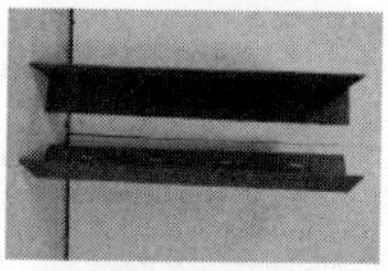
打包工具	手动工具	—	

（三）轻量型固定防护具体示例

1. 加固物资基本信息

物资为易拉罐饮料物资。

托盘尺寸为 1 100 mm × 1 100 mm，每个托盘物资重约 1 000 kg。

2. 物资在集装箱中的摆放方式

10 个托盘，交错摆放，物资总长度为 5.5 m，物资离集装箱门约 0.3 m。

3. 物资在集装箱中的加固方式

尾部用轻量型固定防护方法加固，预埋打包带：选取物资尾部的向集装箱内部的第三个环作为加固点，穿引出打包带，装货，在物资齐平的尾部每根打包带预留 1.65 m，摆放带孔护角板，打包带穿过预设孔，左右同等高度的打包带两对，各用一个打包扣 HDB12N 进行加固，如图 8 – 28 所示。

图 8-28 轻量型固定防护方法加固

三、重量型固定防护案例

经过试验测试发现,集装箱箱体内最里面的角柱部位,承受力最高可达 94 t,而目前集装箱内用于捆绑加固的固定环受力远小于这个值。因此,一种基于集装箱内物资的新型加固解决方案——重量型固定防护方法诞生,就是以集装箱箱内角柱部位为主要固定点,利用打包带设计的加固解决方案。相较于传统加固方案,其大幅提升了可装载物资的质量,满足 30 t 以下物资的运输安全及效率。

重量型固定防护方法示意图如图 8-29 所示。

(a) (b)

图 8-29 重量型固定防护方法示意图

(a) 示意一;(b) 示意二

(一) 重量型固定防护操作步骤

第一步,材料准备。确定好方案后,准备对应的包装材料,包括低延伸率打包带、防滑打包扣、角扣、工具等,如图 8-30 所示。

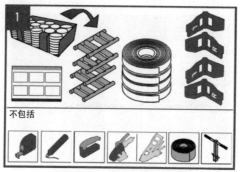

图 8-30　材料准备示意图

第二步，测量高度。角扣的高度决定打包带加固的高度，因此在操作之前，需要先知道物资加固的高度；装置角扣时，将高度设定为与物资需要加固的高度一致，这需要做测量及标记，如图 8-31 所示。

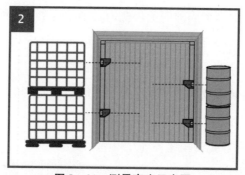

图 8-31　测量高度示意图

第三步，装置角扣。装置角扣时，用工具将角扣牢牢地卡在集装箱角柱内，这里需要特别注意，左侧跟右侧的角扣开口处是不一样的，角扣上会标明左右，如图 8-32 所示。

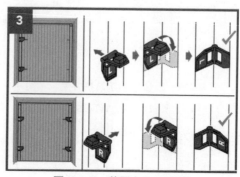

图 8-32　装置角扣示意图

第四步，预埋打包带。将装置好的角扣作为受力支点提前预置打包带，这里需要注意，打包带不要扭曲以避免抗拉力降低，如图 8-33 所示。

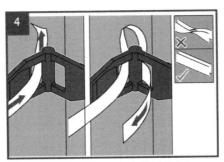

图 8-33　预埋打包带示意图

第五步，定位打包带。借助磁铁或胶带将穿好的打包带固定在集装箱壁上（预设高度根据物资总高度确定，一般在高 500 mm，宽 1 700 mm 处），注意保持打包带有一定的张紧力，如图 8-34 所示。

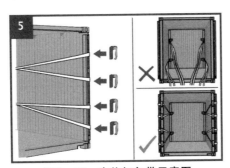

图 8-34　定位打包带示意图

第六步，物资装载。此时可以将物资有序装入集装箱，注意保证前后排物资紧挨着，如图 8-35 所示。

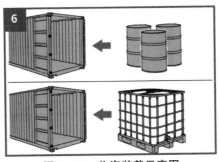

图 8-35　物资装载示意图

第七步,闭环加固。物资装载完毕之后,依据步骤穿好防滑扣,利用收紧工具将打包带收紧,如图 8 – 36 所示。

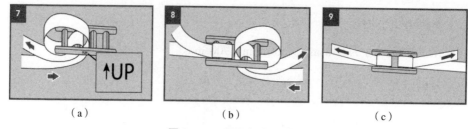

图 8 – 36　闭环加固示意图

(a) 示意一;(b) 示意二;(c) 示意三

(二) 重量型固定防护选用器材

重量型固定防护选用器材如表 8 – 6 所示。

表 8 – 6　重量型固定防护选用器材

名称	系统强度	包装	图示
打包带	8 500 kg	200 m/箱	
打包扣	6 000 kg	125 个/箱	
角扣	6 000 kg	8 个/箱(左/右)	
打包工具	手动工具	—	

(三) 重量型固定防护具体示例

1. 加固物资基本信息

物资为化工铁桶。

化工铁桶尺寸为 550 mm × 550 mm × 900 mm。

单个化工铁桶质量为 250 kg。

2. 物资在集装箱中的摆放方式

每排 4 个化工铁桶,每层 40 个,共计 2 层。

每 6 m 集装箱装载 80 桶,共计 20 t。

3. 物资在集装箱中的加固方式

在集装箱底部左右角柱安装左/右角扣,角扣离地高度 450 mm;在集装箱顶部左右角柱安装左/右角扣,角扣离地高度 1 600 mm;4 根打包带分别从每个角扣穿过,打包带两端头直接拉到集装箱门口,为双股头。双股头长度尺寸为 8 500 mm,共 4 个双股头;对称的两两双股头使用 4 个打包扣连接,并使用打包器收紧打包带,如图 8 - 37 所示。

图 8 - 37 重量型固定防护方法加固

参 考 文 献

[1] 侯彦明，任宗伟. 运输实务［M］. 北京：化学工业出版社，2016.

[2] 王志伟. 运输包装［M］. 北京：中国轻工业出版社，2020.

[3] 付强. 物流分析、规划与仿真案例教程［M］. 北京：机械工业出版社，2020.

[4] 吴菊庄. 集装箱箱内货物装载加固研究［D］. 长沙：中南大学，2013.

[5] 徐珊珊. 铁路货物运输装载加固方案选择及风险评估［D］. 长春：吉林大学，2014.

[6] 梁博. 铁路集装箱货物装载加固研究［D］. 长沙：中南大学，2010.

[7] 刘跃龙，李天鹏，安振涛. 公路运输环境下运输车及导弹固体发动机响应数值分析［J］. 装甲兵工程学院学报，2018，32（4）：45 – 50.

[8] 彭国勋. 物流运输包装设计［M］. 北京：印刷工业出版社，2012.

[9] 王会云. 军用物资包装［M］. 北京：中国石化出版社，2017.

[10] 赵萌. 现代物流包装设计［M］. 杭州：浙江大学出版社，2005.

[11] 彭彦平，王晓敏. 物流与包装技术［M］. 北京：中国轻工业出版社，2004.

[12] 李天鹏，傅孝忠，徐海涛. 基于储运一体化的弹药集装模式研究［J］. 包装工程，2011，32（23）：22 – 25.

[13] 刘跃龙，安振涛，李天鹏，等. 弹药包装运输动力学研究现状［J］. 包装工程，2017，38（23）：121 – 127.

[14] 姚恺，李天鹏，刘淑真，等. 我国弹药包装设计热点问题分析及发展研究［J］. 包装工程，2020，41（9）：238 – 242.

[15] 杨世军，杨学春，尤浩田. 木托盘的发展前景及存在的问题研究［J］. 森林工程，2013，29（2）：135 – 138.

[16] 党文峰. 基于绿色物流的木塑托盘应用研究［D］. 长沙：中南林业科技大学，2015.

[17] 赵迟. 可复用塑料托盘的可用性分析［D］. 西安：陕西科技大学，2012.

[18] 王久龙，李华，韩雪山. 塑料平托盘的研究进展 [J]. 包装工程，2015，36（3）：140-143.

[19] 唐英，尹书贤. 托盘单元化物流系统中滑板托盘集装单元堆码高度研究 [J]. 物流技术与应用，2020，(11)：108-112.

[20] 唐英. 中国托盘标准体系研究 [J]. 物流技术与应用，2019，(2)：122-126.

[21] 唐英，相照洋. 滑板托盘的应用价值与标准化推广 [J]. 物流技术与应用，2018，(4)：132-135.

[22] 唐英，宋博瀚. 半托盘国外发展现状及其在中国的推广应用 [J]. 物流技术与应用，2018，(6).

[23] 吴彬，曹梦琪，李正，等. 集装袋的选择和使用 [J]. 化工设计通讯，2020，(2)：221-222.

[24] 胡雪青. 论集装袋的发展趋势 [J]. 塑料包装，2003，(1)：41-42.

[25] 张志超. 柔性集装袋行业现状与发展 [J]. 塑料包装，1997，(1)：34-37.

[26] 马桃林，余晕，欧冠男. 包装技术 [M]. 2版. 武汉：武汉大学出版社，2009.

[27] 钱俊，王武林，余喜，等. 特种包装技术 [M]. 北京：化学工业出版社，2004.

[28] 杨菊花. 多式集装联运 [M]. 北京：北京交通大学出版社，2013.

[29] 李笑红. 铁路货物集装运输 [M]. 北京：中国铁道出版社，2021.

[30] 索占鸿. 铁路集装运输 [M]. 北京：中国铁道出版社，1995.

[31] 赵荣丽. 4层复合瓦楞纸板的优势 [J]. 印刷世界，2006（11）：8-9.

[32] 郭彦峰，张伟. X-PLY超强瓦楞纸板的强度试验研究 [J]. 包装工程，2002（3）：6-8.

[33] 刘晔，王振林，高德，等. 三重组合瓦楞纸板静态平压性能的理论建模 [J]. 包装工程，2004：162-164.

[34] 牛旭伟. 瓦楞纸箱运输包装设计 [J]. 瓦楞纸箱，2010（20）：61-63.

[35] 杨冠林，吴传续. 机械产品运输包装设计的标准化流程研究 [J]. 包装工程，2012（19）：142-148.

[36] 彭国勋. 物流运输包装设计 [M]. 北京：印刷工业出版社，2011.

[37] 黄蜜，吴淑芳，杜启祥. EBE楞瓦楞纸板缓冲曲线研究 [J]. 包装工程，2011 (13)：28-31.

[38] 郭振斌. 缓冲气垫包装系统振动机理及特性研究 [D]. 无锡：江南大学，2012.

[39] 田润良. 战储物资包装与集装化储运指导手册 [M]. 北京：军事科学出版社，2011.

[40] 雷定猷，朱向. 货物装载布局模型与算法 [M]. 长沙：中南大学出版社，2016.

[41] 王会云. 军用物资包装 [M]. 北京：中国石化出版社，2017.